国家语委科研项目"民国时期苏南语言学家对国家语文政策影响的研究（YB125-94）"衍生成果

影响国家语文政策的苏南现代语言学名人

赵贤德◎著

吉林文史出版社

图书在版编目（CIP）数据

影响国家语文政策的苏南现代语言学名人 / 赵贤德
著 . — 长春：吉林文史出版社，2018.12
ISBN 978-7-5472-5620-6

Ⅰ . ①影… Ⅱ . ①赵… Ⅲ . ①语言学家 – 生平事迹 –
苏南地区 – 现代 Ⅳ . ① K825.5

中国版本图书馆 CIP 数据核字（2018）第 246137 号

影响国家语文政策的苏南现代语言学名人

YINGXIANG GUOJIA YUWEN ZHENGCE DE SUNAN XIANDAI YUYANXUE MINGREN

著　　者 / 赵贤德
策划编辑 / 范继义
责任编辑 / 王明智
封面设计 / 人文在线
出版发行 / 吉林文史出版社
地　　址 / 长春市人民大街 4646 号　　　　邮　　编 /130021
网　　址 / www.jlws.com.cn
电　　话 / 0431-86037501
印　　刷 / 北京市金星印务有限公司
开　　本 / 710mm × 1000mm　　　　16 开
字　　数 / 275 千字
印　　张 / 19.5
版　　次 / 2019 年 3 月第 1 版　　　2019 年 3 月第 1 次印刷
书　　号 / ISBN 978-7-5472-5620-6
定　　价 / 78.00 元

前 言

　　本书是我的国家语委科研项目"民国时期苏南语言学家对国家语文政策影响的研究"（YB125–94）衍生成果，是原项目成果的副产品，但我认为也是很有意义的成果。该项目在江苏理工学院社科处、江苏省语委办和国家语委科研处支持下已于2017年阳光明媚春暖花开的日子顺利结题。

　　本书所指"苏南"特指南京、苏州、无锡、常州、镇江所辖区域。苏南这片地方很神奇，千百年来，这里有稳定的社会环境（即便是遭受到严重破坏，比如元末明初朱元璋与张士诚之间的征战；明末清初清兵南下的杀戮；咸丰同治年间太平天国与清军和地方团练在这一带来回征战，虽然造成很大破坏，但也很快得到恢复），良好的自然环境，发达的农业市场，繁荣的市场经济，浓厚的人文气质，兴盛的科举文化，"母教"的薪火相传，崇文重教的名门望族，生生不息的家族文化，各行各业各领域名人辈出。仅仅常州市社科联组织编写的《常州历史名人大辞典》就收录了有重要影响的历史文化名人1957人，这些名人还仅仅指现在常州市所辖地域，如果算上古代常州府所辖无锡、江阴、宜兴、靖江等地，那就更多了。更不用说整个苏南区域了，那更是数不胜数。

　　清朝末年，国弱民贫，百姓生活在水深火热之中，一些睁开了眼睛看世界的知识分子开始探索救国救民的道路，开始探寻对外战争失败的原因。他们最后将失败的主要原因归结为教育的落后，而教育的落后又归结为语言文字的落后。于是才有了百年来中国语言文字轰轰烈烈的改革运动，尤其是清末民国时期。在语言文字改革的进程中，起较大作用的主要是苏南籍文化人士，包括政府官员，尤其是语言文字学家，本书从广义的角度，将这些文化人士政府官员都算作现代语言学家。

本书是笔者在研究常州籍语言文字学家的基础上发展起来的。我们知道，百年来对中国语文生活由古代向现代转型过程中具有重要影响的吴稚晖、赵元任、瞿秋白、周有光等都是常州人，这些人不仅在中国，而且在海外也具有很高的知名度。有趣的是赵元任出生于 1892 年，瞿秋白出生于 1899 年，周有光出生于 1906 年，他们的年龄分别相隔 7 岁，都住在常州青果巷，他们的家彼此相隔百米。由于历史和政治的原因，吴稚晖在中国内地，甚至在他的家乡常州，知名度都不是很高，但他却是被联合国教科文组织授予的"世界百年文化学术伟人"。吴稚晖在民国初年主持制定的注音字母为 20 世纪 50 年代中华人民共和国制定《汉语拼音方案》提供了借鉴，注音字母为民国时期统一国语发挥了重要作用，台湾地区至今仍在使用注音字母。

同样，世界著名语言学家赵元任先生也是常州人，他主创的《国语罗马字拼音法式》在学术上无懈可击，但是由于其声调标注法过于复杂，没有在群众中广泛推广。《国语罗马字拼音法式》为 20 世纪 50 年代《汉语拼音方案》的制定提供了借鉴。

瞿秋白同志，更多的人只知晓他是中共早期领导人，实际上，瞿秋白也是一位语言学家。他主持制定的拉丁化新文字的推广普及为 20 世纪 50 年代《汉语拼音方案》采用拉丁字母作为汉语拼音的字母形式打下了坚实的群众基础。

周有光先生，由于各种偶然和必然的因素，于 20 世纪 50 年代跨入语言文字学行列，主持了《汉语拼音方案》的制定。周有光和他的团队整合吸收了注音字母、国语罗马字和拉丁化新文字的研究成果，制定了中国历史上最好的《汉语拼音方案》。

此外，我还研究了常州籍其他一些语言文字学家，如朴学大师章黄学派嫡传弟子南京师范大学的徐复先生、新文化运动先驱北京大学第一个女教授陈衡哲、"中国大百科全书之父"上海外国语大学首任校长姜椿芳、首开白话文历史先河的"现代四大史学家"之一的吕思勉、民国时期《辞海》

主编沈颐、民国时期《辞源》主编陆尔奎、《中国医学大辞典》主编谢观、我国第一位女外交官《袁氏拼音方案》创制者袁晓园等。甚至在清末民初商务印书馆编辑出版国文国语教材人员中形成了茅盾在《我走过的道路》中所说的那样是"清一色的常州帮"，如蒋维乔、庄俞、庄适、刘海粟、吕思勉、陈衡哲、谢观、许指严、顾实等。

正因为平时对常州籍语言文字学家的研究有所积累，所以我 2014 年成功申报了国家语委科研项目"民国时期苏南语言学家对国家语文政策影响的研究"（项目编号 YB125-94）。有了常州籍语言文字学家研究的前期基础，我又进一步研究苏南其他语言学家，如民国教育总长张一麐、中国文字改革先驱朱文熊、中国文字改革委员会秘书长叶籁士、引领时代风尚的语言文字一代宗师钱玄同（祖籍湖州，在苏州出生和长大成人，这里也将其算是苏州人）、初中国语标准纲要起草人教育家叶圣陶、首先提出"京国之争"的南京高师教授苏州人张士一、首举"崇白话而废文言"大旗的无锡人裘廷梁、实验语音学的奠基者江阴人刘半农、民国小学国语标准纲要起草人教育家江阴人吴研因、现代语言学大家丹阳人吕叔湘和上海人倪海曙、清末南通状元主持制定《统一国语办法案》的张謇以及《新华字典》第一任主编南通人魏建功（由于南通紧邻苏南，而且文化也比较接近，因此本书中我将南通人张謇和魏建功也算作苏南人）。这些人都是民国时期中国文化战线上的风云人物。

本书选择了百年来中国语文现代化历程中对中国语文政策有一定影响的 21 位广泛意义上的苏南语言学家，分别进行了介绍。这些人物有的是直接参与国家语文政策制定的决策者，有的是认认真真地探索、实践和推广的积极分子，有的是朴学大师，终身从事研究传播传统语言学。由于本书编写编排时间紧，于是我将苏培成教授撰写的纪念吕叔湘文章和马庆株教授撰写的纪念马建忠文章直接收录进来。因为我觉得自己写不出他们那种高屋建瓴的文章了，他们都曾经是中国语文现代化学会会长，分别对吕叔湘和马建忠有独到的研究。又因为 21 篇文章撰写的时间不一样，有的前后时间跨度很大，不同时期撰写的目的不一样，格式也不完全一致，所以有的文章也没有完全按照学术论文格式进行调整。有的文章是和课题组的成员一起完成的，有的是在别人成果的基础上进行改编的，但是一般来说我都注明了引文出处的。不过也可能有漏网之鱼，一时忘记了出处或者找不到出处，对于这个问题，我只能表示遗憾和歉意了。如果有什么不足或缺陷，那也是我的责任了。

因为苏南现代语言学家众多，但篇幅有限，我们不可能对每位语言学家的成就进行梳理并收录进来，我只能"根据感觉走"地进行筛选。对于较大影响的几个语言学家，如常州四个语言学家对《汉语拼音方案》的贡献，常州金坛人段玉裁、常州武进人"《辞源》之父"陆尔奎和南京六合人现代语言学家殷焕先等，我对他们的成就做了一个简要附录。本书所选择的 21 位现代语言学名人也没有严格的排序标准，因为无法排序，他们都是很厉害的角色，只不过有的语言学家知名度大一些，有的小一些而已，但是他们都是在不同程度上影响了国家语文政策的现代语言学家。由于常州是《汉语拼音方案》制定的重镇，所以我就把常州籍的几个语言文字学家排在了前面。

目　录
CONTENTS

第一章
《注音字母》主创者
"国语之父"
——常州人吴稚晖

　　吴稚晖是民国政坛上一位颇为奇特的人物。他一生致力于推广国语，是民国时期的政治家、教育家、书法家和语言文字学家，中央研究院院士。吴稚晖积极参加清末切音字运动，民国时期分别担任读音统一会会长、国语统一筹备会副会长、国语统一筹备委员会主席、国语推行委员会主任委员，为国语的统一和推广作出了重要的贡献。吴稚晖性格亦庄亦谐，为人处世特立独行。他原本是晚清举人，却在 20 世纪第一年自费出洋留学，从此竭力倡导科学，崇尚语出自然。他言谈举止不同常人，不管是袁世凯要授勋，还是蒋介石要他出任中央大学校长，他都嬉笑怒骂撰文调侃。多年来，人们对于这位 1953 年去世于台湾的老人，多是知其一不知其二，即便是吴稚晖老家常州，本地人对吴稚晖也知之不多。

一、拥护维新变法的举人

　　吴稚晖，原名朓，后名敬恒，字稚晖，1865 年 3 月 25 日（清同治四年二月二十八日）生，江苏阳湖县（后并入武进）人。吴稚晖家境清贫，6 岁丧母，由外祖母抚育长大。他7岁入塾，天资聪颖，生性顽皮，在外祖母督责下苦读经史不辍。终因无力再缴束脩，17岁开始自己设馆授学。1887年，22岁的吴稚晖考取秀才，两年后考入江阴南菁书院。1891年赴江宁乡试中举，次年赴京会试，落榜而归；翌年转入苏州紫阳书院攻读。1894年吴稚晖再次赴京会试落榜，时值中日甲午之战，清政府惨败，清廷割地赔款，使吴痛感国势颓危，拥护变法维新。1897年，吴稚晖至天津任北洋大学堂汉文教习。第二年初，他在北京彰仪门大街拦住左都御史的官轿，递折要求光绪帝实行新政；康有为发动"公车上书"，他亦是参加者之一。戊戌维新之时，吴在无锡与友人毁寺院，在崇安寺创办小学堂。不久，吴稚晖去上海，任南洋公学国文教习，1899年升任南洋公学学长，创办群智会，结识蔡元培并成为密友。1901年春，吴稚晖又出惊人之举，自费赴日本留学，入东京高等师范学校，为中国首批留日学生之一。第二年夏，为敦促清廷驻日公使蔡钧担保9名留学生入成城学校一事，吴稚晖率20多名留学生到清政府驻日使馆静坐一星期之久，被蔡钧勾结日警驱逐出境。吴痛感"亡国之惨"，在押送途中愤而投河"以尸为谏"，被日警救起，后由蔡元培护送回国。吴回到上海后，与蔡元培、章太炎等组织爱国学社，任学监。他们义务授课，并为《苏报》撰文以筹资办学，在爱国青年中进行反清革命的宣传。他们还发起张园演讲会，吴经常登台抨击时政，鼓吹革命。1903年6月《苏报》案发，吴遭通缉，由沪逃港。

二、在伦敦加入同盟会

吴稚晖至香港后，得友人帮助赴英国，在伦敦过起半工半读的留学生活。他一面做排字工人，一面学习英语，每天十五六个小时不止。在伦敦，吴稚晖结识了孙中山，赞叹孙品格"自然伟大"。1905年冬，吴加入同盟会，决心追随孙中山投身民主革命。第二年冬天，吴来到巴黎，与张静江、李石曾等成立"世界社",创办中华印字局;1907年6月又创办《新世纪》周刊,鼓吹民主革命,也介绍蒲鲁东、巴枯宁等人的无政府主义学说。吴稚晖等人与孙中山在海外一直保持密切联系,对于当时章太炎、陶成章攻击孙中山敛财自肥之说,多次在《新世纪》上撰文为孙辩白。1909年吴稚晖将家人移往英国,自己在伦敦继续攻读英语,并研习写真铜版术等印刷术,博习化学、物理、天文、人种等学科,译《天演学图解》《荒古原人史》,著《上下古今谈》等科学知识读物。

辛亥武昌起义的消息传至伦敦,吴稚晖兴奋不已,放下正在撰写的《六千年史谈》文稿,立即乘轮回国,于1911年12月28日抵达上海,1912年1月4日赶赴南京,应邀下榻总统府,与孙中山朝夕商谈国政。孙恳切邀请吴出任中华民国临时政府教育总长,吴力辞不就,最后只答应担任国语读音统一会会长,表示要为中国文字不但"书同文"而且"语同音"而努力。他潜心创造注音字母,以求亿万文盲百姓能借助注音字母很快认识常用字。1917年,他把读音统一会审订的《国音汇编》,按《康熙字典》的部首重新整理编排,再增列6000多字,总计达1.37万字,定名为《国音字典》,由商务印书馆出版,1920年送请教育部公布发行。

三、奉行"八不主义"誓不做官

辛亥革命后不久,革命党人中滋生一股腐败风气。吴稚晖与蔡元培、李石曾以及汪精卫等发起建立了一个叫"进德会"的组织,提倡"八不主义":不狎妓、不赌博、不置妾、不做官吏、不做议员、不吸烟、不饮酒、不吃肉。规定信奉前四条者为甲部会员,信奉前六条者为乙部会员,信奉全部八条者为丙部会员。吴是丙部会员,奉行其笃。袁世凯在北京当上大总统后,企图以授勋的手段笼络老同盟会员,吴上书袁世凯:"我等在民国为百姓头衔,自诩极品,安肯受公等公仆元勋位者!勿更以揶揄为消闲,侮辱书生。"宋教仁案后，他与蔡元培在上海创办《公论报》，鼓吹讨袁，痛斥袁氏"动摇国本"。二次革命失败后，吴再次流亡伦敦，后至巴黎。

1915 年夏，吴与李石曾、蔡元培、汪精卫等人在巴黎发起"留法俭学会"，后又组织"华法教育会"，1918 年又在上海建立"留英俭学会"，倡导勤工俭学运动，一时渴求留学海外博求新知的国内青年纷纷报名参加，周恩来、蔡和森、李立三、赵世炎、陈延年、陈毅、聂荣臻等络绎不绝地赴法，一面做工一面学习。吴则在里昂筹办中法大学，于 1921 年建成，自任校长，在国内选了百余名青年，因拒绝在法勤工俭学青年入学，引起了风潮。后又因筹措经费无着，吴只得引咎辞职，前往伦敦。

四、尊崇孙中山又反对三大政策

吴稚晖 1923 年自英回国抵广州。此时孙中山正着手改组国民党，接受共产国际和中共的帮助，制定"联俄联共扶助农工"三大政策。吴稚晖颇不以为然，但因对孙甚为尊崇，未加干预。在 1924 年 1 月举行的国民党第一次全国代表大会上，他被选为中央监察委员。以后他连任第二、三、四、五、六届中央监察委员。1924 年 11 月孙中山北上，吴稚晖随后亦至北京，被孙指定为中央政治委员会委员。翌年 3 月孙中山病逝，吴随侍在旁，在孙中山遗嘱上签字，并参与治丧，扶枢移灵。嗣后他留在北京办海外补习学校，为国民党要员的子女出国留学做预习，蒋介石的儿子蒋经国，汪精卫的子女汪文惺、汪文婴、女婿何文杰等都来入学。这时，国民党内林森、邹鲁等人以"忠于三民主义"为旗号，在北京西山筹划召开"国民党一届四中全会"，反对联俄联共。吴稚晖颇为赞同，参与其事，在第一次预备会议时被推为主席。但他和戴季陶等人主张对汪精卫及跨党分子采取较温和的态度从容协商，遭到一些激进分子的攻击，戴季陶被殴打愤而南下，吴也从此不再与会。不过他并未改变反共立场，离京到广州后，即与张静江等人一道，为蒋介石策划"整理党务"，建言甚多，被蒋尊为师长。

1926 年 7 月 9 日，国民革命军誓师北伐，蒋介石任总司令，吴稚晖代表国民党中央在誓师典礼上向蒋授旗并致辞，以国民党元老姿态出现。

五、"倭奴休猖狂，异日上东京"

"一·二八"事变后，吴稚晖于 1932 年 3 月 1 日在国民党四届二中全会上提出《救国纲领意见》及《抗日救国纲领草案》。但是汪精卫主持的这次会议，仍是主张和谈的调子甚高。吴的两个提案也成了一纸空文被束置高阁。七七事变后，吴出席蒋介石召集的国防会议，参与商讨抗日决策。战事日急，他随国民政府迁往重庆，离开南京时在寓所的墙壁上题诗："国破山河在，人存国必兴。倭奴休猖狂，异日上东京。"1938 年 12 月 18 日，汪精卫偕陈璧君等出逃叛国，经昆明去河内。吴稚晖与汪氏夫妇有数十年友谊，闻其出逃大为惊讶，写信给陈，规劝切勿做出"将令全球腾笑、万世唾骂"的事情来，还说"引刀成一快，不负少年头"。然而汪、陈一意孤行，公开发表"艳电"投敌，吴稚晖气愤至极，在 1939 年 1 月 1 日国民党中央紧急会议上，怒斥汪精卫无耻行径，提出《永远开除汪精卫党籍案》，获得通过。此后他多次撰文斥责汪丧良无耻、卖国求荣。

六、自喻"刘姥姥"只是当"资政"

1943 年 8 月，国民政府主席林森因车祸身亡，蒋介石请吴稚晖继任国民政府主席职，吴自喻不过是"闯进大观园的刘姥姥"，婉言谢绝。后来蒋自任此职，他又被请了出来，代表国民党中央监誓并致祝词。抗战胜利后，年已 80 的吴稚晖从重庆回到上海，寄寓民居，粗衣物食，洒脱人生。他仍常被蒋介石拉去南京，端坐在 1946 年 11 月和 1948 年 3 月的国民大会主席台上。在蒋介石就职当总统的典礼上，他又出任"监誓"的角色。接着被聘为"资政"。

七、幽默风趣中的高雅

吴稚晖生平为人、处事、言谈、教学，多与常人不同，特立独行。他原本是一个苦读经书、做八股文的秀才、举人，但自留学日本后眼界大开，提倡科学工艺，以促社会进步，说"科学本身，原是永久有益人类的一种动力"。他早年虽习得桐城派古文笔法，但 30 岁以后崇尚语出天然，用文至情至性，不避粗俗俚语，而不矫饰造作。王云五说他"简朴平凡中现出严谨，在淡泊宁静中热心教育，在幽默风趣中具有高雅"。他从不做寿，遇有人送礼，他一概以"放屁"二字拒之。60 岁时，同乡好友在上海为他大摆寿宴，贺礼满桌，他拒不赴宴，独自去了杭州。70 岁时躲在黄山。80 岁时蒋介石赠以 10 两黄金，他送至家乡办了所中学。他日常布衣简履，健步行走，65 岁之后遍游名山大川，说是借以练练脚力。年届 80，仍步行出门开会，或徒步十余里登门访友，不肯乘车。他追求生活的简朴与自然，厌恶繁文褥节，平时爱上小茶馆，爱吃小饭铺，往返南京、上海也不愿进头等车厢或包房，而喜在三等车里"图个自由自在"。他崇尚"手脑并用"，说人人皆应学虞舜，不仅学才学，还应通农商；主张居室陈设应以斧凿锯刨代替钟鼎字画。他用积蓄在南京购置了一座"六亩园"，供同乡子弟在南京求学、办事用，并留下遗嘱"把余下的钱送给亲戚"，又说自己"生未带来，死乃支配，可耻！"1949 年 2 月 24 日，84 岁的吴稚晖离开上海至台湾。他虽列名"中央研究院"院士、国民党"中央"评议委员，但意态消沉，深居简出。1952 年因尿毒症住进台湾大学附属医院。1953 年病情日重，弥留之际蒋经国执弟子礼守护在其身旁。10 月 30 日去世，终年 88 岁。蒋介石题"痛失师表"匾额为挽，并亲临致祭。吴稚晖的遗体由蒋经国等送去火化，后在金门岛海葬。

八、吴稚晖是《注音字母》的主创者，是"国语之父"

吴稚晖是民国时期国家语言文字工作的实际主管，他在 1913 年组织召开了"读音统一会"，担任议长，确定了 6500 多个字的读音，制定了《注音字母》，主编了《国音字典》，推动了"老国音"向"新国音"的转变。吴稚晖号称"国语之父"，他在语言文字方面为国家的贡献可以参看拙著《民国时期苏南语言学家对国家语文政策影响的研究》《常州籍四大语言学家与中国语文现代化》及本书的附录部分。

第二章

《国语罗马字》主创人
"中国现代语言学之父"
——常州人赵元任

赵元任，1892 年生于天津；1900 年回到家乡常州青果巷；1910 年考取了留学美国的官费生；1918 年获哈佛大学哲学博士学位；1920 年回国在清华大学任教，在清华期间和杨步伟结婚；1925—1929 年应聘为清华大学国学研究院导师，为当时四大导师（王国维、梁启超、陈寅恪、赵元任）中最年轻的一位。1938 年起，赵元任在美国多所高校任教，其中 1945 年当选为美国语言学会会长，1960 年又被选为美国东方学会主席。1973 年和 1981 年访问中国时，分别受到周恩来和邓小平的热情接见，1981 年接受了北京大学授予的名誉教授称号。1982 年 2 月 24 日，赵元任逝世于美国马萨诸塞州。纵观赵元任的一生，可谓精彩且传奇。

一、赵元任语言研究开创了中国现代语言学研究先河

赵元任早年致力于推行国语统一与文字改革运动，参与研究的国语罗马字成为中华人民共和国成立后制定《汉语拼音方案》的基础。20 世纪 20 年代开始，赵元任为商务印书馆灌制留声片，以推广"国语"（普通话）。

　　赵元任将他深厚的国学根基与掌握的西方先进理论和科学研究方法完美结合，开创了中国现代语言学研究先河。他在清华国学研究院讲授"方言学""普通语言学""音韵练习""中国音韵学""中国乐谱乐调""中国现代方言"等课程，并指导学生研究。

　　为了了解中国的语言现状，20世纪二三十年代，赵元任和他的助手们扛负沉重的录音设备，进行方言田野调查，在战火中夜以继日辗转于全国各地，克服重重困难，调查研究近60种方言，他用科学严谨、坚忍不拔、艰苦卓绝的治学精神诠释着一位人文科学工作者的历史使命，发表了重要论著《现代吴语的研究》《中国方言中爆发音的种类》《北京口语语法》《钟祥方言记》和《湖北方言调查报告》等，其中《现代吴语的研究》被《中国大百科全书》评价为"是中国第一部用现代语言方法研究方言的著作"，成为后来者研究方言的范本。音韵学家张世禄说："赵元任先生是我国采用新观点新方法新材料研究汉语音韵的前驱者之一。"赵元任所著的《北京口语语法》在中国语言学史上有两大贡献：一是引进了结构主义的新方法，建立了一套分析汉语语法的新体系，因而给汉语语法研究带来了新思路；二是以活的语言为研究对象，善于挖掘材料，重视从语言事实得出结论的研究路子为后人树立了榜样。

　　赵元任对我国对外汉语教学也作出了巨大的贡献，是对外汉语教学方面伟大的先导，他创立了一套以"听说"为核心的语言教学理论和方法。为更好地指导外国人学汉语，他用近20年时间写就英文版《中国话的文法》（又名《汉语口语语法》），该书是超过800页的皇皇巨著，描写细致，分析清楚，在美国被公认为最重要的汉语语法著作之一，被张琨先生誉为"结构主义语言学的扛鼎之作"。1946年普利斯顿大学在授予赵元任名誉博士学位时称颂道："赵元任的研究成果能帮助西方人更好地了解中国语言、中国人民的思想和理想。"美国的语言学者有句话："Chao can never be wrong"（"赵先生永远不会错"），这就可以看到赵元任在国际上的学术地位，这也是国际语言学界对赵元任的崇高评语。赵元任是中国的，也是世界的。

　　赵元任在翻译领域的贡献也是不可磨灭的。1921年他用汉语口语翻译英国儿童小说《阿丽思漫游奇境记》，1922 年商务印书馆出版。这本书值得中国翻译史、中国儿童文学史和中国语言学史铭记。赵元任特别强调，这本书"又是一本哲学的和伦理学的参考书"。的确，有不少哲学书和相关论文，都大量地引用过这篇童话中的文字。该书广为后世好评，原中共中央顾问委员会常务委员胡乔木在赵元任 1982 年回国访问时对他说："赵老翻译的《阿丽思漫游奇境记》语言好。我读过，我的孩子也读过，今后还要叫孙子读。是否建议有关出版社出版，加一个好看的封面，还要把序加上。赵老翻译得特好，用北京话译的。"（《名人心影录》）

20 世纪 30 年代，北京大学罗常培教授这样评价赵元任："他的学问的基础是数学、物理学和数理逻辑，可是他于语言学的贡献特别大。近 30 年来，科学的中国语言研究可以说由他才奠定了基石。因此，年轻一辈都管他叫'中国语言学之父'。"

语言学家王力说："赵元任写的《现代吴语的研究》《北京话入门》《中国话的文法》《语言问题》等系列作品，都是不朽的著作。我们向元任先生学习，不但要学习他的著作，还要学习他的治学经验和学术方法。"语言学家吴宗济说："赵元任的著作不但是划时代的文献，而且是承先启后的语学津梁。"

我国著名语言学家、社会科学院语言所所长吕叔湘称赞赵老对中国语言学的贡献：一是他以现代的语言作为语言学的研究对象，给中国语言学研究开辟了一条新路；二是他给中国语言学的研究事业培养了一支庞大的队伍。

二、赵元任音乐研究开启了中国现代音乐研究新纪元

对赵元任来说，美妙的音乐无处不在，留学第一天日记载："时日开学。七时起，八时钟楼鸣钟，成复音调，极谐。"

赵元任一生业余作曲 130 余首,中国现代音乐史上开基创业的一代宗师萧友梅赞扬他为"中国的舒伯特"。音乐家贺绿汀在《赵元任音乐作品全集》序言中评价道:"像这样一位从事理科、文科研究博学多能的学者,对音乐来说,顶多是个业余的了,但是他的贡献却远远超过许多时尚的作曲家和理论家……他是语言学家,他的创作在词曲结合上有独特的见解与成就,值得后代人认真学习。"

赵元任 1926 年创作的歌曲《教我如何不想他》被称为"时代曲之祖",作词刘半农,词曲浑然无间,饱含着海外赤子怀念祖国和亲人的深情,至今都是音乐院校教学和音乐会上表演的保留曲目。赵元任与刘半农友谊极为深厚,刘半农去世,赵元任作挽联哀悼:"十载奏双簧,无词今后难成曲!数人弱一个,叫我如何不想他?"此联感情真挚,语义双关,堪称人间绝品。

赵元任在国内发表的音乐论文有:《新诗歌集·序》《"中国派"和声的几个小试验》《歌词中的国音》《介绍乐艺的乐》《黄自的音乐》等。这些文章阐述了他的创作经验和对建立中国民族新音乐的看法,其中不乏独到见解,不仅对当时音乐界有重要影响,至今仍有参考价值。赵元任学识渊博,艺术造诣很深。他从小受到民族音乐的熏陶,少年时学习钢琴,在美国留学时曾选修作曲和声乐,并广泛涉猎西欧古典音乐和现代音乐。他在美国留学阶段,即开始从事音乐创作,1915 年发表了钢琴曲《和平进行曲》。"五四"运动以后,他陆续谱写了 100 多首作品,不少作品具有鲜明的爱国思想与民主倾向,在艺术上勇于创新。如歌曲《卖布谣》等流传至今,成为音乐院校的教材及音乐会上经常演唱的曲目。

赵元任的歌曲作品,音乐形象鲜明,风格新颖,曲调优美流畅,富于抒情性,既善于借鉴欧洲近代多声音乐创作的技法,又不断探索和保持中国传统文化和音乐的特色。他十分注意歌词声调和音韵的特点,讲究歌词字音语调与旋律音调相一致,使曲调既富于韵味,又十分口语化,具有独特的风格。

此外,他在方言调查过程中接触到了不少民歌民谣,对中国下层生活有了不少了解，因此他在创作中还注意吸收民间音乐语言，如《听雨》是将常州地方吟诵古诗的音调加以扩展，《卖布谣》是在无锡方言音调基础上创作的以五声音阶为主的曲调，《教我如何不想他》吸收了京剧西皮原板过门的音调，《西洋镜歌》采用了民间拉洋片小调做素材，《老天爷》则具有北方民间说唱音乐的风格。他在创作中对和声的民族化，做了有益的探索和试验，他也十分注意钢琴伴奏在歌曲整体中共同塑造形象和刻画意境的作用。

萧友梅认为他的艺术歌曲"替我国音乐界开了一个新纪元"（《介绍赵元任先生的新诗歌集》）。陈原这样评价赵元任的乐曲：你在赵元任的乐曲中感受到的不是远离现实生活的孤芳自赏，而是一颗纯朴的赤子之心！一颗炎黄子孙的心！一颗中华民族好儿女的心！

赵元任用一双哲人的眼光寻觅熹微的曙色，用一颗爱心焕发了黎明的精神，他大胆地将西方音乐技巧与中国传统音乐结合起来，创作了大量充满民族风格和爱国主义热情的新音乐作品，使中国的音乐作品呈现出全新的面貌，因此被誉为"中国的舒伯特"，名至实归！

三、赵元任语言敏感使他的"老乡"范围覆有世界性

赵元任自认为他一生最大的快乐是到了世界任何地方，当地人都认他做"老乡"。这位被誉为"汉语言学之父"的奇才，不仅会说33种汉语方言，并精通英、法、德、俄等多种外国语言。研究者认为，赵元任掌握语言的能力非常惊人，他能迅速地穿透一种语言的声、韵、调系统，总结并掌握一种方言乃至外语的规律。

赵元任会说各地汉语方言，一方面是他有会话方面的天赋，他的语言敏感性极强，各种方言过耳不忘，一学就会；另一方面是他从小就跟做官的祖父生活。祖父常换差事，差不多一年换一个地方，赵元任也就不断更

换地方。所以他从小就特别喜欢学各地方的口音，对于各种口音向来留心学习。回常州后，很快又学会了常熟话、常州话和苏州话。此外，赵元任结婚生女之后，一家多次往返于欧、美、亚三大洲之间，成为洲际旅行的常客，又熟悉了多国语言。

赵元任曾表演过精彩绝伦的口技"全国旅行"：从北京沿京汉铁路南下，经河北到山西、陕西，出潼关，由河南入两湖、四川、云南、贵州，再从两广绕江西、福建到浙江、江苏、安徽，由山东过渤海湾入东北三省，最后从东北入山海关返北京。这趟"旅行"他一口气说了近一个小时，"走"遍大半个中国，每"到"一地，便用当地方言土话介绍名胜古迹和土货特产，表演得惟妙惟肖、令人捧腹。

赵元任的音感很好，记忆惊人。在中国时，有一次他与来自讲不同方言的八位人士聚餐。席间大家言谈甚欢，赵元任请他们不用国语，用他们的方言讲话，赵元任就仔细聆听这些南腔北调，他能听懂他们的方言。过不久，他再请这八位朋友来聚餐，他竟然能与同桌的八人用八种不同的方言进行交流。

赵元任在他的《早年自传》（Life with Chaos）里记录了他在 1921 年当罗素（Bertrand Russsell 1872—1970）翻译的故事，显示了他的语言天赋：

在上海短暂停留后，我和罗素一行经杭州、南京、长沙，然后北上北京，沿途趣事颇多。我利用这种机会演习我的方言。

在杭州，有名的西湖在城外，我以杭州方言翻译罗素和勃拉克的讲词，杭州方言实际上是一种吴语，因曾是南宋（1127—1279）首都，故带官话语汇。

在我们去湖南长沙途中，在江永轮上有杨瑞六，他是湖南赞助人之一，我从他那里学了一点湖南方言。

我在长沙翻译了罗素的讲演，讲完后，一个学生走上前来问我："你是哪县人？"我学湖南话还不到一个星期，他以为我是湖南人，说不好官话，实际上我能说官话，而说不好湖南话。

第二次世界大战后，赵元任到法国参加会议，在巴黎车站，他对行李员讲巴黎土语，对方听了，以为他是土生土长的巴黎人，于是感叹道："你回来了啊，现在可不如从前了，巴黎穷了。"后来他到了德国柏林，又用带柏林口音的德语和当地人聊天，邻居一位老人对他说："上帝保佑，你躲过了这场灾难，平平安安地回来了。"老人还以为他是地道的柏林人。

梁漱溟 90 高龄的时候与美国学者艾恺的对话中，曾有专门的对赵元任的评价：当时赵元任是清华国学院的四个导师之一，他的知识很丰富，他有这样一个本事，就是他一般跟我们一样讲普通的北京话，但是他如果到一个新地方，比如到了福建，到了广东，他住这么一两天，他就能讲那个地方的话。

1984 年中国社会学家费孝通教授在一次座谈会谈起赵元任的往事，提起赵元任学方言的一个故事。费老说：著名作家吴组缃 20 世纪 30 年代在清华大学中国文学系读书，赵元任正好任教。第一堂课赵元任点名，看到吴组缃的籍贯是安徽泾县。上完课后，赵元任就找吴组缃和他交谈，并请他到家中做客。就这样吴组缃以后每天下课就到赵家吃饭，而赵元任就虚心地向组缃求教安徽方言。一星期之后，赵元任就掌握了吴的家乡方言。赵元任就是这样随时学习研究中国语言，不耻下问，谦虚向学，靠这种聚沙成塔、集腋成裘的刻苦精神才成为语言大师。

四、赵元任语言功力使他的学术生活享有趣味性

王力先生在《怀念赵元任先生》一文中说：我勉励我的学生向元任先生学习，学习他的博学多能，学习他的由博返约，学习他先当哲学家、文学家、物理学家、数学家、音乐家，最后成为世界闻名的语言学家。赵元任可以说一个通才，他的学术功底极其深厚，这样使他做学问如行云流水，旁征博引，信手拈来又得心应手。

赵元任曾告诉女儿，自己研究语言学是为了"好玩"。淡淡一句"好玩"背后藏着颇多深意。世界上许多大学者研究某种现象或理论时，他们自己常常是为了好玩。"好玩者"不是功利主义，不是沽名钓誉，更不是哗众取宠，而是一种执着的追求。正是因为这种"好玩儿"，所以他的学术生活常常充满着无穷的乐趣。从事语言学研究的人都有这样的体会：语言学比较枯燥。甚至有的语言学家说，研究语言学，要坐十年冷板凳。可是赵元任并不是这样。他生性平和幽默，如闲云野鹤，一生不问政治，只做学问，即便是做语言学这样枯燥的学问研究，也是抱着"好玩"的宗旨。所以对于赵元任的才学，他的好朋友胡适非常服膺，并说其"生性滑稽"，即使做学问也是很滑稽。他擅长创作一些极富哲理且妙趣横生的故事运用于日常的语言教学与著作中。1925 年的一天，在清华大学国学研究院里，赵元任给学生讲授中国音韵学。他用了两句通俗的话，来说明阴阳上去入五声（现在普通话中已无入声）。第一句是"中华好大国"，第二句是"偷尝两块肉"。这两句话，或庄重自豪，或风趣幽默，正好说明了五声，立刻被学生记住了。后来赵元任在关于中国语言的五声问题（阴阳上去入），为了便于分辨，他又发明了一句"荤油炒菜吃"来解说。另外，赵元任认为没有四声，就无法理解汉语语意。在语音和字义的问题上，赵元任曾写过一段著名的《施氏食狮史》，被收入《大不列颠百科全书》，短短百来字，如果仅仅是朗读而不看文字的话，是无论如何也难以理解的。这也是赵元任幽默的性格所致，他常常喜欢采用这种轻松幽默的方式与态度来对待学问。

赵元任的人生态度似乎比较轻松与潇洒。对于学问的研求，他几乎到了出神入化的境界。赵元任做学问，纯粹是为了兴趣和"好玩"，所以即使写字，也是那样神定气闲，和他做学问一样，让你感觉也是在一种放松状态下的"玩"，而且"玩"得还游刃有余！他有一句名言非常有趣，他说对于学术，要怀着"女人对男人的爱"；而对于艺术，要具有"男人对女人的爱"。

赵元任在清华园学术事业的不断进展，加上充实而安适的生活，时常激发他多方面的才华与创新的禀赋。在他居住的照澜院 1 号，他还创作了庄谐并重的格言体《语条儿》，1926 年 5 月在《清华周刊》刊出，称作"赵语录"。18条语录，短小别致，语意精辟，诙谐中蕴含深邃的哲理，句句都闪耀着思想的火花。

1. 旧话旧说法，人懂而不听；旧话新说法，人也听也懂。

2. 新话旧说法，人听而不懂；新话新说法，人不懂不听。

3. 笑话笑着说，只有自己笑；笑话板着脸说，或者人家发笑。正经话板着脸说，只有自己注意；正经话笑着说，或者人家也注意。

4. 战场上用兵，没有不先从纸上谈起；地上楼阁，没有不先从空中造起。

5. 现在不像从前，怎见得将来总像现在？

6. 要改一个习惯，得拿上次当末次，别同它行"再见"礼。

7. 节制比禁绝好，禁绝比节制容易。

8. 肚子不痛的人，不记得有个肚子；国民爱国的国里，不常有爱国运动。

9. 要造国家的将来，得要有人不问国家的现在。

10. 要作哲学家，须念不是哲学的书。

11. 有钱未必有学，可是无钱便求不到学。

12. 物质文明高，精神文明未必高；可是物质文明很低，精神文明也高不到哪儿去。

13. 第一件要紧的事情，未必是最后的、最要紧的事情。

14. 清楚的问题，只待解决（solved）；模糊的问题，还需解析（resolved）；不成立的问题，可以解去（dissolved）。

15. 格言的格子里，难放得下真理的全部。

16. 没有预备好"例如"，先别发议论。

17. 在例外里头，往往会找到最好的"例内"。

18. 凡是带凡字的话，没有没有例外的。

赵元任可能是最早将物质文明和精神文明两词对举出来，并且简要概述两者关系的人之一。这些语条儿短小精悍、通俗易懂，句句饱含深刻哲理。所以说真正的好文章，经典的文章也不一定要很长的篇幅。

短短的十几句话对社会、对人生进行了浓缩，真可谓言有尽而意无穷啊。

五、赵元任学养深厚使他的门人弟子拥有军团性

赵元任培养了一大批知名语言学家，甚至可以说他培养的门人弟子具有集团军形式。中国当代最著名语言学家王力、吕叔湘、朱德熙、丁声树、周祖谟、吴宗济、杨时逢、董同龢、严学窘等都直接或间接是他的学生，可谓桃李满天下，而且个个都是名扬四海的重量级桃李，至于培养的外国语言学家就更多了。所以王力先生说："赵元任是我的老师，也是许许多多中外语言学家的老师。"

赵元任致力于国语运动和汉字改革，对方言的研究造诣尤深。他治学的刻苦严谨令人叹服。他研究方言，都是亲自到民间调查，全是步行，不能按时吃饭，有时晚上找不到旅馆，就借住在农家，那生活真是苦不堪言。跟随他10多年的助手杨时逢，每天下来累得要命，一到旅馆倒头便睡，但一觉醒来，见赵元任仍在伏案整理调查笔记。在出版《现代吴语的研究》时，语音符号要用国际音标，但印刷厂却没有字模，赵元任就自己动手写和画，制成表格影印，每天工作10小时以上。赵元任胸襟宽广，学养深厚，培养弟子务必是身体力行，而且研究成果分得清清楚楚。

中国著名语言学家中国社科院语言研究所吴宗济先生回忆说：赵师带着丁声树、杨时逢和我3名助理，到武昌调查湖北方言。我们一共调查了60多个县，选取每县两个学生为发音人，我们3个助理每人一个房间，分头调查记音。在调查过程中助理们布置录音室、寻找照明设备、寻

找电源等具体小事我们自己都没有在意，但没有想到赵师都记住了，而且还如实写进了《湖北方言调查报告》的"总说明"里。赵师就是这样，学生有一点点成绩，甚至算不上什么成绩，他都很高兴，嘴上不说，但心里记着。

在这份调查报告的封面上，赵师把3个助理的名字都署上了，另外还有后来的助理董同龢的名字。他虽没有参加调查，但参与了整理工作。这些小事足见赵师的胸襟。赵师就是这样，是谁的成果就是谁的，很明确，他从不居功，也不搞什么学术权威。

吴宗济先生回忆说：在我来到史语所之前，所有的语言实验仪器都由赵师操作。由于我在大学读过工程，对理化仪器比较熟悉，赵师就把实验室的仪器都交给了我。有一次，所里进口了一套最新的"语音频谱分析仪"，价格不菲，是当时我国进口的唯一一套设备。按惯例，这台设备也由我开箱验收。但我急于试验仪器性能，拿起插头就通电。结果糟了！美国的电压是110伏，而我国的电压是220伏，一插上电源，机器就烧了。一屋子人脸都吓黄了，这还了得！赔也赔不起。但赵师不动声色。我当时也给吓着了，但赵师知道是什么缘故，立即换了根保险丝，就没问题了。先生这一态度，让我想起了《论语》的一节。孔子有一天说："予欲无言。"意思是他不想说话了。子贡着急，说您假若不说话，那我们传习什么呢？孔子答道，天说了什么了？但四季照样运行，百物照样生长，天说什么了？

吴宗济先生说：我只读过一年的音韵学，底子不是很好。但赵师没有批评我，而是鼓励我从调查整理方言材料过程中动手录音实验，不断得到启发。他从不进行填鸭式的灌输，只是起个头儿，引出某个话题，让我们几个助手自己去想，并且鼓励我们大胆说出自己的看法，他再及时加以指点，随机诱导。我们有什么问题，不管是天上的还是地下的，他都能做到有问必答，因为他学问大。

赵元任培养的学生遍布国内外，名扬四海，作为一个老师这也是引以为豪的事情。

六、赵元任爱好广泛使他的研究领域具有拓展性

赵元任的兴趣爱好是广泛的，也是开放性的，而且这些兴趣爱好使他的研究具有拓展性、延伸性。即使是基本不搭界的学科领域，赵元任也能够产生浓厚兴趣，并往往玩着玩着就在这一领域里做出较大成绩，产生较大影响，甚至是深远影响。

我们很多人只知道赵元任在语言学领域的成绩，实际上赵元任1910年进入美国康奈尔大学主修数学、选修物理。在大学初期，他的兴趣扩及语言、哲学和音乐，他还通过国际函授学校学习法文。他曾与钱玄同、黎锦熙、刘半农和林语堂等成立一个叫"数人会"的学术组织，进行语言研究。在"世界语运动"初期，还加入了"世界语俱乐部"，成为活跃分子。他同时选修了音韵学，学习国际音韵字母，用分期付款的办法买了架二手钢琴练习弹琴，还经常去听音乐会及私人演奏。1914年5月，他将中国的一首老调《老八板》谱了和声，在风琴演奏会上第一次公开表演。他对戏剧也有兴趣，加入中国学生活动，演出话剧《失掉的帽子》，还试写了独幕剧《挂号信》，反映中国学生在美国讲英文的苦恼。该剧是赵元任在舞台上演的第一个剧本。后来，赵元任又组织了"中国科学社"，这个社团后来发展成为组织完善的科学社。赵元任曾任中国科学社第一届董事会秘书。1915年中国科学社刊物《科学》第一期在上海出版，这是第一本采用横排标点的中国书刊，赵元任发表了《心理学与物质科学之区别》和音乐作品《和平进行曲》，后者是我国最早发表的中国钢琴曲。赵元任在《科学》上发表科学小品与译作40余篇。所以说，赵元任是中国科学的先行者。赵元任在体育运动方面也颇为活跃，1913年、1915年他曾两次获得学校一英里竞走冠军；他还积极参加游泳、溜冰和长途旅游。在哈佛研究院深造期间，除专业研究外，他还经常使用两英寸望远镜观察天体，探究星球，选修声学课程，撰写曲谱。

1919年，赵元任在康奈尔大学第一次走上讲坛，讲的是电磁现象。在

康奈尔工作这一年，赵元任除讲课和做物理实验外，他还亲自制作测音仪器，致力于四声实验，发明"五度记调法"。现在《汉语拼音方案》中的四声符号，就是根据这个记调法形象地设计出来的。

语言学家陈原在回忆文章中写道："赵元任，赵元任，在我青少年时代，到处都是赵元任的影子。"少年时，他着迷于赵元任翻译的《阿丽思漫游奇境记》（这本是赵元任兴之所至偶一为之，却成就了一部儿童文学经典译作）。长大了，想学"国语"，就用赵元任的《国语留声片课本》当老师。后来迷上了音乐，迷上了赵元任的音乐朋友萧友梅介绍的贝多芬《欢乐颂》，也迷上了赵元任谱曲并亲自演唱的《教我如何不想他》。

语言学家王力说："我们向赵先生学习，首先要学他的博。我在 1926 年当他的学生的时候，我还不知道什么叫语言学，而赵先生在语言学的研究上就卓有成就了。他还是一个知名的音乐家。同时，他对数学、物理、哲学都有精深的研究。他还精通和熟悉英、法、德、日等许多国家的语言。"

才学过人、眼界甚高的胡适对赵元任的才华有如此高的评价："每与人评论留美人物，辄推常州赵君元任为第一。此君今居哈佛治哲学，物理，算数，皆精。以其余力旁及语学，音乐，皆有成就。其人深思好学，心细密而行笃实，和蔼可亲以学以行，两无其铸，他日所成，未可限量也。"

七、赵元任生性幽默使他的家庭生活富有娱乐性

赵元任是一个地道的文人，天性纯厚，道德风采，有修养，对人和蔼可亲，从不与人争长短，语言风趣，是谦谦君子。这样的人对自己有清醒的认识，就是不愿意做官搞行政。这样的性情中人，性格随和，生活随意，不逞强好胜，所以其日常家庭生活的点点滴滴常常显露出做人的本真来。

赵元任在北京森仁医院结识杨步伟大夫（也就是他终身伴侣）后，经常到医院找这位杨大夫聊天。一天晚上，赵元任郑重其事地对杨步伟说：

"韵卿（杨步伟学名），你的脾气和用钱我都能满足你，只有一样事，将来你也许失望的，就是我打算一辈子不做官，不办行政的事。我看你对行政很有特长。"杨步伟说："我虽很年轻就负重任，可是我对做官也不喜欢。因为第一，我祖父不喜欢做官，常常批评做官人的弊病；第二我自己也看见很多人只做了一下官，就养成十足的官派来，我看着就生气。"此后，赵元任果真有好几次当校长的机会，他都坚辞不干，"逃校长"的事即有四次：第一次是 1924 至 1925 年，赵元任赴欧洲访问回到上海后，杨杏佛（中国人权运动的先驱）和胡刚复（中国近代物理学事业奠基人之一）两人都要他出任东南大学校长，赵元任被吓得连夜北上婉拒了，以致丁在君（"科学社"主将，后任中央研究员总干事）直骂他没出息。第二次是北伐后，大学院办委任赵元任为清华校长，他又不干。第三次是因校长风潮，清华大学教授会 6 人来找赵元任想办法，赵元任要梅贻琦回国当上了校长，自己推辞了。第四次是 1946 年夏，时任教育部部长的朱家骅连发 5 次电报催赵元任从美国回国任中央大学校长，赵元任回电报："干不了。谢谢！"

结婚对这对家底殷实、学有所成的年轻人来说，应该要尽可能体面一些，可是他们并不是这样。

1921 年 6 月 1 日，赵元任 29 岁，和 32 岁的杨步伟结婚。杨步伟说："结婚就结婚，要简单，不要任何仪式。"赵元任和杨步伟将一张照片和通知书一起寄给亲友，一共寄了 400 份左右。相片上刻的格言是"阳明格言：知是行之始，行是知之成"；"丹书之言：敬胜怠者昌，怠胜敬者灭"。寄给亲友的通知书上，这样写道："赵元任博士和杨步伟女医士十分恭敬地对朋友们和亲戚们送呈这份临时的通知书，告诉诸位：他们两人在这信未到之先，已经在 1921 年 6 月 1 日下午三点钟，东经百二十度平均太阳标准时，在北京自主结婚。"并且声明："除了两个例外，贺礼绝对不收，例外一是书信、诗文，或音乐曲谱等，例外二是捐给中国科学社。"在结婚书上定的结婚时间，其实就是他们在邮政局寄发通知书和照片的时间。

他们当天请朱征（杨步伟的同学）和胡适（赵元任的同学）来吃饭，吃完饭后说："今天我们有一件事要麻烦你们二位。"说完就拿出一张他们写的结婚证书，要请他们两人做证人签字。

胡适后来回忆这件事说：那是 1921 年 6 月 1 日，赵和杨突然下一请柬，请我吃饭。我心里暗自奇怪，莫非他俩要结婚了？于是我准备送礼，我用报纸包了一部自己圈点过的《水浒传》，到了赵家，见杨步伟小姐正指挥工友擦地板和整理书架，当时朱小姐也在场。四人同桌吃饭，吃得差不多时，赵先生从抽屉里取出结婚证书说："请你们两位替我证明一下。"而我签证以后，也就把报纸包打开，以《水浒传》作贺礼。胡适在日记上写道：赵元任和杨步伟的结婚是"世界——不但是中国——的一种最简单又最近理的结婚仪式"。

到赵元任、杨步伟纪念银婚时，证婚人胡适有诗相赠："蜜蜜甜甜二十年，人人都说好姻缘，新娘欠我香香礼，记得还时要利钱。"待到 1971 年他们举办金婚纪念时，杨步伟步胡适诗韵和诗一首："吵吵争争五十年，人人反说好姻缘，元任欠我今生业，颠倒阴阳再团圆。"诗中，杨步伟同样幽默地表白了自己的微妙心迹。此时，赵元任凭着深厚的语言修养，对太太诗作的韵脚指疵一番之后，又以新作来唱和："阴阳颠倒又团圆，犹似当年蜜蜜甜，男女平权新世纪，同偕造福为人间。"论语言之流畅，论意境之高远，当以赵诗为上。

赵元任号称怕老婆，杨步伟说："夫妇俩争辩起来，要是两人理由不相上下的时候，那总是我赢！"赵元任有自知之明：从来不跟老婆争高低。他不否认自己"惧内"，往往以幽默的语言回答道："与其说怕，不如说爱；爱有多深，怕有多深。"

杨步伟在花甲之年，花了三个月时间写了部自传，胡适看了赞叹不已。自传里面谈到一个重要问题——平时在家里，杨步伟跟赵元任谁说了算？她很谦虚："我在小家庭里有权，可是大事情还是让我丈夫决定。"但是幽默地补充一句："不过大事情很少就是了。"后面一句是画龙点睛之笔。

杨步伟的自传用英文出版，请丈夫翻译并写个前言。赵元任写的第一句话便是："我们家的'结论'既然总归我老婆，那么'序言'就归我了。"杨步伟说她先写自传，把好玩的事都写了，赵元任就说，"那我就写那些不好玩的吧。"赵元任以自豪、愉悦的心情，欣然把"家的结论"拱手让给老婆。跟随他俩生活多年的侄儿说："有时他俩多少也有一点争论，因为姑母嗓子大，性情也急些，姑父也就顺从不争了。"很多大学问家好像都有这样的品质，不怎么喜欢和老婆发生争执。

《杂记赵家》里记录一则轶闻，颇可见赵元任当年的风光，也可见赵元任日常生活的幽默和情趣。

赵元任夫妇到香港，上街购物时偏用国语。港人惯用英语和广东话，通晓国语的不多。他们碰上的一个店员，国语就很糟糕，无论赵元任怎么说他都弄不明白。赵无奈。谁知临出门，这位老兄却奉送他一句："我建议先生买一套国语留声片听听，你的国语实在太差劲了。"赵元任问："那你说，谁的国语留声片最好？""自然是赵元任的最好了。"赵夫人指着先生笑曰："他就是赵元任。"店员愤愤地说："别开玩笑了！他的国语讲得这么差，怎么可能是赵元任？"

赵元任是"中国 20 世纪科学界、语言学界、音乐界的先行者"，亦是中国语言科学的创始人，被称为"汉语言学之父"，也被称为"中国的舒伯特"。他智慧的结晶至今仍然具有创新意义和指导价值，发挥着巨大的引领作用，其研究成果与创作成就卷帙浩繁。他"管领风骚"的学术生命力，"出人窠臼"的探索开拓精神，才华横溢的人文气质，平和诙谐的学者风范，值得后人永远怀念和景仰！

赵元任的平凡人生摇曳多姿，赵元任的学术思想历久弥新，赵元任的生活点滴精彩纷呈，我们撷取了赵元任的学术思想和平凡生活中的几朵浪花奉献给我们常州人，要让世世代代的常州人知道，常州在 20 世纪出现了一个世界公民，一个世界知名的伟大的语言学家，也是一个天才的语言学家。就像美国加州伯克利大学语言学家教授玛丽哈斯所说的那样："赵元任教授的人生是一件艺术品，无论从哪个角度观察，都能发现让你惊奇、使你沉思、给你灵感的新的东西。"

赵元任，常州的名片，常州人的骄傲。

第三章
《拉丁化新文字》的主创者
——常州人瞿秋白

瞿秋白的一生是短暂的一生，但短暂的一生却为中国人民的事业作出了很大贡献，他是中国共产党早期领导人，是无产阶级革命家、文学家、理论家，同时也是语言文字学家。

十月革命后，苏联掀起了一个被列宁称为"东方伟大的革命"的文字拉丁化运动。在这个运动的影响下，为了加速当时苏联远东地区 10 万中国工人的扫盲工作，莫斯科劳动者共产主义大学的"中国问题研究所"开始研究中国文字的拉丁化问题，主要参加者有在苏联的中国共产党员瞿秋白、吴玉章、林伯渠、萧三以及苏联汉学家郭质生、莱赫捷、史萍青等。1929年 2 月，瞿秋白在郭质生的协助下拟订了第一个中文拉丁化方案，并在 10月写成一本小册子《中国拉丁化字母》，1930 年在莫斯科印刷。1931 年 5 月，这个方案经全苏新字母中央委员会批准，于 9 月 26 日在海参崴召开的"中国文字拉丁化第一次代表大会"上正式通过。

一、瞿秋白的汉字观

瞿秋白在《鬼门关以外的战争》文章中指出了汉字的严重缺点："第

一，汉字是十分困难的符号。聪明人却至少要十年八年的死功夫。""第二，汉字不是表示声音的符号……汉字存在一天，中国的文字就一天不能和言语一致。""第三，汉字使'新的言语，停滞在《康熙字典》的范围里面，顶多只能从《说文》里面去找'古音古义'等来翻译现代的科学的字眼，而不能够尽量发展——采取欧美科学技术的新名词。"(《瞿秋白文集》第 649—650 页，以下简称《文集》)他大声疾呼："这叫三万万几千万的汉族民众怎么能够真正识字读书!？这差不多是绝对不可能的事。要懂得一张《申报》，起码要读五年书!"（见《大众文艺的问题》，《文集》第 888 页）他坚决主张："改用拼音文字"，"实行'文字革命"。（见《学阀万岁!》，《文集》第 598 页）这些观点虽然是 20 世纪 30 年代提出来的，至今已过去 80 多年了，但在今天看来，仍然具有一定的合理性。由于汉字的种种弊端，所以必须寻找一条新的出路，能够让全国人民在短时间内读书识字。他极力主张废除汉字，改用拼音文字；他分析了汉语采用拼音文字的可能性：因为汉语已逐渐发展成多音节的语言，其中同音现象越来越少。于是以瞿秋白等为先锋的文字改革运动如火如荼地在苏联远东和中国内地逐渐开展起来了。

二、瞿秋白的语言观

苏联的语言政策可以分为前、后两个时期。前一时期，革命群众反对沙皇的俄语同化政策，各民族要求语言平等，发展各自的民族语文。后一时期（20 世纪 30 年代中期以后），在少数民族中发展大学教育，俄语又成为全国通用的教育语言。

瞿秋白生活在前一时期，受了苏联群众反对俄语同化政策的影响，提出反对用"国语"统一中国各民族语言的主张。他说，"国语的名称本来是不通的"，"指定统治民族的语言为国语，去同化异族"，"是压迫弱小民族"。(《鬼门关外的战争》)

苏联第一次拉丁化中国字代表大会的决议案（以下简称"决议案"）中说，"代表大会绝对反对中国资产阶级的国语统一运动，认为这是最反动的、违反列宁民族政策一切原则的运动。列宁指出，国语是所有资产阶级的民族主义者为民族压迫而利用的一根鞭子。大会认为采用中国的一种方言作为全国的标准语，是不可以的。"

不少语言学者认为，彼此不能听懂就是不同的语言而不是不同的方言。按照这个标准，汉语各大方言可以认为是不同的语言。

瞿秋白说："现在中国已经有一种普通话，可以做一般的标准，暂时用来做公用的文字。"（《字母》）"所谓国语，我只承认是中国的普通话的意思。"（《鬼门关外的战争》）

"普通话"这个名称在清朝"南北行商"中间早就流行。他们说："我们不会打官话，只会说普通话。"这是彼此大致能够听懂的，但是没有严格标准的"蓝青官话"。1955年，全国文字改革会议把"国语"改称"普通话"，这显然是受了瞿秋白的影响。不过，这时候，"普普通通"的普通话已变成了有严格定义的普通话，就是以北京话为基础方言、以北京语音为标准音的汉民族共同语。

三、《拉丁化新文字》的原则

《拉丁化新文字》的原则共13条，其中主要的有：（1）必须创造一种通俗而接近大众的、适应现代科学要求的、国际化的拼音文字；（2）应该采用拉丁字母；（3）这种拼音文字拼写的不是文言，也不只以北京一地方言为标准的"国语"，而是各大方言区的大众口语为标准；（4）必须清除政治上有害、思想上不正确的词语，清除偏僻的土语，有机地输入国际上革命的、政治的、科学的、技术的词汇；（5）反对认为中国文字拉丁化是不可能的消极观点，也反对把汉字立即废除的"左"的观点；（6）研究中国方言的工作极端重要，必须大大开展这个工作。这些原则总起来说，就是汉语拼音文字必须现代化、国际化、大众化和方言化。

四、《拉丁化新文字》的内容

汉字拉丁化方案共分为十个部分。

（1）"绪言"部分：阐述了汉字改革的必要性和可能性。

（2）"字母表"：由四部分组成——字母的写法、名称、读音、说明。字母共 27 个，比现行方案的 26 个字母多 1 个（用以表示"日"的声母）。

（3）"声母表"：有 22 个声母，和现行方案略有不同。

（4）"韵母表"：共有 32 个韵母，其中与现在写法和读音完全相同的有 14 个。

（5）"拼音规则"：共 18 条，详细规定了汉语北方话音节的拼合规则。

（6）"书法大纲"：规定了词的连写原则。

（7）"文法规则"：对几个常用虚词（如"了""得""的"等）同其他词的连写或分写作了具体规定。

（8）"拼音和书法的说明"：指出了草案同"旧国语"在拼法上的不同点，说明了在什么情况下不必标明声调，在什么情况下要标明声调，以及标调的方法。

（9）"新中国文拼音表"：是汉语全部常用字的拼式总表，可以根据它从拼音查汉字。

（10）"汉字检音表"，则可以用来从汉字查拼音。

举例：

Ba sin Wenz nianxui ixou，iao shchang yng sin Wenz kanshu siesin.

把 新 文 字 念 会 以 后，要 时 常 用 新 文 字 看 书 写 信。

Gang kaish siedishxou，shui ie mianbuliao iou cowu.Dansh bu iao xaipa，

刚 开 始 写 的 时 候， 谁 也 免 不 了 有 错 误。 但 是 不 要 害 怕，

iao buduandi sie，buduandi yng，iding manmandi xui shuliankilaidi.

要 不 断 地 写， 不 断 的 用， 一 定 慢 慢 地 会 熟 练 起 来 的。

如果作者没有对汉语和汉字有深刻的了解，在语言修养方面有较高的造诣，这个方案是不可能考虑得如此全面、说明得如此详尽的。当然，它也有缺点，如标调过于简单：舌尖前音 z、c、s 和舌尖后音 zh、ch、sh 都用 z、c、s 表示，没有加以区别等等。但它的合理部分是主要的，并且为 1958 年公布的《汉语拼音方案》所继承。

五、《拉丁化新文字》的推行方式

拉丁化新文字运动从开始到结束，一直是个群众运动。因此在推行的方式上总是带着群众运动的特色。推行主要通过下列一些方式。

（1）成立团体。拉丁化新文字研究推广的团体成立了很多，用研究会、学会、协会、促进会、推行社等不同名称。据统计，在运动初期，全国成立的团体有 80 多个，最早的是上海的"中文拉丁化研究会"（1934 年 8 月）。成立团体最多的是"一二·九"学生救亡运动时期的北平。全国性的团体是 1935 年 12 月陶行知等在上海发起的"中国新文字研究会"。抗战开始后成立的团体也不少，有 40 ～ 50 个。中华人民共和国建立后，从 1949 年到 1950 年，全国有 20 多个市县成立了团体。

（2）制订方言拉丁化新文字方案。各地制订的方言拉丁化新文字方案有上海话（后来改为"江南话"）、苏州话、无锡话、宁波话、温州话、福州话、厦门话、客家话、广州话、潮州话、广西话、湖北话、四川话 13 种。其中以上海话新文字方案制订最早，在 1936 年 2 月公布推行。

（3）知名人士倡导。抗战前支持这个运动最积极的是鲁迅，还有著名的教育家陶行知。抗战初期，教育家陈鹤琴和语文学家陈望道组织和领导了上海的新文字工作。在北平，抗战前一些教授如语言学家王力先生等也赞助这个运动。在香港，积极支持这个运动的是北洋政府时代热心推行注音字母的张一麐，还有当地著名人士冯裕芳和香港大学教授许地山、马鉴、陈君葆等。在陕甘宁边区，毛泽东、朱德、吴玉章、徐特立、林伯渠、谢觉哉等都是拉丁化新文字运动的积极倡导者。中华人民共和国建立后，全国各省市和各高等院校成立的新文字团体几乎都有知名的学者教授参加。

（4）开班教学。全国各地开办的学习班，包括各种师资训练班、讲习班和识字班（扫盲班），前后有1000多个，参加学习的有10多万人。抗日战争初期，上海举办了很多难民新文字班，陕甘宁边区举办了很多冬学新文字班。中华人民共和国建立后，东北各铁路局为了使用新文字铁路电报，举办了很多报务员新文字班。

（5）出版书刊。抗战前全国出版的图书包括概论书、课本、读物、工具书共61种，报刊36种。抗战初期上海出版的图书有54种，报刊23种；陕甘宁边区出版的图书有16种，报纸1种。其中影响较大的图书是上海中文拉丁化研究会编的《中国话写法拉丁化——理论·原则·方案》；刊物是上海出版的《SinWenz》（新文字）月刊、《Zhungguo Yjan》（中国语言）半月刊和《语文》月刊，北平出版的《Beiping Sin Wenz》（北平新文字）半月刊；报纸是上海出版的《Womndi Shgie》（我们的世界）、《Dazhung Bao》（大众报）和陕甘宁边区出版的《新文字报》。中华人民共和国建立初期，新文字书刊的销售量猛增，达130多万册。上海新文字工作者协会编的《语文知识》月刊每期发行15万册。

（6）社会应用。拉丁化新文字的社会应用主要在东北铁路电报和海军的手旗、灯号、无线电通信方面。从1950年到1958年《汉语拼音方案》公布前，东北铁路电报全部用新文字。从1953年到1958年《汉语拼音方案》公布，海军的手旗、灯号和无线电通信也全部用新文字。此外在课本和字典注音、速记、索引，以及外国人学习汉语方面，有的也用新文字。

六、《拉丁化新文字》的评价

在瞿秋白同志英勇就义 6 年之后，1941 年 12 月，吴玉章同志在新文字协会第一届年会上的报告中指出：在新文字运动中，"开始提出拉丁化方案的是瞿秋白同志和一些共产党员"。1949 年前，吴玉章又指出：瞿秋白"开辟了中国新文字发展的道路"。1956 年 2 月，中国文字改革委员会在关于《汉语拼音方案草案》的说明中，称瞿秋白同志是"汉字拉丁化的最热烈的倡导者"，是"北方话拉丁化方案的最初的起草人"。1975 年 12 月，吴玉章和黎锦熙合著的《六十年来中国人民创造汉语拼音字母的总结》一文，在回顾历史时指出："1926 年产生的由钱玄同、黎锦熙、赵元任等制定的'国语罗马字……1931 年产生了由瞿秋白等制订的'拉丁化新文字'。拉丁化新文字和国语罗马字是中国人民自己创造的拉丁字母式汉语拼音方案中比较完善的两个方案，大大超越了他们之前的各种同类方案。"这就充分地肯定了瞿秋白同志在汉字改革方面的贡献。当今广泛使用的汉语拼音方案很多成果都是吸收瞿秋白先生当初的拉丁化新文字的成果。因此，我们在怀念瞿秋白是一个革命家的时候，千万别忘记了他同时还是一个语言文字学家。

第四章
《汉语拼音方案》
主要创制者
——常州人周有光

　　周有光是《汉语拼音方案》的主要起草人之一，是常州人。他生于清末的 1906 年，卒于 2017 年，享年 111 岁。周有光的一生，是有光的一生，是一生有光。他 50 岁之前主要在金融领域工作，50 到 85 岁之间主要是从事语言文字的研究教学推广工作，85 岁以后主要是从事文化学的研究。

一、花样年华，明媚春光

　　1906 年，周有光出生于常州青果巷一个大户人家。小时候的周有光和普天下的孩子一样好玩。但是周有光家里藏书丰富。在周有光的印象中，父亲闲下来就捧着一册古书，有时会把周有光抱在膝头，教他认识上面的字。周有光 6 岁那年，家里商量决定让他进常州市新式学校育志小学读书。清末民初，与周有光同龄的孩子大都读私塾，而他却是第一批进洋学堂的小学生，这全有赖于父母开明的思想。12 岁那年，周有光从育志小学毕业后，就上了常州中学。常州中学是国内一流的中学，首任校长屠元博是追随孙中山的同盟会会员。屠元博为开拓常州的现代教育事业，办好常州中学殚精竭虑。他不遗余力地向学生介绍孙中山、章太炎、邹容、陈天华等人的进步思想，一些教师受其影响，和他一起积极参与常武地区辛亥革命活动。他办学有方，诚邀名师担纲执教，给学生的成长成才奠定了坚实的根基。

常州中学的校训是"存诚，能贱"。"存诚"是做人要老实；"能贱"是不要轻视卑微的工作。对此，周有光永远铭记心间。

1918年，周有光进入常州中学预科班。正是这一年的预科班让周有光打下了扎实的古文基础。从小跟随祖母念诵唐诗的周有光，特别喜欢看《左传》。也许是男生天性喜欢打打杀杀，叙写战争的《左传》让周有光废寝忘食。在老师"之乎者也"的吟诵中，许多同学昏昏欲睡，周有光却凝神侧耳。课堂上，周有光沉浸于老师的讲解，沉浸于一系列戏剧性的故事情节，以及栩栩如生的人物形象。周有光悟性很好，在《曹刿论战》中悟到两军交战智者胜，从《晋公子重耳之亡》中读出磨难是一笔财富，还有利令智昏必遭惩罚的《蹇叔哭师》，更有依靠智慧和实力才能无畏的《展喜犒齐师》等。周有光篇篇佳作朗朗上口，日久便出口成章。家喻户晓的《古文观止》，也在课堂里滋养着周有光。那种囫囵吞枣式的阅读，许多时候也是津津有味的，《桃花源记》的逼真，《北山移文》的华美，《前赤壁赋》的恣肆，更在韩愈佶屈聱牙的字里行间，读出一些日后享用不尽的财富。

正是创办人屠元博的先见之明，常州中学聚集了当时最好的老师。他们学识渊博，思想开明，勇于接受新思想，无形中为学生打开了一扇清新的窗户。

常州中学非常注重课外学习，上午9点上课，安排3节课，每节课50分钟，下午则是游艺课。孔子曰，"依于仁，游于艺"，说的是人要有"仁"的内在修养，心理上就有了安顿的地方；有"艺"的熏陶，人生就有精彩的地方。游艺课的教学理念正基于此。学生根据自己的兴趣、爱好，可以自由选择课程。例如，喜欢古典文学的去上古文课，喜欢音乐的就听音乐课，爱好书法的就去书法班，各类课程都有，极大地开阔了学生的视野。也有学生自己组织的学社、学会、乐团、剧社等，办得热热闹闹，真是课内打基础，课外出人才。游艺课不用考试，全然凭个人兴趣，因此大家学起来兴致勃勃。正是这种寓教于乐的教学理念，大家读书都很自觉、很用功，教室里、操场上经常晃动着青春矫健的身影。

在常州中学读书期间，周有光常常跟高一级的吕叔湘一起讨论。日后成为中国近现代汉语研究的拓荒者和奠基人的吕叔湘，对国文和英语最感兴趣，有空就待在图书馆广泛阅读。学校的英文老师水平很高，都是圣约翰大学或者东吴大学的高才生，有的还在西方留过学，学校甚至引进外籍教师。当时，外国语、外国史地、数理化等课程均采用英文原版教科书，强大的氛围让周有光中学毕业时，达到不打草稿就可用英文写文章的水平。而毫无障碍的英文阅读，也让周有光接触到国外最新的书籍和报刊，接受新思潮的精神洗礼。

在中学时代接受了五四洗礼的周有光，左手古文，右手英文，心中装着鲜活的白话文和中西方音乐。扎实的基础、广阔的视野、开明的思想，为他日后的人生准备好了一双飞翔的翅膀，成为一个真正从"传统"成功过渡到"现代"的知识人。

1923 年，周有光考取圣约翰大学，其学费还是其姐姐同学资助的。周有光来到圣约翰大学报到，感受到跨时代、跨国界的巨大冲击。这所旧上海声名显赫的教会大学建成于 1879 年，是中国最早的西式院校，享有"东方的哈佛"等美誉。

圣约翰首开西方教学风格之先河，一年级不分文理班，注重基础课程，同时注重课外活动对造就人才的影响。学校印有一本小册子，是介绍圣约翰教学理念的，表明本大学不是培养专家，而是培养完美人格的，由此才可以发展成为专家。这与常州中学的教学方针颇为契合，周有光很快便融入了校园生活。课堂上，每位老师都会布置大量的课外阅读材料，这种拓展阅读使思维像触角一样伸向各个领域。碰到问题的时候，老师便让大家去查百科全书，以此鼓励自学。周有光因此爱上了百科全书，甚至到了后来，其连襟沈从文给了他一个"周百科"的绰号。

在中学啃惯英文原版教科书的周有光，在圣约翰如鱼得水，看、读、听、说、写的英语语境，让他恍如置身于国外。26 个英文字母简简单单，却有无数种排列的可能，这让大一新生周有光对语言产生了浓厚的兴趣。

中学时期的双语学习，使得周有光对语言的看法更为理性和科学。他喜欢这种简便、自如的语言环境，学校用字母来管理的方法让周有光大大开了眼界，为他日后研究语言做了很好的铺垫。

无数个清晨和黄昏，周有光握着书本，沉浸在校园美景之中。春夏秋冬，阴晴雨雪，钟声伴随着日出日落，祈祷声和读书声声声入耳。

1925年，五卅运动爆发。圣约翰大学师生们决定离开圣约翰，另起炉灶。周有光和同学们随着既是学长、也是常州老乡的孟宪承教授一起离开了圣约翰大学，进入私立光华大学就读。光华的管理纪律严明，学风甚佳，特别注重国文、外文和数理等基本科目的教学，教师上课都用英语。光华初期的教学骨干是从圣约翰辞职的近20位中国教师，另有许多博学人士纷纷前来光华任教，以表示对爱国斗争的支持。

在光华大学，周有光应聘成为张寿镛校长的秘书。张寿镛曾语重心长地对周有光说："一个人立身处世，不可把自己看得太重，太重则一切不肯牺牲，也不可把自己看得太轻，太轻则认为一切非我所能做到。"毕业时，他劝周有光留在光华教书。就这样，周有光先在光华大学附中教书，没多久就在大学教书。在光华教书一段时间后，随着孟宪承到无锡乡下从事民众教育。1930年，周有光又随着孟宪承到浙江民众省立教育实验学校教书，孟宪承担任校长。

青少年时期的周有光，珍惜时光，饱读着古今中外的诗书，感受着时代脉搏的跳动，呼吸着社会的新鲜空气。翩翩少年，如日初光，春风得意，明媚春光，这就是青少年时期的周有光。

二、爱情婚姻，霁月风光

在上海读大学的周有光是母亲的骄傲，也成了众姐弟的榜样。妹妹周俊人自幼聪慧，在几个姐姐和哥哥的影响下，常常接触进步书刊，是觉醒了的新女性。1925 年，周俊人考入心仪已久的苏州乐益女中读书（该学校是张允和的父亲张武龄筹办）。这个清秀文静的女孩正好跟张允和同学，两个女孩子彼此吸引。张允和经常到周俊人家里玩。由此，周有光和张允和逐渐熟悉。

1927 年，19 岁的张允和考入上海的中国公学。张允和性格开朗，才华过人，进大学没多久就当选为女同学会会长，男生女生都很佩服她，这同样吸引着大学生周有光。在周有光眼里，这个妹妹的同学能文能武，活跃着玩闹的气氛。早先张允和还是中学生时，都是集体行动，两人没法单独接触。现在两人都在上海读大学，周有光自然可以照顾这个妹妹的同学了。敏感的张允和也感觉到了，她很欣赏这位沉稳好学的同学哥哥，初恋萌芽的感觉令平日活泼的她变得羞涩起来。之后周有光去杭州民众教育学校教书，有意无意地给张允和寄出了第一封信。这封令张允和六神无主的信，在年纪大点儿的同学看来很正常，不回信倒是不正常了。从此，两人开始鱼雁往来。

大学二年级时，张允和转到光华大学读书，又被拥戴为女同学会会长，成为光华的风云人物。学校每年举办国语演讲。据说前几年都是一位男生拿第一名。张允和口才敏捷，文采飞扬，当是演讲的不二人选。她精心准备了一篇名为《现在》的演讲稿，立意新颖，颇有哲学，意在规劝大家抓住"现在"，好好读书。写好后，她马上寄给周有光。周有光回信大加夸赞，并预祝她演讲成功。因为自信和恋人的激励，张允和一举夺魁。张允和当即在信中倾诉此事，跟周有光一起分享着成功的快乐。两人的文化背景相当，古典文学和外国文学的底子都很深厚。

其实两人交朋友之后，在一起的时间很少，一个在上海读书，一个在杭州工作，平时通通信件，也难得见面，只有张允和放暑假到杭州才能一起玩儿。西湖是最适合谈恋爱的地方，它催生着恋人的感情，正像断桥边的荷花一样慢慢盛开。

在 20 世纪 30 年代初，中国连连遭受日本帝国主义的侵略，时局动荡起伏。在"一·二八"事变中，中国公学毁于日军炮火，光华大学也危在旦夕。为了安全起见，张允和到杭州之江大学借读，两人的距离倒是更近了。当时，杭州的校园环境还是比较安静的。之江大学也是当时知名的 14 所教会学校之一，位于风景宜人的钱塘江边，紧邻六和塔，西接九溪十八涧。校园的红楼建筑群掩映在高大的树木间，独具异国情调。

春天到来，碧树掩映，绿草葱郁，张允和穿着映山红色的旗袍，和西装革履的周有光行走在风景中。两人身历美境，尘襟为之一洗，更有人在画中游的感觉。最有意味的是周有光送张允和回校，两人依依不舍，来来回回地丈量着脚步，相约下次见面的时间。张允和借读之江大学时间并不长，还是当年回光华拿的大学毕业证书，杭州的一段光阴成就了一对才子佳人的佳期。

1933 年，经过 8 年的恋爱长跑，周有光和张允和举办了一个新式的婚礼。两人商量于上海成婚。婚礼避繁就简，又时尚无疑。

婚后，他们共赴日本留学，一起攻读语言和文学。后来张允和要生孩子，先回到上海生育，由家人照顾。在距结婚纪念日整整一年之日，张允和诞下一子，取名晓平，寓意平安。由于孩子的降生，周有光也于第二年回国了。他推开家门，见到张允和抱着胖嘟嘟的儿子晓平，笑盈盈地看着自己，为人父的喜悦让他生出无限的自豪之感。回国后，夫妇二人都在光华大学教书。

就在这一年，周家又迎来了婴儿的啼哭声，女儿小禾的降生为全家上下平添喜气，一双儿女自然给家里增添了无限的快乐和繁闹。为了更好地照顾孩子，张允和辞去工作，安心在家相夫教子。九一八事变后，全国人民同仇敌忾，奋起要求抗日的呼声一浪高过一浪。当时的上海滩，时局动荡不安。为了安全起见，周有光决定把一家老小送到苏州，自己则是周末回家。

1937 年 8 月 13 日，日本侵略军继卢沟桥事变之后，又在上海闸北挑起事端，"八一三"的枪声使闸北变成血与火的土壤。周有光随着逃难的人群一起逃往重庆。在重庆的几年里，一家人正好遭遇历史性的"重庆大轰炸"。大火燃烧了一个多星期，山城瞬间变成一个无比陌生的难城。其间，周有光在重庆农垦局工作。1941年5月，女儿小禾生病得不到及时的治疗去世。女儿的去世给周有光一家沉重的打击。

1943年，周有光调到新华银行工作，一家人告别重庆搬到了成都。同年，周有光又要调往西安工作，一家人又随着北上。

1945年8月15日，日本宣布无条件投降。中国人民经过8年浴血奋战，终于迎来扬眉吐气的一天。上海这座国际化城市，是中国重要的经济中心，对国民政府尤为重要。在国民政府中央军事委员会的指挥下，上海顺利地被接管了，并控制了全部政治、军事、经济、文化战略要地，维持了上海滩的安定。当时，流亡在外的很多知识分子纷纷回到家园，周有光一家如愿以偿地回到了上海。

经过一段时期的恢复和整顿，1946年底新华银行派周有光去美国工作，并随带家属。周有光在美国工作的一年多时间里，把时间捻成多瓣，像蜜蜂一样辛劳采集。作为高级职员的周有光，享受着银行最优厚的待遇，银行每年补贴旅游费鼓励大家去世界各地，当然回来要递交一份经济调查报告。游览世界让一个高级知识分子增加了广博的知识，假如眼界不能开阔，犹如井底之蛙，什么事情都干不好，这是一种世界性的、前瞻性的观念。到世界各国走走并非玩乐，而是在玩乐中了解当地的风土人情。所以，当时间指向1948年，周有光在忙碌的工作中抬起头，目光抚摸过办公室的一桌一椅，转眼看到巨大落地玻璃窗前纽约城蔚蓝的上空时，心底忽地打开了又一扇通往世界的大门。而且最令人欢欣鼓舞的是，此行的目的地是"新中国"，等待他的是全新的生活。1948年，周有光在美国的工作结束了，他和张允和不约而同地想道：不要原道而返，一定要绕地球一周！周有光夫妇俩一起在世界地图上圈圈点点，携手单纯以寻访古迹为目的的旅行，作一番深度的历史旅游。

1949年，周有光回国后在上海复旦大学从事经济学课程的教学。20世纪50年代初，又调到上海财经大学当教授，同时兼研究处主任，与一帮志同道合的同事为新中国的高等教学尽职尽责，为开拓教学事业而努力奋斗。

1955年，对于周有光来说是一个分水岭，命运从此改变。当他踏上北上的列车，去北京参加全国语言文字改革会议，他的命运已经一锤定音。10月的北京，正是香山红叶斑斓之际，诸多语言界学者汇聚一堂，共同探讨中国现代文字改革的出路。周有光受邀此行，全然出乎意料，但细想来正是会议主办者的高明之处，可以说他们是请对了人。

这里要补充一点的是：周有光在读大学以及后来工作期间就对字母及语言文字有强烈的兴趣，发表过相关论文，出版过相关专著，在语言文字学界有一定的影响。抗战结束后在重庆国民政府工作期间，曾和中共代表周恩来等都有很密切的接触，所以周恩来对周有光在语言文字方面的兴趣和成绩比较了解。在北京开会期间，周恩来、吴玉章、胡愈之、陈望道等劝说周有光改行从事语言文字工作。

1955年10月，周有光正式改行，经济学界少了一位金融学家，文字改革委员会多了一位委员、语言学家。从待遇上来说，留在北京就由三份工资变为一份工资，显然是吃亏的。周有光一心想为国家多做点事情，丝毫没有想到个人得失。周有光想到的是既然自己是外行，就要好好补补课，所以他白天办公、晚上看书，真正把经济学丢开，将全部精力放在语言文字学里面去。周有光只有一个想法，任何一件事，只要搞出成绩来，对国家有贡献就好。单纯的周有光开始全力钻研语言文字学，两耳不闻窗外事。

1956年4月，周有光调到中国文字改革委员会工作，全家都搬到北京，就住在沙滩。在北京，张允和也开始了自己的另一种人生。她被叶圣陶推荐到人民教育出版社编辑教科书。不久之后，"三反""五反"开始，张允和经受不住打击和折磨，从此离开工作岗位，成为全职的家庭主妇。

"文化大革命"爆发后，周有光作为"反动学术权威"，进了牛棚。周有光和许多"牛鬼蛇神"被剥夺了人身自由，随时随地接受惨无人道的批斗，不能回家。在沙滩街55号的大礼堂，当年五四运动和胡适讲学的地方，成了他们交代历史问题的地方。而此时张允和也整天过着胆战心惊的日子。

1969年到1971年，周有光被下放到宁夏五七干校进行改造。张允和留在北京。这期间，儿子媳妇也被下放到湖北。1972年，周有光回到北京，一家人终于可以团聚，这是最大的慰藉。接下来几年里，周有光没有工作，专门在家里安安静静地做研究。"文化大革命"结束之后，周有光恢复了工作。张允和也开始从事昆曲的研究和吟唱，忙得不亦乐乎。2002 年 8 月，张允和因心脏病突发去世。

面对张允和的离去，周有光大约有半年时间无所适从，思念如影随行。但是他尊重生老病死的客观规律，想到一个外国哲学家说过，所有的生物都要死的，个体的死亡是群体进化的条件。这样一想就想明白了，于是就服从自然规律，安心生活。重新振作精神的周有光，倾尽心力最终出版张允和的遗作《浪花集》和《昆曲日记》，以告慰在天国的亲人，这是对张允和的最好纪念。

如今，张允和的骨灰埋在北京门头沟观涧台一棵花树根下，化作春泥更护花。在《浪花集》一书的后记中，周有光写道："原来，人生就是一朵浪花！"

周有光、张允和，两位世纪老人，一生经历了诸多磨难，但是两人一辈子不离不弃。两人美好的爱情婚姻家庭生活在学界有口皆碑、霁月风光、无限风光。

三、艰难时光，养晦韬光

1956 年，周有光调到中国文字改革委员会工作后，便正式开始了他后半辈子的语言文字工作。他每天晨练之后，就再回到家里工作，因为文字工作可以带回家。虽然北京的物质条件与上海不能相比，但从此落地生根，躲进小楼成一统。当时，全国上下都在搞运动，周有光只顾埋头读书写文章，自己半路出家，必须抓紧时间恶补有关知识。"文改会"的工作很紧张，压力也很大，周有光忙于看书，查资料，做研究，很是充实。

1959 年，伴随着孙女庆庆的出生，一家四代人感到了无比的快乐。庆庆的大名叫周和庆，是为了纪念早夭的女儿小禾。

1966 年 6 月，"文化大革命"的风声越来越紧，9 月底的一天，一帮人气势汹汹地冲进"文改会"办公室，不容分说就把周有光等专家抓走。面对盘问和威逼，周有光实事求是，把家庭和个人经历不急不缓地说了一遍。这些人贼眼放光，不相信这个懂四国外语、喝洋墨水长大的老头没有问题。当天晚上，周有光就以"反动学术权威"的身份进了牛棚。

1969 年冬天，周有光被下放到宁夏五七干校。由于知识越多越"反动"，上面规定去干校不能带研究资料和参考书。这是临行前的诀别，也不知这一去何年何月再见面。周有光随身带上二三十本各国文字版本的《毛主席语录》，再带一本《新华字典》。在开往大西北的铁皮车里，"臭老九""反动学术权威""走资派""现行反革命"们挤成一团，在哈气成冰的冬日拉开了大西北劳动改造的帷幕。

在干校，大家干的都是些重体力活，种地、挑粪样样都不落，就连住的屋子也是自己砌的。天麻麻亮就得起床干活，为了完成每天的指标，拼命干到天黑才能喘口气。大家平时都是握笔杆子的，一天下来都累坏了，甚至累得吃不下饭。干校的土屋并不结实，塞上的风长眼睛，见缝就钻，冷得刺骨，白天夜里都得裹着一身厚厚的蓝布棉袄。由于劳动繁重，气候又差，很多人不习惯，有的得病并落下了病根子。

周有光心里没有埋怨，"船到桥头自然直"，再坏的事情也会有积极的一面，关键是要保持良好的精神状态。跟文字打交道的周有光对土地很陌生，第一年他做的活就是下田种地。其实土壤跟文字一样，你只要善待它，它也会善待你。周有光蹲在田头地角，观察土壤和作物，分析研究给他带来很多乐趣。而且，白天干活累了，晚上倒头就睡，没想治好了多年的失眠顽症，从此吃饭干活香喷喷，可以说是意想不到的收获。晚上回到屋里，在昏暗的灯光下，周有光拿出不同版本的《毛主席语录》，比较着翻阅，休味个中的味道，不知不觉开始了比较文字的研究。《新华字典》是个宝藏，周有光在劳动间隙或临睡前翻翻，逐字咀嚼，想在这些字上面搞点研究。

同去的还有教育部副部长林汉达等，他们被安排看守高粱地。两位老人在高粱地常常仰望天空，热烈讨论中国语文大众化问题。林汉达主张用听得懂的白话代替听不懂的文言，如"居心叵测"改成"存心不良"，"暴虎冯河"为"有勇无谋"，"方枘圆凿"是"格格不入"。他研究语词的选择，非常严谨。有一次，林汉达问："未亡人""遗孀""寡妇"哪种说法好？《现代汉语词典》里没有"遗孀"这语词，为什么报纸还常常用它呢？他曾问过一位扫盲学员，得到的回答是遗孀是一种雪花膏——白玉霜、蝶霜、遗孀！周有光听了，乐不可支，开玩笑地说道：大人物的寡妇叫遗孀，小人物的遗孀叫寡妇吧！又说，从前有部外国电影，译名《风流寡妇》，如果改为《风流遗孀》，观众可能要减少一半……讨论逐渐深入，最后一致同意，语文大众化要"三化"：通俗化、口语化、规范化。两位老人兴高采烈地交谈，劲风吹拂白发，高粱叶簌簌争响，像是在点头应和着他们的谈话。

体力劳动之余，专家们不忘自己的事业，利用劳动间隔和夜晚完成了不同寻常的壮举。周有光开始了比较文字的研究，还把收入《新华字典》的字进行科学分类统计，把信息论引入古老的汉字研究领域，开创了现代汉字学。周有光后来回到北京，但是没有安排工作，只有做自己的研究。因为语言文字研究远离政治经济，所以，时光悠悠，平平静静，不咸不淡，不惊不咋，每天周有光雷打不动地在家看书、写文章，把研究工作一点点做好。正可谓隐德潜光，韬曜含光。

1976年，"四人帮"被粉碎，"文化大革命"结束。周有光虽然很少出门，却知天下事，看报、听广播是每天的必修课。随着形势的变化，每天的新闻就有微妙的变化。关心国家世态的周有光从点滴报道中敏锐地感觉到，中国这艘大航船正驶向一片开阔地。刚开始，虽然国家政策已改，但是隐藏的"暗礁"还很顽固，不时阻挠着前行的航向。"船到桥头自然直"，还是这句老话。周有光很笃定，因为这是历史的必然规律。当时，很多高级知识分子名义上都得到恢复，大家喜出望外，但不形于色，都在暗暗地执着于自己那一份事业。由于"文化大革命"期间，中国文字改革委员会的工作遭到严重的破坏，所以并没有马上恢复办公，后来才逐步走上轨道。

周有光虽然名誉是恢复了，"帽子"也给摘了，但并没有马上上班，照旧在家里做研究工作。有一则笑话，说的是当年造反派批评知识分子，看到专家们整天窝在家里，不用上班，就在大会上狠狠批道："专家专家，专门在家。"这正是周有光的日常写照，看似轻松简单，实则五味杂陈。

四、语文事业，赫赫之光

周有光自从到北京直到"文化大革命"结束20多年的时间里，一刻也没有放松对语言文字的研究，即便是在下放到宁夏的最艰难的日子里，周有光也在关注语文现代化的事业。

"文化大革命"结束之后，周有光仍然专注地研究他的语言文字。日子像流水一样前行，安安静静的，有时候不免激起一些浪花，令人欣慰。1979年4月，周有光被派去出席华沙国际标准化会议。他在会上代表中华人民共和国发言，提议采用"汉语拼音方案"作为拼写汉语的国际标准。周有光的任务是告诉大家，中国的汉语拼音方案最科学，因为当时关于汉语的拼音方案有很多，比如法国有法国的方案，英国有英国的方案，西班牙也有自己的方案。举个例子吧，"鲁迅"一词就有20多种写法，给翻译、阅读等带来很多障碍。周有光精通四门外语，他广征博引，见缝插针地跟各国专家聊天。他使出看家本领，跟专家们沟通，告诉他们为什么中国的汉语拼音方案最好，这是成功的第一步，否则提案就不能成立。

经过三年酝酿努力，1982年国际标准化组织用通信投票的方式，认定《汉语拼音方案》为拼写汉语的国际标准，编号为"ISO—7098"。这使《汉语拼音方案》从中国标准走向世界标准，开辟了一条中国文化流向世界的通道，也成为一种中国海峡两岸语文交流的工具，意义非凡。功夫不负有心人，可见周有光他们当年花大力气来仔细设计这套方案是值得的，如果当年留下一丁点儿的马虎，日后就会后患无穷。

　　参加国际会议之后，周有光国际上的好朋友纷纷邀请他出国讲学。于是，周有光夫妇又再一次重游欧美，留下了很多佳话。

　　周有光学识渊博，读书驳杂。被冠予"周百科"的绰号，早在圣约翰大学时，周有光就受益于《不列颠百科全书》。《不列颠百科全书》也称《大英百科全书》，首版问世于18世纪中期英国的苏格兰，是西方国家一部历史悠久、具有权威性的大型综合性工具书。

　　改革开放初期，中美两国探索文化合作工作，其中有一项就是翻译美国的《不列颠百科全书》。邓小平接见时任不列颠公司副总裁吉布尼等人时，谈话中就中国的"四化"建设提出了重要的论点："（中国）应该充分利用世界上的先进成果，来加速四个现代化。"彼时，美方主动提出合作出版中文版《不列颠百科全书》，邓小平认为这是个好事情，当场批准了这项具有划时代意义的出版合作项目。当时《不列颠百科全书》除英文版，已有法、日、希、西等版本，不列颠公司早就有出版中文版的愿望，中美正式建交带来了合作的可能性和前瞻性。1980年8月，中国大百科全书出版社和美国不列颠百科全书出版公司签订了出版中文版《简明不列颠百科全书》的协议。之后，正式成立了由中美双方学者组成的联合编审委员会，中美两国各出三人组成编译工作的决策机构，负责协商并解决分歧。

　　中方编审委员会主席是刘尊棋，另两位是钱伟长和周有光。刘尊棋是《中国日报》的创办人，早年在纽约与周有光初识时，已是国际知名新闻记者。钱伟长是中国力学奠基人之一，学贯中西。三位编委都已上了年纪，其中周有光年龄最大，当时已74岁。他们不顾年老体弱，对编译工作倾注了大量的心血。为了联络经济界及语言界的专家，周有光几乎每天亲自写信，有时还让张允和誊抄，然后一封封用糨糊封好，亲自投到邮局的信箱里。大多数的教授专家都从北京、天津和上海各大学请来，经过方方面面的努力，当时一下子联系上了四五百个教授级的专家。他们大都刚从五七干校回城，一时还没有恢复工作，闻讯都非常激动，热情洋溢地来参加编译工作。大家觉得做这项工作很有意义，一点也不计较稿酬得失。专家的落实为中文版保质保量的完成奠定了良好的基础。在具体工作中，联合编审委员会不断碰到各种各样的疑难杂症，开会次数也很频繁，4 年期间共召开 3 次全体会议、10 多次工作会议。双方反复磋商，尤其是协商解决碰到的大量政治性和技术性问题，周有光他们每会必到，起到了非常关键性的作用。大家以饱满的热情忘我地投入了这项工作，一起解决由于不同意识形态领域生出的种种难题，1985 年就使这部综合性百科全书问世，使国人拥有了一部了解外面世界的巨型参考书。

周有光又是《中国大百科全书》总编辑委员会委员，为《语言文字》卷重要条目的撰稿人和全卷审稿人。百科全书常被誉为"没有围墙的大学"，是概要记述人类一切知识门类或某一知识门类的工具书，在规模和内容上都要超过其他类型的工具书。高质量的百科全书的编纂，是衡量一个国家科学文化发展水平的标志之一。以周有光为代表的老一辈文化人为此呕心沥血，他们正是中华民族不屈的脊梁！

在编纂《中国大百科全书》过程中，有一个重要的环节，与周有光有直接的关系，那就是条目顺序的排列方式，他说：

> 当中的一个小问题，百科全书的条目怎么排，我和倪海曙积极支持姜椿芳（作者注：姜椿芳，常州人，号称"中国大百科全书之父"）改用拼音来排，因为当时大家都不熟悉拼音，反对的人很多，现在反对的人少了，假如不用拼音，就不好查了。

1982 年，《汉语拼音方案》成为国际标准，同时《汉语拼音正词法要点》也提交通过。汉语拼音方案是音节的拼写法，正词法是语词的拼写法，后者以前者为基础。由于汉语拼音方案有"注音字母"和"国语罗马字"为先例，而正词法没有先例，所以"汉语拼音正词法基本规则"要复杂许多，需要不断修订，需要在实践中逐步改进和完善。这样，汉语拼音方案加上正词法才完成了汉语拼音的技术设计。理解了这一点，才能从根本上理解中国的语文政策，即用拼音帮助汉字，而不是以拼音代替汉字。

周有光自幼习古文，对方块汉字的印迹非常深刻，他尽量贴近传统教育思维，多年来一直寻找问题的症结。后来发现，原来很多人头脑中只有汉字思维，先写好文章再把一个个字用拼音打出来，而拼音输入后又要从多个汉字中选一个，进程非常缓慢又不方便。找到了问题的所在，周有光便开始研究如何运用国际通用的正词法，来解决拼音输入慢的问题。1983年，周有光发表了《汉语内在规律和中文输入技术》一文，为世人从理论上廓清常用的各种拼音输入法的方向。1988年7月，《汉语拼音正词法基本规则》正式公布实施。正词法的概念深入人心，它以词或词组为一个单位，作为汉字文本的处理媒介，这样输入才便捷。汉语拼音方案和正词法的先后问世，确实有利于运用电脑进行拼音词语转换汉字。人们只要重视它，就能掌握它，熟能生巧后自然不用看键盘，自然就"盲打"了。想想看，几十年后各行各业离不开电脑，几乎人人都有手机，在电脑上打字、用手机发短信，都会运用到拼音输入法。不仅中国需要拼音，外国也需要拼音，拼音作为"文化桥梁"沟通中外。当然，很多人不会时刻意识到汉语拼音的存在，正因为它的作用无处不在：它是快速扫盲的"金钥匙"，它是街头路上的指示牌，它是电脑、手机里最便捷的输入法，它方便老外学汉语，它是护照上汉语姓名的拼写法，它在检索、编制盲文和手语、编制工农业产品代号等领域发挥了重大作用，它被国际标准化组织和联合国秘书处确定为拼写中国地名、人名和中文的标准……由此可见，拼音正词法的问世意义重大，它为传媒时代的到来打下坚实的基石。

周有光曾语重心长地说："我们失去了一个大众化的打字机时代。现在，来到了计算机时代。如果输入汉字必须经过记忆编码的特别训练，不能像外国字母那样方便，那么，中国计算机也只能由专业者使用，不能成为大众化的语词处理机。我们在失去一个大众化的打字机时代以后，不能再失去一个大众化的语词处理机时代。"北京大学教授苏培成先生如此评价周先生这种科学的预见性："在今天，绝大多数人使用中文电脑时用的都是拼音转换法。感谢周先生给我们指明了中文输入的光明人道，使我们加快了进入中文信息处理时代的步伐。"

"可以说是拼音推广了手机，手机推广了拼音。以前很多人反对拼音，现在没有人反对了。随着国际往来大大增加，拼音变成文化往来的桥梁了，发挥了大的作用。"说到汉语拼音在社会生活中发挥的作用，周有光笑得合不拢嘴。

无论是反右期间，还是"文化大革命"期间；无论是下放到宁夏期间，还是回北京"无所事事"期间，周有光总是坚持语言文字的研究工作，咬定青山不放松，和光同尘，养晦韬光，积厚流光，一旦时机成熟，一跃龙门，成就赫赫之光。

五、离休生活，熠熠生光

回想几十年来周有光在语言文字上取得的成绩不能不让人惊叹。20 世纪五六十年代，周有光的著作除了《中国拼音文字研究》《字母的故事》《拼音字母基础知识》《电报拼音化》《汉语手指字母论集》等，影响最大的是 1961 年初版的《汉字改革概论》。由于文字改革在中国乃至世界都是一件大事情，这本书不仅多次再版，还有 1979 年的香港版，书中许多篇章翻译成德文、英文；另有日文版，20 世纪 80 年代日本还专门成立一个审定小组，特地到中国来请教周有光。这也标志着周有光提倡的现代汉字学得到世界的承认。周有光从 50 年代开始提倡人类文字学、人类文字史，这是他花费工夫最多的一门学问。后来《世界文字发展史》在 90 年代出版，又标志性地列入"世界文库"。80 年代，周有光还著有《拼音化问题》《汉字声旁读音便查》《语文风云》《中国语文的现代化》等。

1988 年，周有光到了离休年龄。他打算先把多年的研究工作一点一点地告一个段落，然后再看看书、写写文章。这一年，周有光开始换"笔"，有了自己的电子打字机。原来日本夏普公司按照周有光的汉语拼音方案，研制出世界上第一台中文打字机。为了答谢老人，公司特地送来一部 W—1000C 中西文电子打字机。从此，周有光天天做着"十指操"，草稿"不用笔"，誊抄"不动手"，增补、删改只需"一指之劳"，用它写文章、写信，工作效率提高了5倍。

85岁那年，周有光正式离开了工作岗位，从此在家中9平方米的小书室里看报、看书、写杂文，人生也从此进入另一种精彩。书室虽小，却有一顶天立地的大书架，书们相亲相爱，相拥而立，与主人朝夕相处。壮观的书架下，一张小书桌、两椅子、一茶几陪伴着周有光和张允和，两位老人每天并坐，对着窗外姿态优美的泡桐树，品着红茶咖啡，过着恬静的晚年生活。

离开了专业工作的周有光自喻"无业游民"，他博览群书，没想到发现专业之外有一个知识大宝藏，于是开始自我"扫盲"。他眼睛尖利、笔头勤快，一看到有趣、新鲜的文字，或圈点、或摘录、或剪报、或写心得，时间一长，累积的资料一大摞一大摞的，后来便成就了《语文闲谈》一书。周有光虽然完全退休，但从不忘记民众，这些小品写作用的是严谨的学术态度，表面上轻松愉快，骨子里却紧张严肃。20世纪90年代以后，周有光出版的学术著作可以开出长长的书单，如《世界字母简史》《新语文的建设》《中国语文纵横谈》《汉语拼音方案基础知识》《文化畅想曲》《世界文字发展史》《中国语文的时代演进》《比较文字学初探》《新时代的新语文》等。

这位现代化生活的文化领军人物，认为生命从80岁开始，重新计算自己的年龄。他把80岁当成1岁，所以92岁之际收到的生日贺卡上，看到"祝12岁的爷爷生日快乐"的字句，心里乐开了花。周有光这种不同常人的生命思维方式，体现了他乐观、幽默的人生态度，也难怪他与时俱进，生命之树常常迸发出智慧的花朵。

周有光虽然埋首学问，但懂得生命张弛之道，懂得生活的情趣。热爱昆曲的张允和也从不得闲，除了曲会的日常事务与演出，遇有精彩曲目，夫妇俩总是像迎接节日一样早早地来到剧场。当然有西方音乐会、好看的中外电影，他俩都不会落下。由于北京的交通日益拥挤，挤车、步行都不大方便，于是两人商量着买一辆新式的残疾人用的三轮车。没想到三轮车还没买，好友丁聪的一幅漫画已刊登出来，画中周有光乐滋滋地骑着一辆三轮车，张允和手持横笛坐在后面，好一对"两老无猜"的伴侣。

从 20 世纪 90 年代开始，周有光的研究发生转向，开始了文化学的研究，出版了一系列文化学和语言文字学的成果。主要有：《世界字母简史》《中国语文纵横谈》《新语文的建设》《汉语拼音方案基础知识》《中国语文的时代演进》《世界文字发展史》《比较文字学初探》《语文闲谈》《汉字和文化问题》《新时代的新语文》《人类文字浅说》《现代文化的冲击波》《21世纪的华语和华文》《周有光语文论集 1—4 卷》《百岁新稿》《学思集》《语言文字学新探索》《见闻随笔》《汉语拼音·文化津梁》《周有光百岁口述》《孔子教拼音》《朝闻道集》《文化学丛谈》《拾贝集》《静思录》等。

大量文化学著作的出版，引起社会极大反响，大家逐渐认识到周有光越来越年轻，由于各种文化学著作的影响，尤其是《朝闻道集》，周有光荣获"2010 中华文化人物"奖。该奖项 2009 年启动，每年评选一次的"中华文化人物"，由中华文化促进会、南京市政府、凤凰卫视主办，是中国首个专门针对全球华人文化领域的年度人物进行表彰的活动。同年，他的杂文集《朝闻道集》荣获深圳读书月"2010 年度十大好书"，《南方人物周刊》也将他评为"2010 年魅力人物"。

从《朝闻道集》，我们可以看出周有光是多么的天真、真实、可爱。周先生自认为是一位"两头真"的学者。什么叫"两头真"呢？他自己的解释是：年轻时候一味天真盲从，到了老年开始探索真理。我想，他探索真理，则是赤子般的天真。他从天真盲目中走了出来，但是他仍然是天真的，是一种理性的天真，是一种自觉的天真。而且周有光是越老越真。

正因为天真，他无名缰利锁，故而自由超脱、思想透彻、力透纸背，能直达问题核心，直达心灵。正如周老所言，他思考的不是水面上的泡沫和浪花，而是水底下的走势。所以，他用百年来的阅历来审视当今世界，思考的都是大问题：美国何以长盛不衰？苏联为什么会解体？东西方文明能共融吗？

正因为天真，他虽百岁，但仍是说出皇帝一丝不挂的小孩，他能够看到真相，说出真话。他认为"迷信时代要过去了，盲从时代要过去了，现在是独立思考、择善而从、不拘一格、奋力求进的'与时俱进'时代了"。

2017 年 1 月 14 日，周有光在安详中去世，享年 111 岁。周有光长寿秘诀在于其对物质的要求不高，更注重精神的慰藉，胸襟开朗是最重要的。人常说吃小亏占大便宜，周有光却认为吃小亏不占大便宜，吃亏就吃亏了，反正都是小事情。塞翁失马，焉知祸福。遇到不顺心的事情，不要生气，不要惊慌。不要用别人的错误来惩罚自己，自然做到"卒然临之而不惊，无故加之而不怒"的境界。

周有光，一生有光，真可谓：

年轻进行时，翩翩少年，明媚春光；

中年进行时，事业有成，八面见光；

困难进行时，随遇而安，养晦韬光；

事业进行时，咬定青山，赫赫之光；

婚姻进行时，夫唱妇随，霁月风光；

为人进行时，光明磊落，德厚流光；

耄耋进行时，与时俱进，熠熠生光！

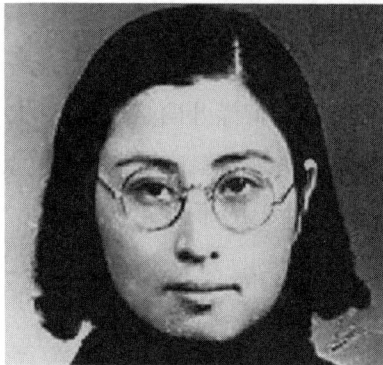

第五章

开现代白话文先河的
北京大学第一个女教授
——常州人陈衡哲

陈衡哲，1890 年出生在江苏省常州武进一个世代读书的家庭。在近现代中外杰出女子中，陈衡哲的一生也算是传奇的一生。她小小年纪坚决拒绝裹脚，年龄稍长宁可独身也不接受家庭安排的婚姻，勇于进入新式学堂求学，敢于参加全国性选拔的留学考试。她是民国时期第一批官派女留学生，是北京大学第一个女教授，是中国第一个大学女教授，是中国第一位连续四次出席国际太平洋学术会议的中国女学者。陈衡哲生活的年代，是古老中国被迫向现代中国急剧转变的时代，在这个转变过程中，陈衡哲见证了颤巍巍老态龙钟中国的沧桑巨变。陈衡哲经历了清政府的垮台、北洋政府的倒台、国民政府初期的繁荣、艰苦卓绝的抗日战争，经历了连连不断的政治运动。1976年 1 月去世，遗憾地没有看到改革开放时代的到来。

在我们研究 20 世纪初的中国语文现代化转型过程时，固然不能忘却陈独秀、胡适、蔡元培和鲁迅等人的领军作用，但是同样也不能忽视在此之前那些参与思想上酝酿、实践中演练的一些白话文爱好者响应者。如 1916年陈衡哲在《留美学生季报》上发表具有白话文雏形的作品《一日》，比鲁迅的《狂人日记》还早一年。但由于鲁迅的《狂人日记》影响太大，其光环遮住了陈衡哲的《一日》。今天我们在重新审视中国语文现代化的转型过程时，就不能忘却或者忽视陈衡哲的影响。

一、陈衡哲和胡适留学期间用白话诗打趣斗智，酝酿白话诗文的发端

1914 年 6 月，陈衡哲参加留美入学考试，录取了 10 名中国女生，其中有 9 名来自教会学校，只有陈衡哲不懂美国人的生活方式和思维方式，陈衡哲成绩排名第二。同年 8 月，她启程赴美。1915 年，陈衡哲在美国普特南女子学校经过一年英语学习之后，接受了友人丁美英的请求，翻译一篇英文传记。传记内容是描写美国孟河女子大学创办人来因女士的。而恰好陈衡哲对这种开风气之先又能有杰出成就的女子佩服不已。所以，文章经过陈衡哲的翻译、加工、润色之后，以"莎菲"的笔名投给当时留学生自办的《留美学生季报》。该报主编任鸿隽读到该文后，对其推崇备至，对其文笔欣赏不已，说是"文辞斐然，在国内已不数觏，求之国外女同学中尤为难得"。很快，这篇被认为很有小说天才的作品被刊登在《留美学生季报》上。这篇小说也因此成为陈衡哲与任鸿隽交往的开始，也成了和胡适交往的开始。任鸿隽后来成为陈衡哲不朽的先生，胡适也成了陈衡哲永远的好朋友，彼此成为"我们三个好朋友"。

1916 年，胡适担任《留美学生季报》的编辑，经过任鸿隽的大力举荐，胡适开始向陈衡哲约稿。因为胡适和陈衡哲分别在美国的两所大学留学，所以只能采取通信的方式约稿。而在此之前，胡适曾对任鸿隽说过"我诗君文两无敌"，胡适的意思是，我胡适的诗，你任鸿隽的文，足可冠于诸生之林。而任鸿隽曾将此话转告给陈衡哲。而现在胡适向陈衡哲约稿，陈衡哲自然心有不服，醋意浓浓。于是，陈衡哲这样回复：

"我诗君文两无敌"，其可舍无敌而他求乎？

陈衡哲的意思是，你和任鸿隽的诗文都是已经是最好的了，何必还找我约稿呢？

胡适收到陈衡哲的信后，是这样回复的：

> 细读来书，颇有酸味！

陈衡哲收到来信后，回复道：

> 请先生此后勿再"细读来书"，否则"发明品"将日新月盛也。

胡适看到陈衡哲的来信后，深感陈衡哲笔锋锐利、才气过人。于是胡适又作打油诗致意：

> 不"细读来书"，怕失书中味。
> 若"细读来书"，怕故入人罪。
> 得罪寄信人，真不得开交。
> 还请寄信人，下次寄信时，声明读几遍。

类似的这种打趣斗智为彼此的生活增添很多乐趣。又如关于来信中称呼的问题，因为陈衡哲称胡适为先生，胡适要求陈衡哲不要这样称呼他：

> 你若"先生"我，我也"先生"你。
> 不如两免了，省得多少事。

聪明的陈衡哲，回信告诉胡适，她用的是英语的专指男性的"Mr"，并非中文里老师的尊称。

> 所谓"先生"者，"密斯特"云也。
> 不称你"先生"，又称你什么？
> 不过若照了，名从主人理，

　　我亦不应该，勉强"先生"你。

　　但我亦不该，就呼你大名。

　　"还请寄信人，下次寄信时，声明"要何称。

　　这种你来我往的斗智斗勇主动权始终掌握在陈衡哲手里，以至于胡适甘拜下风，写诗告白：

　　先生好口才，驳我有口不能开。

　　仔细想来，呼牛唤马，阿猫阿狗，有何分别哉？

　　我戏言，本不该。

　　"下次写信"，请你不用再疑猜：

　　随你称什么，我一一答应响如雷，绝不敢再驳回。

　　陈衡哲和胡适的通信，彼此写打油诗，你来我往，充满情趣，彼此毫无隔膜感，仿佛多年老友，而此时他们之间实际上还没有见过面，因为他们分别在美国的不同大学留学。关于这段美好的时光，后来陈衡哲在出版《小雨点》时，胡适写序回忆了这段快乐时光：

　　我在美国的最后一年，和莎菲通了四五十次信，却没有见过她，直到临走之前（指胡适回国），我和叔永（任鸿隽）到潘莎大学去看她，才见了一面。但我们当初几个朋友通信的乐趣真是无穷。我记得每天早上六点钟左右，我房门上的门铃响一下，门下小缝里"哧""哧"地一封一封的信丢进来，我就跳起来，捡起地上的信，仍回到床上躺着看信。这里总有一信或一片是叔永的，或是莎菲的。（王玉琴：《一日西风吹雨点——陈衡哲传》，北京：中国书籍出版社，2015年，第88页）

　　陈衡哲和胡适彼此的白话诗实际上是后来胡适提倡白话文的一种前奏、

一种酝酿。也正因为如此，后来胡适提倡白话文的时候，陈衡哲积极响应和呼应，并且亲自撰写白话文为胡适鼓与呼，从行动上和道义上积极支持胡适的主张。

二、同情胡适，撰写《一日》首开白话文小说之先河

1916 年，胡适在海外开始提倡"文学革命"，可是响应的人寥寥无几。胡适郁闷着，写了一首《蝴蝶》诗，比喻自己的孤单无援：

> 两个黄蝴蝶，双双飞上天。不知为什么，一个忽飞还。剩下那一个，孤单怪可怜。

胡适开始的文学革命，就是如此这般形单影只、孤苦伶仃、形影相吊。即便是一起留学的好友梅光迪等也不置可否。因为在当时那种背景下，整个中国语文学界还是死水一潭、暮气沉沉，大家仍旧沉浸在文言文的咬文嚼字之中，沉浸在"之乎也者、子曰诗云"的蒙昧状态之中。提倡白话文，几乎是被当作另类的，是不登大雅之堂的。胡适后来在《我为什么要做白话文》中说，他在美国的时候"努力要做白话诗的试验，心里只有一点点痛苦，就是同志太少了，'须单身匹马而往'"（《新青年》6 卷 5 号）

但是，胡适并没有停下来，而是将自己关于文学改良的思考汇成《文学改良刍议》投寄给陈独秀主编的《新青年》，而胡适的这篇文章正好与陈独秀的主张一拍即合，可谓同声相应、同气相求。胡适的文章以及陈独秀在《文学革命论》中将胡适称之为"吾友"，最终使胡适一举成名，"暴得大名"，进而成为新文化运动的领军人物。

陈独秀、胡适的两篇文章，使《新青年》揭开了现代白话文运动的序幕，《文学改良刍议》和《文学革命论》在国内几乎成为有志青年的圣经，

钱玄同、刘半农、沈尹默、周作人、俞平伯、汪静之等纷纷发表文章表示支持响应。白话文取代文言文、新文学取代旧文学逐渐成为时代的浪潮。而陈衡哲凭借自己自然的天性和自由的感觉，开始发出了自己的声音，也为自己在中国现代文学史上争得了一席之地。

1916 年 5 月，在北京的中国知识界和美国的留学生还在为文学革命争议的时候，陈衡哲率先在《留美学生季报》上发表白话小说《一日》。我们可以看到陈衡哲最初的白话文小说还没有脱离文言文的痕迹，下面是从文中随便截取的一段文字：

> 贝田走至一校店，购得糖食一包，且食且至图书馆。适梅丽自图书馆出，值贝田。
> 梅丽："贝田，你又要不吃饭在此读书吗？"
> 贝田："中饭？我早饭还没有吃哩。下午的功课一点也没有预备，哪里有什么功夫吃饭呀。"
> 梅丽："当心，你要生病。"
> 贝田："我倒情愿生病，那时我就可以到医院里去好好的睡觉了。"
> 图书馆中钟打十二下半。学生陆续散去。贝田独不出。
> ……

以今天的眼光来衡量这段文字，自然有许多不符合现代汉语普通话的地方。但这是从写惯了文言文的笔法转向撰写现代白话文的开始，有许多文言文的痕迹是在所难免的。例如，文中的"走至"应该是今天的"走到"，"且食且至图书馆"应该是"一边吃一边走到图书馆"，"适梅丽自图书馆出"应该是"恰逢梅丽从图书馆里出来"等。

胡适说："《一日》便是文学革命讨论初期中的最早的作品。"实事求是说，由于《一日》发表在美国，在国内影响极其有限，而且这篇作品和鲁迅的《狂人日记》相比，无论是作品的思想、艺术，还是语言表达，都有一定距离，但是，它的价值主要是在于首开白话文小说的先河。《一日》仅仅是陈衡哲白话文小说的尝试，陈衡哲是第一个吃螃蟹的人。一年之后，陈衡哲的白话文写作就达到了一个较高的水平。她的白话诗、童话、寓言、散文等都相继发表，同样起到了开山鼻祖的作用。（王玉琴：《一日西风吹雨点——陈衡哲传》，北京：中国书籍出版社，2015年，第105页）

三、陈衡哲的白话文作品充满自由向上的豪情，同时也有思想启蒙的意义

1917年胡适回国，担任《新青年》编辑，陈衡哲则满腔热情用白话文撰写文章给《新青年》投稿。这些作品，无论是诗歌散文还是儿童文学作品，都充满着自由斗士的气息和豪情满怀的精神。如1919年陈衡哲发表的《鸟》，其鸟的意象自由无比，读来令人振奋：

> 我若出了牢笼
>
> 不管他天西地北
>
> 也不管他恶雨狂风
>
> 我定要飞他个海阔天空
>
> 只飞到筋疲力尽，水穷山尽
>
> 我便请那狂风
>
> 把我的羽毛肌骨
>
> 一丝丝的都吹散在自由的空气中
>
> ……

这种令人鼓舞的热情洋溢的诗歌读来令人奋发向上、激动不已，给人以思想启蒙的作用。这首诗也仿佛是陈衡哲自己20多年来的人生写照。陈

衡哲多年来不就是这样不停地挣脱各种羁绊冲出重围而出国留学，飞翔自由的天空吗？

陈衡哲除了在《新青年》上发表诗歌之外，还发表了白话小说《小雨点》（8卷1号）、《波儿》（8卷2号），以及早期戏剧萌芽作品《老夫妻》（5卷4号）等诸多作品。陈衡哲"一九一八年九月在《新青年》杂志开始发表新诗的时候，尚无女性对新诗问津，冰心发表《繁星》则远是两年以后的事了；即使男性写新诗的也寥寥无几，而且陈衡哲的第一首新诗距离胡适、沈尹默、刘半农发表的第一批新诗，时间仅半年多"。因此，有学者认为，陈衡哲在新诗史上的地位也是当仁不让的拓荒者。（陈学勇：《新诗史应予她一席之地——陈衡哲诗歌漫谈》，《南通师专学报》，1993年第1期）

四、胡适和陈衡哲等发起的白话文运动最终促成了中国语文政策的改变

与陈独秀、胡适、钱玄同、刘半农等新文化运动人物的影响比较起来，陈衡哲似乎没有他们的名气大，但是作为民国时期第一批庚款女留学生，作为中国第一个主动撰写白话文的女青年，尤其是作为胡适的好朋友和任鸿隽的女朋友，当初连续在《新青年》上发表多篇白话文作品，其对当时及后来的白话文和国语的意义与影响，我们不可忽视。

正是因为有了陈衡哲和胡适、任鸿隽用白话文的不停打趣逗趣，正是因为有了陈衡哲的积极响应，其撰写的小说、散文、诗歌和儿童文学作品，才使白话文在社会上的影响越来越大，从而直接影响到国语运动和白话文运动合流，最终在陈独秀、胡适、蔡元培、鲁迅、钱玄同、刘半农、周作人等人的努力下，促使北洋政府教育部在1920年训令全国各国民学校将小学一、二年级国文改为语体文，实际上就是由文言文改为白话文。这是北

洋政府时期国家语文政策的一次重要调整，其影响深远。在中国语文政策具有历史意义的转变中，中国现代文学史上的鲁迅、周作人、钱玄同、刘半农、陈衡哲、俞平伯、沈尹默、康白情、汪静之等，他们最初的文学创作也都是在《新青年》上发表的，他们是这个政策转变的推手。正是因为他们把白话文作为书写书面语的工具，从而为汉语的现代化和规范化作出了历史性的贡献。正是《新青年》培养的作家作品的推动，才有了国语教科书的内容和国语的标准。

也许在北洋政府教育部将国文改为语体文的过程中，陈衡哲作为一个女性所起的作用是有限的，但是，作为一个敢于挣脱各种羁绊闯天下的女性，而且也对白话文很有兴趣的女性，尤其和胡适是很好的朋友，可以说，她对胡适推行白话文产生了直接作用，从而对教育部颁布国文改为语体文产生了间接作用。至此以后，推广白话文、推行国语成为时代的潮流。

胡适曾经评论过陈衡哲作品在新文学运动史上的地位：

> 当我们还在讨论新文学问题的时候，莎菲却已经开始用白话文做文学了。《一日》便是文学革命讨论初期中最早的作品。《小雨点》也是《新青年》时期最早的创作的一篇。民国六年以后，莎菲也做了不少白话诗。我们试想那时期新文学运动的状况，试想鲁迅先生的第一篇创作——《狂人日记》——是何时发表的，试想当时有意做白话文学的人怎样稀少，便可以了解莎菲的这几篇小说在新文学运动史上的地位了。（郭建荣：《北大的才女们》，北京：北京大学出版社，2009年，第3页）

回首看清末民初知识分子掀起的白话文运动，其直接动因源于救亡图存，而其更深远的目标则是民族国家精神的改造，最终为实现国家的富强和民族的现代化。正如旷新年所说："白话文运动作为中国语言的时代变革，是和国家的现代化运动联系在一起的。无论是五四还是晚清的白话文运动，都伴随着现代化运动的高潮。"（旷新年：《胡适与白话文运动》，《中国现代文学丛刊》，1999 年第 2 期）所以，我们今天在享受着白话文给我们生活带来方便时，我们不能忘记一百年前一批志存高远的爱国知识分子所开创的筚路蓝缕之功，也不能忘记在这个过程中有一个杰出的叛逆的常州籍女性——陈衡哲对白话文开风气之先的功劳。

第六章

"中国大百科全书之父"

上海外国语大学首任校长

——常州人姜椿芳

1987 年 12 月 17 日，姜椿芳同志在北京被癌症夺去生命，享年 75 岁。1988 年 1 月 6 日，新华社播发了首都各界群众送别姜椿芳的消息："中国大百科全书刚刚屹立在世界百科之林，中国百科事业的奠基人却与世长辞了。"赵紫阳、彭真、邓颖超、姚依林、江泽民、杨尚昆、薄一波、王震、习仲勋、温家宝等领导同志送来了花圈，胡启立、宋平、宋任穷、阎明复等参加了遗体告别仪式。

一、强烈的社会责任感和历史使命感

虽然这位可亲可敬的老人、学识渊博的学者、赤子之心的爱国者永远离开了我们，但我们永远都忘不了他，永远都感谢他送给了中国一本《中国大百科全书》，这部巨著编纂共用时 15 年，共收有 77859 个条目，1.3 亿个字，涵盖哲学、社会科学、文学艺术、文化教育、自然科学、工程技术等在内的 66 个学科及知识门类。这部皇皇巨著受到了世界的瞩目，带着中国特点、中国气派以博大精全的风姿进入世界百科之林，为中国能屹立世界民族之林作出了重要贡献。而姜椿芳当时想要编纂一本属于中国的百科全书的初衷也正是在此，他曾经说道："联合国总部里陈列着各个国家的百科全书，唯独没有中国的；'文革'期间圣马力诺送我国一套百科全书，我们回赠的只是一本《新华字典》。从各个方面来看，我们太需要有自己的百科全书了！"是的，圣马力诺这样的小国尚且都有自己的百科全书，我们泱泱大国怎可没有？所以有着强烈社会责任感的姜老主动扛起了这项艰巨的任务，而当时他已经64岁，刚刚从监狱里出来。

二、获准编写百科全书，万里长征走完了第一步

1975年4月19日，人间四月天，姜椿芳从监狱里出来，也开始了他为《中国大百科全书》开始奔波奋斗的12年。姜老最令人感动的是他对苦难的淡然，从监狱里出来，他的朋友、学生都前去看望他，可是他对监狱里的苦难只字未提，只是很热忱地在说他想要为中国编纂一部百科全书，要把他的余生献给这个事业。虽然当时有些朋友并不看好，觉得他在监狱里熬坏了身体，尤其是眼睛不好，视力降得厉害。可是姜老为了完成心愿，向家人隐瞒自己的病情，买了一张公交车月票，手里拎着一个黑色人造革公文包，经常一个人出去拜访他觉得可以和他一起为百科全书奉献的朋友，唐守愚和他的夫人吴小佩就是他拜访的第一个朋友。因为身体虚弱，再加上过度劳累，一次外出时他摔倒在马路牙子上，脸上的伤太过明显，瞒不住妻子和老母亲了，可是她们也知道阻止不了姜老想要为百科全书奋斗的决心，所以她们帮他找了一位高明可靠的医生。之后，姜老便一边调养着身体，一边不停地做着调查和宣传研究。为百科全书的顺利编写，姜椿芳真是操碎了心。他不停地奔波，争取各方支持，相继拜访了胡乔木、许力群、倪海曙、于光远、胡愈之、陈翰伯、黎澍等人，大家都很赞同他的想法。姜老开始计划组成一个5~7人的筹研小组来拟订各项具体措施，以便

早日着手工作。1977年，十年浩劫，百废俱兴，邓小平重新主持工作之后，狠抓科学和教育，姜椿芳知道自己的机会来了。他给中共中央宣传部和国家出版事业管理局送去编辑出版大百科全书的书面建议，很快被中国社会科学院副院长于光远同志看到，他立刻打电话给姜椿芳，说这个材料将尽快在中国社科院刚出版的《情况和建议》上发表。正如于光远所说，文章很快就发表了，发表后立即引起了社会各界人士的广泛关注。其中就包括中国社会科学院院长胡乔木同志，他让当时国家出版事业管理局局长王匡去找姜椿芳，让他为国家出版事业管理局等单位起草《关于编辑出版〈中国大百科全书〉的请示报告》。姜椿芳找来倪海曙一起写，两个人一起写了一夜，望着起草完的《请示报告》，他们忘却了疲惫，只有兴奋和欣慰。倪海曙一大早就把报告送到了出版局，之后一路送上去审批，经过于光远、叶剑英、李先念的同意，最后送到了邓小平那儿，邓小平亲自批准了编辑出版《中国大百科全书》，并批准成立中国大百科全书出版社。至此，姜椿芳三年的努力尘埃落定，百科全书终于可以开始组织编辑了！

三、克服重重困难，组织编写百科全书

可是出版编辑百科全书是一个大工程，需要大量的人力、物力，这对于百废待兴的中国来说还是有些困难的，但这些都抵挡不了姜椿芳坚定的步伐，他又开始一个一个地去拜访那些朋友和专家学者，请他们加入编辑队伍，一起为百科全书努力。他先找了阎明复做助手，然后依次找了金常政、严玉华、李庆文等人，最后终于组成了一个编辑小组。可是只有人，却没有办公的地方，于是他又向国家出版事业管理局副局长王子野求援，最后决定把北总布胡同放废书和杂物用的三间平房借给他们做临时办公室。他们在这个简陋的办公室里开始了没日没夜的工作，确定了百科全书按学科分类来编纂，编辑时一定要持客观态度，坚持实事求是。

姜椿芳首先确定以天文学做试点，金常政担当《天文学》卷的责任编辑，恰好中国天文学会"文化大革命"后第一次会议9月在上海召开，他们俩决定一起前往上海敲开天文学的大门。到上海后，他们在天文学学会上见到了许多专家学者，姜老虽然交友甚广，可对科技界人士并不熟悉，但在学会上他的一席演讲，用亲切感人的语调，从为什么要编纂《中国大百科全书》讲起，广征博引，无数事实、人名、年代、数字，像流水一样倾泻，这从心灵深处喷发出来的浓浓使命感和富有说服力的语言，激发了在座的200多位我国著名天文学家的热情，得到了张钰哲、戴文赛等专家的支持。于是，一个由天文学界五大泰斗张钰哲、戴文赛、李珩、程茂兰、王绶琯担任编委会主任、副主任的第一个学科的编委会就在学会期间建立起来了。

在《中国大百科全书》编纂之路上，还有一个与姜椿芳同行的人就是季羡林。这位兼容百家、学贯中外的学界泰斗，是中国学术最杰出的人物之一，也是世界上最著名的梵文学者之一。他回忆姜椿芳时说：

> 大百科出版社成立时，我参加了许多大百科没有直接关系的学术会议，在昆明，在成都，在重庆，在广州，在杭州，也在北京，内容颇为复杂，宗教、历史、文学、语言都有。姜老每会必到，每到必发言，每发言必很长。不管会议的内容如何，他总是讲大百科，反复论证，不厌其详苦口婆心唯恐顽石不点头。他的眼睛不好，没法看发言提纲，也根本没什么提纲，讲话的内容似乎已经照相制版，刻印在他的脑海中。朱光潜曾对我讲过：姜椿芳这个人头脑清楚得令人吃惊。姜老就靠这惊人的头脑把大百科讲得有条有理，头头是道，古今中外人名书名，一一说得清清楚楚。但是，说句老实话，同样的内容讲话我至少听过三四次，我觉得简直有点厌烦了。可是到了最后，我一下子顿悟过来，他那种执着坚韧的精神感动了我，也感动了其他的人。我们仿佛看到了他那一颗为大百科拼搏的赤诚的心。我们在背后说，姜老是

"百科迷"，后来我们也迷了起来。大百科的工作顺利进行下去了。"

通过季羡林的描述，我们可以看出姜椿芳高尚的人格、渊博的学识，他对百科全书的那颗拳拳之心，他的无私奉献也在潜移默化中感染更多的专家学者像他一样无私地为百科全书作出贡献。季羡林就是其一，谁都知道他很忙，可是他被姜椿芳殉道式的对百科全书的热爱感动了，他挺身而出担任了《外国文学》卷编委会副主任委员，之后在 1979 年 7 月《外国文学》卷第一次分编委会议上，由于没有更合适的人选，他又兼任南亚文学的主编。1981 年，《外国文学》卷刚刚面世，《语言文字》卷又要上马，他在更繁忙的情况下，又出任了该卷的编委会主任委员，并被聘为中国大百科全书总编辑委员会委员。要感谢姜老殉道式的虔诚，点燃了我国知识界一代精英的爱国热忱。

除了季羡林，姜椿芳还拖着虚弱的身体拜访了每一学科最顶尖的学者。学者钱伟长接受姜老的邀请，担任物理学和力学两个学科卷的编委与编委会副主任；历史学家侯外庐参与历史学卷的筹备会；我国民间文艺学、民俗学的开拓者钟敬文先生出任《中国文学》卷编委会副主任并兼任民间文学分支主编；我国著名语言学家王力、吕叔湘、季羡林、周祖谟、朱德熙出任《语言文字》卷编委；桥梁专家茅以升担任《土木工程》卷的分编委主任；著名数学家华罗庚和苏步青共同编纂《数学》卷，还有很多很多的专家都是姜椿芳带着编辑们一个一个上门邀请的，之后每年的春节，姜老也不会忘记上门拜年。虽然他的眼睛到后来几乎看不见了，可是《中国大百科全书》总编委会副主任和委员们的聘书都是姜老亲自一个一个去送的。他说："我送的不是聘书，是代表大百科总编委会送去我们的感谢和敬意，别人没有法子代替我，现在我还能走，就是爬我也要去！"正是他的这种认真、细致、虔诚，让每一个参与编纂百科全书的学者都被姜老感动，都无私地参与到这个大工程中，并废寝忘食地为之奋斗。

四、不计名利，不计名分，生命不息，奋斗不止

姜椿芳把他最后的光阴全部奉献给了大百科全书，他任劳任怨，想尽办法克服各种困难，他每天每夜脑子里全是百科全书，他如此拼命地工作，完全是义务的，他从来没有想从中获得什么利益，他做的一切都是为了国家，《中国大百科全书》的启蒙作用太重要了，而且也可以抢救一些老学者的学问，知识是无价的，是值得花费无数精力保存的。可是他怎么也不会想到，当他一心扑在百科全书的事业上时，中共中央组织部却将他从总编辑改成了出版社顾问，姜老当时觉得总编也好，顾问也行，只要可以为了大百科的编纂继续出力就可以了。可是不久之后，姜椿芳这个顾问开始不能问了，他无法再为百科全书出力了，他可以不计名分地为百科全书出力，可是现在他再也不可以了，他想不通，这到底是为什么，当初是邓小平亲自认可的，他有国家给的正式聘书……大百科全书在这十几年已经渗入他的骨髓，甚至比他的命还重要，现在他再也无法为之奋斗了，老人的痛苦不言而喻。

之后，姜椿芳的身体越来越差，糖尿病时而复发，视力也急剧地衰退，医生三番五次催促他住院，可是他舍不得把时间用在治病上，为了能够多看些书、多写点字、多做些工作。后来抵不过家人的关心和病痛的折磨，他住进了医院，可是他还是在写文章，作为翻译大家，他帮人写序，由他口述，他的女儿帮他写。姜老这种忘我的工作态度真的太值得更多的人学习，他一生做得够多了，可是他永远不会满足，他只会想我要做得再多一些，我要再多努力一点，再多奋斗一点，我要把我的生命之火燃烧得更旺一些。1987年12月17日，姜老燃尽了他生命之烛的最后一点光亮，弥留之际，他还在迷迷糊糊地说着大百科全书。

五、中国大百科全书采用拼音序列，开始辞书排序法的创举

大百科全书编辑后究竟采用什么排序法也是一个令人纠结的问题，姜椿芳经过多方比较后得出结论，采用音序排序法是适应时代发展的要求的。虽然当时有一批老知识分子不太乐意，但是姜椿芳力排众议采用音序法。这是需要勇气的。周有光说，这是姜椿芳"厚今""革新"而又保证成功的革命技术。

大百科全书采用音序法，虽然是一个小小的举动，但却是开创了我国辞书排序法的先河，非常便于查询。以往辞书字书的排序法查询起来极其困难。

姜椿芳虽然走了，可是他留给了世人一部皇皇巨著，中国永远都会记着这个名字。他的好朋友，著名的学者，中国佛教协会会长赵朴初写给他的挽联"魔氛谷里，捷报遥闻，最难忘万暗孤灯时代传声手；文化园中，灵苗广种，不愧是百科全书奠基人"。这是对姜椿芳百科全书作出的贡献的最好注解了。

第七章
首开白话文历史先河的
"中国史学四大家"之一
——常州人吕思勉

吕思勉是一代史学大家，著名历史学家严耕望曾把他与陈寅恪、陈垣、钱穆合称为"中国史学四大家"。吕思勉在历史学领域占据一席之地，具有很高的学术成就。然而，他对语言文字的研究和贡献也被他的史学家大名所掩。在各类研究语言文字的著作中，我们往往很少看见他被提及的身影。其实吕思勉也是汉语言文字的专家，尤其是对白话文体的开拓和创新值得我们学习。

一、文字改革

《论文字之改革》主要记载了吕思勉对汉语言文字的学习、讲授和教育指导的看法，文字改革是其首要的观点，囊括简化汉字和改革汉语拼音两个方面。

（一）简化字的推广

近代汉字简化运动源于太平天国运动，后受到维新思潮和新文化思潮的影响，简化字运动愈演愈烈，关于汉字简化方案也是众口纷纭。在吕思勉看来："手写之体，本求自喻，或者但喻极少数人，其为简初无底止。旧简体变为通行之字，新简体必陋之而生，与相追逐永无止时。"（吕思勉：《吕思勉遗文集》，上海：华东师范大学出版社，1997年，第567页）他认为简化汉字是一个漫长的过程，文字应该由大众经过长期试用后通行。而不是一下子将简化字进行推广，让大众难以接受。他还指出文字是人们用来交流沟通的工具："识简字者，决不能不曲徇不识者而更学旧字。则新旧并行，而所识之字反增矣。"（吕思勉：《吕思勉遗文集》，上海：华东师范大学出版社，1997年，第573页）他认为汉字是几千年来中华民族文化的重要载体，简化汉字要符合其造字规律和原则，而不是仅仅从形式上省去笔画，单纯地用简字代替繁字并不能从根本上解决问题。关于汉字简化，吕思勉的结论是："识数千字，读数年书。即于先秦至今两千余年之普通文字，无不能解，实为极便宜之事，断宜保存。而欲保存之，则于文字，断不宜紊乱其自然规律，而今之简字，不免于此有背也。"（吕思勉：《吕思勉遗文集》，上海：华东师范大学出版社，1997年，第598页）

（二）汉语拼音的改革

汉语拼音鼎新的历史背景很是深厚。汉字非拼音文字，笔画多，字体结构复杂，无论是书写还是认读，都给人们的日常生活带来了极大的不便。从古至今，我国语言学家采用了很多注音方法来解决汉字注音困难的问题，如直音、读若、反切法等。然而由于种种原因，汉字本身的局限性使这些注音方式最终经受不住实践的检验而被淘汰。随着科学技术的不断发展，东西方经济、文化交流日益频繁，在西方拉丁文语言的影响下，汉语拼音拉丁化拉开了序幕。一时间，支持以拉丁化拼音字母取代汉字的呼吁者越来越多，他们对汉语拼音拉丁化的呼声不绝于耳。对此，吕思勉是持果断否决立场的。吕思勉从小接受中国传统文化教育，具有深厚的文字学功底，对中国汉字发展规律及其文字发展历史深谙于心。他认为无论是从文字的构词规则、语法结构还是具体用法的角度来看，汉字都具有似繁实简便于源远流长的优点。对于"言文"能否一致的问题，吕思勉则引用了《东方杂志》主编杜亚泉曾说过的话"国民识字之少，由于教育之制未备，不能归咎于文字。否则满、蒙、藏文皆标音，何以其民识字亦不多也"。（赵志伟：《重读吕思勉的〈论文字之改革〉》，《语文建设》，2014 年第 1 期）要让言文完全一致本就是无可厚非的，纵然使用者可以用语言进行表达和交流，但想让他们准确地识字也具有一定的难度。识字不多和不健全的教育体制有很大的关系，而不是文字的难易程度。而且汉字即使在复音词中，也能保持其单音节的独立性，这也是拼音字所欠缺的。此外，吕思勉还认为中国汉字具有和欧美文字相媲美的资格，不能轻易就将其废弃。"要而言之，吾于文字改革谓简化汉字，可以不必；拼音字可以徐行，不宜操之过急。非故迂缓之，事势只得如此了"。（吕思勉：《吕思勉遗文集》，上海：华东师范大学出版社，1997 年，第 612 页）吕思勉早在《新旧文学之研究》和《读〈国语表解〉后一记》等文章中就曾对文字的改革问题有过较大关注，还就此阐述过自己对文字改革的见解。吕思勉还在《吕著中国通史》中，对中国语言文字的产生、发展以及改革的可行性等做了深入浅出的分析，指出古文存在的几点原因："（一）大体用古语，而又依照古语的法则，增加一二俗语；（二）或者依据古语的法则，创造笔下有而口中无的语言；自亦不至为人所不能解。遂成文字统一，语言分歧的现象。论者多以此自豪。这在中国民族统一上，亦确曾收到相当的效果。然但能统一于纸上，而不能统一于口中，总是不够用的。因为（一）有些地方，到底不能以笔代口。（二）文字的进化，较语言为迟，总感觉其不够用。（三）文字总只有一部分人能通。于是发生（一）语言统一，（二）文言合一的两个问题。"（吕思勉：《吕思勉遗文集》，上海：华东师范大学出版社，1992 年，第 260 页）吕思勉还针对当时汉语拼音拉丁化的主张提出了自己独到的见解："至于把中国文字，改成拼音文字，则我以为在现在状况之下，听凭两种文字同时并行，是最合理的。"（麻玉霞：《吕著中国通史研究》，河南师范大学硕士研究生论文，2011 年，第 23 页）吕思勉关于汉语拼音的改革大多记录于《论文字之改革》，由于时代的限制，这篇文章在当时并没有发表，然而其中却有很多观点值得我们学习和借鉴。关于语言的变革和成长，以及吕思勉在语言改革方面的启迪，可以用这段话来进行归纳综合："语言随着社会的变化而变化。阻扰或是控制语言变化的前提是阻扰或者控制社会变化，这是一件难以做到的事。语言的变化是不可避免的，也是无法预测的，那些试图设计语言未来的人所浪费的时间，倒不如用来设计一些新的途径，使社会能够适应随时代而变更的新兴语言形式。"（戴维·克里斯特尔：《剑桥语言百科全书》，北京：中国社会科学出版社，1995 年，第 5 页）

二、文体革新

（一）《白话本国史》的撰写

吕思勉是中国历史上第一个用白话文完成中国通史的史学家，而《白话本国史》则是其代表作。五四时期，"文学革命"盛行，一些史学家受到"提倡白话文，反对文言文"的号召，开始运用白话文撰写史著，深深地影响了史学著作的写作方式和语言风格。

吕思勉在新思想的洗礼之下，开始运用通俗的白话文撰写《白话本国史》，因其顺应时代潮流、反映时代特征的特点，受到广大青年学生的热烈欢迎，成为他们学习中国历史的"门径之门径，阶梯之阶梯"（吕思勉：《白话本国史》，上海：商务印书馆，1934 年，第 234 页），为历史知识的普及、弘扬及继承奠定了广泛的群众基础。

（二）"文白之争"

"文白之争"说白了就是文言文和白话文的争论，以此来决定两者地位的高低。"文白之争"起源于新文化运动之后白话文的兴起。到 20 世纪 30 年代初，"文白之争"更为激烈，鲁迅、瞿秋白、茅盾等大家也发表了一系列极为偏激的主张，根本上否定了汉字，给语言文字的发展带来了很大的负面影响。

关于文言和白话地位与价值定位，众学者在学派争辩中各不相谋、众说纷纭，鲜有统一的说法。除了两派的争论，还有一派的观点就相对客观公允，他们兼有新旧学问根底，运用辩证法来看待两者的关系，如朱自清、胡适等人，当然，吕思勉也是其中之一。他们对完全废弃文言文持坚决反对态度，明确指出文言文学习对个人的价值，同时也不赞成用罗马文字等其他拉丁语言文字取代汉语文字。

针对在"文白之争"中呈现的提倡通俗语言文字、使用罗马拼音等说法，吕思勉明确表示，中国语言文字的优越性不容忽视。至于有些人提出的中国语言文字和他国文字相比处于劣势的观点，他是不能苟同的。走拼音化道路，以其他国家的语言文字代替汉语言文字的做法在中国是不可行的，这种观点也是荒谬至极的。

由于各地区历史背景的差异性，不同种语言文字的深浅优劣是很难作出比较的，但是"有一简单测定之法，即使用之人数愈多，流行的地区愈广，经历的时间愈久，则其内容愈精深"，（郑静：《论吕思勉的语文教育思想》，上海：华东师范大学研究生论文，2010 年，第 5 页）进而吕思勉肯定地指出："我国之文字，应可称世界第一，至少亦不落人后"，（吕思勉：《吕思勉遗文集》，上海：华东师范大学出版社，1997 年，第 342 页）在阐发和钻研各种语言的基础上，吕思勉总结了我国和欧洲在文字进化上的区别。从文字的起源看，欧洲的希腊文和拉丁文与汉字具有异曲同工之妙，尤其是与中国古代的雅言颇为相似。随着社会历史的发展，各民族语言文字的精华在历史的变迁中没有得到较好的保存，垂垂灭亡，致使欧洲的希腊文和拉丁文在后来的文字演变中发展成为现在各国的语言。而中国虽然地域辽阔，语音体系繁多复杂，各个地方的语言文字差异较大，但都以雅言为标准，具有相同的文化根底。言文的逐渐分离形成了一种往语言标准靠近的趋势，使语言的学习和使用也变得更加困难，但也正是这种往语言标准靠近的趋势，减慢了语言文字变化发展的速度，也使语言文字的变迁得到了很好的控制。吕思勉非常自豪地指出，能用最少的时间，阅读二三千年前的书籍，分享古人的思想、文字，就像是在和古人进行跨时空的语言沟通和交流，这等好事，也是别国人无法轻易体验的。由此可以看出，吕思勉对中国语言文字的发展其本身的价值是非常肯定及自豪的。

（三）"文白结合"

在 20 世纪 20 年代，史学家一般都使用文言文写中国通史，固然受到"文学革命"的影响，开始运用白话文，如夏曾佑在《最新中学中国历史教科书》中运用了半文半白的文言形式，而吕思勉的《白话本国史》才是第一本真正用白话文写成的史学著作，"可谓是中国第一部用语体文写的通史"。（严耕望：《通贯的断代史家》，俞振基：《蒿庐问学记吕思勉生平与学术》，北京：生活·读书·新知三联书店，1996 年，第 35 页）

吕思勉的白话文平实简易，整本书取用白话，"但遇经典文体著作不能翻译成白话处，虽可以翻译却要减少其精神，考据必须用原文的地方还是会用文言"（吕思勉：《白话本国史》，上海：商务印书馆，1934 年，第 458 页），和现代人的思维相接近，通俗易懂，有利于史学的传播。

新文化运动的一个响亮标语就是提倡白话文。吕思勉极大地受到了当时文化活动氛围的影响，也积极加入探讨文字改革必要性及其积极意义的行列中。吕思勉在运用白话文时，并不是盲目接受，而是取长补短，客观对待，巧妙地将文言和白话结合起来，用自己的实际行动来推动白话文的改革。文言文虽陈腐、晦涩，却能用简练明了的句式表达深刻的内在情感；而白话文虽然缺乏文字底蕴，却具有时代性，符合时代发展的潮流。吕思勉看到了两者的利弊，并取其精华，去其糟粕。一方面在文言的基础上，剔除陈旧且不合时宜以及晦涩难懂、专用古语砌成却不表达真情实意的内容，使文言白话化，使贵族文学平民化，力求与现在人的思想和言语接近；另一方面则是在口语的基础上，出之于口，书之于笔，以"纯粹的白话文"为核心，而又加之文言的优势，混用文言词句，采用文言语法等进行自行修饰，使白话文言化，使平民文学贵族化。在文言和白话两者并进的同时，再吸收外来文学的价值和可取之处，博采众长，才能促成"国语的世界化"。（吕思勉：《史学四种》，上海：上海人民出版社，1981年、第12页）说到文言和白话的关系，吕思勉则以为"后世恒以古人辞令之美，而称古书文字之工，则误矣。以古语改今言，所以不可者，一在失真，二在割弃。以古语叙今言，终必有不可通之处。既务以放古为雅，势不得不删削事实以就之，惟是记言有必须仍其口语，以存方言，世语之真，或显发言之人之性格者；有不必然着，大抵后世社会实有两种言语，同时并行；惟善变，故能尽万物之情，文言之性质不变，惟不变，故能节制口语，不使绝尘而驰，使今古之语言，常相联络，又口语失之鄙俗之处，文言能救药之，此等处，翻口语为文言，可使鄙俗之情形依然如见；而秽恶之感触，业己不存，次文言所以与口语并行而不容废也"。（吕思勉：《史学四种》，上海：上海人民出版社，1981年，第16页）他以为古文虽文字工致整齐，却绝对不能成为现代语言的替代品。那么文言和白话该如何处理才能使两者关系更为妥当？就此他另有一番论述。他认为随着人类的发展，古语和近言的并行将会成为可能。古语文句工整、韵律和谐，易于表达万物之情，而且古语能够改善口语粗俗、鄙陋的缺点，使其不致绝尘而驰；口语虽然缺乏一定的文学涵养，却通俗易懂、简洁明了，便于人们的日常交流和沟通，同时还能进一步促进两种语言之间的协调统一。他也提出了新文字改革的必要性，大力提倡新文字改革，同时还对畏惧文字改革、视新文字改革为"洪水猛兽"的思想提出批评，具有强烈的批判主义精神。在它看来，文字改革符合中国当时的国情，进一步推行和深化改革或许能迎来中国旧文化的春天，使新文化生根发芽，增强民族凝聚力，提升国家文化软实力。虽然吕思勉在一定程度上肯定了新文化改革的必要性，但他也没有因提倡白话文写作而彻底否认旧文言的价值和意义。他抓住了当时社会的发展需求，运用辩证法的哲学思想，在文言和白话之间找到了支点，也在学术追求和历史知识的普及这两方面找到了平衡。

三、语言文字的民族意义

诚然，吕思勉是中国一代史学大师，他对中国通史的研究和贡献为人称道。在吕思勉的著作中，除了专业的史学知识，我们还能从中领略其渊博的知识、严密的思维。此外深厚的文学功底让我们在字里行间领略到吕思勉对于国家和中国文化的热爱，尤其是对中国语言文字的肯定与热爱，细细品味他的著作，不难发现，他对中国语言文字改革的坚定信心溢于言表。

国家民族的发展和人民对所属民族文化的认同感和归属感有着密切的联系，语言文字作为文化历史的重要载体，具有重要的民族意义。吕思勉就语言文字的民族意义曾经指出："一国之民，所以能结合为一国家者，果何故乎？曰：种族相同也，宗教相同也，风俗相同也，语言文字相同也，而结合之力，尤以语言文字为最大。"（吕思勉：《吕思勉遗文集》，上海：华东师范大学出版社，1997年，第211页）他认为一个国家的人民凝聚、团结共进的最大力量就是一个国家的语言文字，语言文字的发展对于国家凝聚力的形成和发展具有十分重要的意义。

四、总结

吕思勉在语言文字方面取得的成就，远不如他的史学著作和教育思想丰富，但他对语言文字的研究，尤其是对白话文的运用，改变了以往历史著作艰涩难懂、无人问津的普遍现象，开辟了史学著作通俗化的先河，为历史的普及、传承、创新作出了卓越的贡献。

吕思勉非常强调中国语言的重要性，并对中国语言文字进行了深入的钻研，他出版的《文字学概论》《论文字之改革》等著作，对中国文字的产生及发展做了详细的表述，并在20世纪30年代这个纷繁复杂的语言文字改革中，不畏权威，坚决而果敢地发表了自己的真知灼见。

除了是一位特立独行的史学家，吕思勉更是一位出色的语言文字学家。他对语言文字的发展作出了重要贡献，尤其是对白话文的运用，影响了史学著作的行文方式，也对史学知识的传播和发扬提供了便利。

第八章
"朴学大师"
章黄学派嫡传弟子
——常州人徐复

一、徐复生平

徐复，字士复，一字汉生，晚年自号鸣谦，又称三乐老人。1912 年 1 月 8 日生于江苏常州武进区南夏墅石柱塘，2006 年 7 月 24 日在南京仙逝，享年 94 岁。徐复是章黄学派的传人，是我国当代著名的古典文献学家、训诂学家，也是杰出的教育家。其学术成就如中国音韵学研究会所说："徐复教授是中国著名语言学家，知名的国学大师，在音韵学、训诂学、文字学、文献学等领域造诣极深，在训诂学、校勘学、蒙藏语文研究、词语研究、语源学研究及方言研究方面贡献尤大，在学术界享有盛誉。"

近百年以来，中国语言科学有了长足的发展，具有划时代的意义。继著名的文字学家段玉裁、训诂学家王念孙、语法学家马建忠之后，徐复教授对传统语言学作出了卓越的贡献。徐复的一生，诚如南京大学挽联所云："道术博大精深，堪称现代学林巨匠；胸怀光明磊落，不愧当今教范楷模。"其平凡而伟大的一生大致可分为以下四个时期。

（一）早年立志奋发篇（1912—1937年）

徐复出生于常州武进一个书香门第。他的祖父寿斋公，是太平天国时期的秀才，以坐馆为业，后因受到迫害一直逃亡在外。父亲名奂光，号晓卿，是末科秀才，曾就读于日本宏文书院学习师范新课程，回国后兴办教育，先后在东北海城县、江苏宜兴、常州等地成立学堂。徐晓卿擅长数学，接受新事物快，有科学头脑，对徐复的成长有很大的影响，从取名就可以看出他的爱国思想。徐复生于1912年1月8日，当时辛亥革命胜利，汉民族得到恢复，故名字含有光复之义。

徐复自小跟随父亲求学，先在家乡石柱塘读初小，后到武进县城内局前街读武阳小学，1919—1923年在父亲兴办的潜化初级中学读完初中，于1927年考入江苏省常州高级中学。徐复在校尤其喜欢人文科学，读完高中二年级，就在1929年跳级，考取了南京金陵大学，可称一帆风顺。

徐复自1929年起至1933年，在金陵大学师从蕲春黄季刚。在恩师的精心指导下，徐复懂得了治学的门径和方法，发表了一些有质量的论文，大学毕业后，他先后在南京汇文女子中学和九江同文中学任教。1935年暑假，他又辞去中学教职，考入金陵大学国学研究班，专门从事国学的高深研究。黄老病逝后，1936年2月，徐复经人介绍至苏州向国学大师章太炎问学。除随堂听课外，还致力于语源学和方言学的研究，收获颇丰。1936年6月14日，章太炎在苏州病逝。大师的离去，徐复十分悲痛，他决心整理大师的讲稿，并与沈延国等人合编《太炎先生著述目录》一书。1937年，他协助太师母汤国梨夫人续办章氏国学讲习会预备班，担任行政和教学任务。

这一年，徐复25岁。自家乡南夏墅石柱塘出生以来，经历了常州、南京、苏州，终于完成了学业，在大师们的熏陶下，学海寻津渡，茁壮成长。

（二）青年勇敢探索篇（1938—1945年）

在抗日战争期间，徐复到重庆避难，积极投入救亡工作，在军训部西北巡回教育班任政治组秘书，受政治部三厅郭沫若厅长直接领导。当时曾向任政治部副部长的周恩来汇报过西北的备战情况。

在做好抗日宣传工作的同时，徐复辗转于巴蜀西北等地，就地调查风俗人情。后在巴县国立边疆学校担任教师，学习了蒙藏语言文字，解决了"阏氏"读音、"歺"字字源等问题。在此期间，被介绍到中央政治大学研究部从事著书立说。为孙楷《秦会要》作订补，计增入 5 万言，作出了卓越的贡献。

1944 年，徐复撰成《后读书杂志》一书，获国民政府教育部开设的学术著作三等奖。1945 年，时年 33 岁的徐复在抗战胜利前夕又从旧作中选出一组论文，题为《语言文字学论丛》，申报"民国 34 年度文学类"学术著作奖，于 1948 年获三等奖。

总之，在抗日战争中，徐复既是时代潮流中的弄潮儿，又是在书海中遨游的学者，历经风雨的洗礼而愈发健壮。

（三）壮年辛勤耕耘篇（1946—1976 年）

抗战胜利后，徐复在金陵大学执教，讲授文字学、训诂学。1950 年 9 月 1 日，任金陵大学国文专修科代主任，被聘为正教授，时年 38 岁。两年后，时值全国高校院系调整，原金陵大学撤销，徐复被分配到南京师范学院中文系担任《古代汉语》教学工作，同时还在南京军事学院、南京教师进修学校兼课，一度还担任江苏省各市县语文教师培训工作。

1954 年徐复到北京大学进修语言学理论。1955 年上海群联出版社出版他所著的《秦会要订补》，以后又不断修订，1959 年中华书局再次出版《秦会要订补》（修订本），此后徐复加入《辞海》的修订工作，并任编委和分科主编。从 1957 年到 1966 年，徐复除上课、参加编《辞海》外，还用一部分精力从事俗语词研究，他的论文《敦煌变文词语研究》就是这个时期的代表作。

"文化大革命"期间，徐复受到了冲击，一部分书稿散尽。但他仍然致力于学术研究，特别是为注解章太炎的《訄书》而广泛收集资料，进行了穷尽式的校注，学术成果泽被后世。1975 年，又参加了 12 卷本《汉语大词典》的编纂工作，并担任副主编。

纵观这 30 年（1946—1976 年），徐复的贡献是多方面的，在文字学、训诂学、语源学、辞书学、俗语词研究等方面，均取得了卓越的成就，独领风骚。

（四）晚年敦厚风采篇（1977—2006 年）

徐复从 1978 年（时年已 66 岁）起领衔招收汉语史硕士学位研究生，连续两届招收硕士研究生共 6 名。1984 年，领衔招收古文献硕士学位研究生 4 名。其弟子门生成就卓越，如吴金华现为复旦大学教授、博士生导师，如王继如是苏州大学教授、博士生导师。徐复在担负培养外国高级访问学者的工作中也作出了很大贡献。在他的悉心指导下，国内国外桃李芬芳，皆蔚为国家栋梁之材。

1979 年，徐复被中国语言学会选为理事。1981 年江苏语言学会成立，被选为会长。同年，中国训诂学研究会成立，被选为副会长；中国音韵学研究会成立，被聘为顾问。1983 年南京师范学院始建古文献专业，徐复担任专业主任，后又兼任古文献整理研究所名誉所长。

在徐复担任这么多学会的工作中，特别值得称道的事情有：第一，发起重印"高邮王氏四种"，协助建立了高邮王氏纪念馆。第二，倡议在大师段玉裁诞生 250 周年之际建立纪念馆，并撰写了碑文。第三，由学会出面，组织了许慎、郑玄、黄侃、章太炎等著名学者的多次纪念活动。此外，还为会员们的著作写序言，对表彰先哲、繁荣学术风气起到了提倡和促进作用。

与此同时，徐复用 8 年时间主编了《广雅诂林》，该书学术性强，征引书籍多达数百种。在担任《汉语大词典》副主编时，还亲自参加"齐部"词条的编纂工作。又应邀担任《传世藏书》主编，组织点校经部语言文字类各书，贡献卓越。

徐复的最后一部著作《徐复语言文字学晚稿》经晚年修订而成，是其最后 15 年学术研究的总结之作，近 50 万字，收入文章 130 多篇，约分为 5 组，其中最早的文章成于 20 世纪 40 年代初期，最晚的为 2006 年所作，时间跨度为 60 多年，研究范围上自先秦，下迄近代，经史子集均有论列。徐复一生治学所得，世人已可得窥全豹。

2006 年 7 月 24 日，徐复在南京仙逝，享年 94 岁，一颗璀璨的流星划过，一代大师溘然离去。

徐先生虽然已经作古了，但是，他扎实的功底、严谨的学问早已留在里程碑式的典籍之中。徐复已出版的专著有：《秦会要订补》（修订本）、《后读书杂志》《徐复语言文字学丛稿》《徐复语言文字学论稿》《徐复语言文字学晚稿》《〈訄书〉详注》《〈说文〉五百四十部首正解》等一系列著作，是为后人留下的一宗极为珍贵的文化学术遗产。

综上所述，徐复自 1912 年出生以来，从武进南夏墅石柱塘走出来，到常州、到南京、到苏州，沐浴着阳光，接受苏南山水的灵性，接受章、黄大师的指点，经过抗日战火的洗礼、巴山蜀地的陶冶，经过自身的不懈努力，终于成为无愧于古人、后启来者的学界泰斗。他像一棵参天大树，历经风雨，仍巍峨挺拔地屹立在世人的心中。

二、徐复关于中国语言文字的研究

徐复勤于治学，数十寒暑如一日，其深厚的学术素养、严谨的治学风格在语言文字学、文献学、考据学、辞书编纂、古籍整理与研究等领域开疆辟土，对中国语言文字研究作出了杰出的贡献。看到徐复浩瀚的学术著作，人们不免想起子贡赞叹孔子的话："夫子之墙数仞，不得其门而入，不见宗庙之美，百官之富。"治学终身，著作等身，其弟子王华宝将他的主要著作分为四大类：语言文字学、文献学、古籍整理与研究、辞书编纂与研究。

（一）对语言文字学的研究

徐复在语言学上的成就最引人注目，这与其师承章黄学派密切相关。章太炎在《故国论衡》中提出应该建立"中国语言文字之学"，他是最早提出要将传统语言研究的"小学"改造成为一门独立学科的理论倡导者。黄季刚在成书于 20 世纪 20 年代的《训诂学讲词》中提出了建设训诂学学科的构想。徐复师从章、黄，在语言文字领域的贡献主要体现在训诂学、校勘学、蒙藏语文研究、词语研究、语源学研究及方言研究方面，撰写、出版了许多重要学术论著。

1. 音韵学的研究

徐复对音韵学的贡献主要体现在创立了变音叠韵词理论。早在 1986 年 5 月，徐复在《语言研究集》第一辑上就发表了《变音叠韵词纂例》，详细地论述了这种特殊的语言现象，并把这种现象所涉及的词命名为变音叠韵词，"把原来不是叠韵的双音节词，通过上字或下字的改读，变成唇吻调利、语音和谐的另一个双音节词。这种变音叠韵的特点，就是变过音的上字或下字，必须与原来未变音的上字或下字是双声（或古声母相近），它的韵部还必须和不须变音的上字或下字同化，要求同在一个韵部或韵近的部里（也包括一部分上古韵部）"。

徐复的这一理论，受到黄季刚老师"二物相挟而变"理论及"叠韵词往往互音"理论的启发。"二物相挟而变"理论认为"古声既变为今声，则古韵不得不变为今韵，以此二物相挟而变"，即古声和古韵是在相互作用、相互促使下向今声和今韵发生变化的。黄季刚说的是同一音节声母与韵母之间"相挟"发生的变化，而徐复则指明具有密切关系的两个音节缺乏论证，其强调的是"变"的过程，他深入而系统地论述了异音复词是如何变音为叠韵的。徐复在继承黄说的基础上，对这一语言现象作了理论的总结与阐述。

2. 训诂学方面的研究

训诂学是一门极古老的科学，春秋战国已萌生，但极盛于清代乾嘉时期。如果把 20 世纪的训诂学叫作现代训诂学，那么，徐复几乎就是现代训诂学的同龄人。徐复兼综章、黄，克绍师裘，完成了"经验训诂学"向"理论训诂学"的转化，成为章、黄之后的一代训诂学大师。徐复 1929 年就读金陵大学，师从著名学者黄侃攻读传统小学课程。1935 年 9 月考入金陵大学国学研究班，旋至苏州章太炎国学讲习会从师请业。章太炎早在1906 年就在日本东京举办国学讲习会，他"虽'在熔铸古今之外，又会通中西'，但由于时代和他本人的局限"，"并未能全面重整训诂学理论"。20 世纪二三十年代，黄侃开设了训诂学课程，初步建立起训诂学理论。徐复的训诂实践，如由从师黄侃算起，至今已 70 余年。

徐复在训诂学研究上功力深厚，其著述能旁征博引，阐发得当。《从语言上推测〈孔雀东南飞〉一诗的写定年代》一文，就是一篇杰作。他经过周密的考证，确定该诗成于东晋而非汉末，论证翔实且说理透彻。其从两方面加以论证的：一是诗中有些特殊词语和与时代有关的词语，二是诗中含有较多的语言事实，可从汉语史的角度来鉴别它们的年代。他首先提出"兰家女"这个特殊的词语，据晋代张湛注《列子说符》"兰子"时说："饭凡人物不知生出者谓之兰也。"从这一线索得知"兰家女"和"兰子"一样，即今说"某某人家的女儿"。这既解决了"序云刘氏，诗云兰家"的矛盾，又证实了诗歌的写作年代应当是在东晋。此外，还有与当时时代有关的词语如"卿当日胜贵"中的"胜贵"，是晋代人的特殊用语，意思是"名位显贵"的人。徐复还从校勘与训诂的关系上，对历来被搞错了原义与时代关系的词予以纠正，有助于后来读者正确地理解作品的时代意义。

3. 汉语俗语研究的研究

徐复很重视汉语俗语词的研究，对汉语俗语词的研究理论、考释和研究人才培养等都作出了引人注目的成就。

徐复对俗语词研究的理论建树有重要的贡献。俗语词研究是当前词汇史研究的前沿阵地，因为俗语词的实质就是口语词语和口语性的词语，是汉语史各个时期新变化、新发展的重要标志。徐复在俗语词研究方面仍起着积极的指导作用。例如"俗语词"这个名称就是由徐复提出的，其对俗语词的研究对于推进我国语言文字的研究无疑产生了深远的影响。

在俗语研究上，徐复写有《敦煌变文词语研究》《评〈敦煌变文字义通释〉》《读〈义府续貂〉识语》等文。前二文为俗语词的研究开拓了新的境地，并指出了研究的途径。徐复研究俗语言，能从古今语转的复杂现象中，追根刨底，找出较早的记录形式，寻得语源并进而从源至流找出它的语转规律，以发展的眼光研究问题。徐复认为，俗语言的词语，对有些同音或音近的假借字，要通过语音关系来找出它的本存。对于一些复合词，首先要在全文中找出它所反映的主要意义，再根据词性相同、词义相近的原则进行选择以避免复返随举；解释词义和推求语源要有明确的界限。特别是他在《读〈义府续貂〉识语》一文中提到四点：（1）研讨词义，须明时代特征；（2）求解通假字，须掌握声音规律；（3）字书、辞书中之僻字、僻词，须求得贴切用例；（4）校勘古书，须谨慎有据。所有这些论断的指导意义都十分可贵。

（二）对古文献学的研究

徐复以语言学家著名于世，然而其论学，常以"名物训诂，典章制度"相提并论，语言文字学论著中包含文献学的许多内容。南京师范大学创办古文献专业，成立古文献整理研究所，始建古文献学硕士学位授权点，皆仰徐复为标帜。古文献整理研究所原所长李灵年老师曾作《热心古文献整理事业的徐复先生》一文，介绍徐复为古籍所、古文献专业、《文教资料》的创办与发展倾注了许多心血，感人泣下。

在徐复的关心下，16年来，古文献专业已10次招生，并有7届137人学成毕业，有的已成为所在单位的骨干力量。1998年，南京师大建立文学院，古文献专业升格为系，定名文献学系，并决定扩大招生，由原来的隔年招生改为每年都招收新生，每届学生从 15 名扩招到 20 多名，使这个专业更加兴旺、发达。此间，徐复仍然担任文献学系名誉主任，是这个系的主心骨，不断提出改进工作的具体建议，为古文献奉献直到生命的最后一息。

徐复晚年更是将主要精力集中于章太炎的代表作——《訄书》的注释工作之中。《訄书》是章太炎的一部思想学术自选集，系统地考察了中国古代各种学说，涉及哲学、宗教、社会学、语言文字学、历史学等诸多学科，并对当时中国的现实问题包括政治制度、立法司法、教育改革、民族宗教问题等，对西方的各种社会科学与自然科学等，均有论述。这部纵贯古今、学兼中西、文辞简奥、被鲁迅称为"读不断，当然也看不懂"的学术著作，经徐复 20 年的苦心钻研，运用传统的考据训诂方法，"以章注章"，比较互证，抉奥发微，详加诠释，四易其稿，于 2000 年出版后，终于能教人读得断、看得懂，并得以延绵传世。《訄书详注》是继《后读书杂志》《秦会要订补》等专著后又一部文献学的力作，也是徐复几十年如一日地守护章黄学术家园的结晶。它不但传承了师说，而且弘扬了章黄严谨治学的精神，对古文献学的研究作出了卓越的贡献。

（三）古籍整理和研究

语言文字之学，具有一定的工具性，因而宜致用于古籍整理实践。徐复作为一代语言学宗师，治学提倡训诂与校勘并重，以所学解决重要典籍中疑难问题，并且为国家培养了大批学有专长的古籍整理研究人才。

早在 1981 年 9 月，中共中央就根据陈云同志的提议，发出整理我国古籍的重要指示。教育部为了加快培养古籍整理人才，在北京大学恢复了古文献专业。江苏省高教局领导会同一些专家教授，闻风而动。大家认为，培养古籍人才，我省有优良传统，建国前唐文治创办的无锡国专，积累了丰富的经验，可以借鉴。当时曾有在南京创办一所新型国专的意向。经过酝酿，最后决定先由南师大中文系开办一个古文献专业。当时有些领导同志没有充分的思想准备，担心系里任务重，条件不够。徐复全力鼓动中文系承办专业，诚恳地说，条件不够可以逐步创造的！不久，这事总算安定下来了。1982年年底，中文系为此又召开了座谈会，得到程千帆、周勋初、卞孝萱、孙望、段熙仲以及徐复等大师的全力支持。唐圭璋未能到会，但作了书面发言，表示了支持尽快把专业办起来的态度；程千帆希望这个专业发扬无锡国专的优点，选读一些专书；周勋初提出不少具体建设，还向专业提供了课程设置的资料。不久南京师范大学古文献专业宣告成立，徐复出任主任，并定于1983年秋季开始招生。开办伊始，徐复率先上课，多年来，他先后讲过古文献要籍介绍、读书指导、训诂学，以及各种学术讲座。

南师大古文献整理研究所成立于1984年，它是江苏省高教局批准建立的专职科研机构，同时承担江苏省古籍整理领导小组秘书处的工作。徐复担任名誉所长并兼任省古籍领导小组顾问。这个所的主要任务是整理古籍和培养人才。作为老一辈学者、导师，在上述两项工作中，徐复都作出了独特的贡献。例如，所里的许多重点项目都是他主持的，先后有《广雅诂林》《高邮王氏四种》《皇清经解选刊》《訄书详注》等。

（四）辞书编纂与研究

在大中型辞书的编纂方面，徐复有着丰富的经验。自1959年起，他就参加《辞海》语词分科的历次修订工作，著有劳绩。从1976年起，他又参加编纂《汉语大词典》的浩大工程。这部"古今兼收，源流并重"的巨著，历时18个春秋，于1994年5月全部出齐，被誉为我国辞书史上的"典范"和"里程碑"。徐先生是这部书的副主编，受到了学术界的赞扬与肯定。仅就这一项辞书编纂而言，与他任《辞海》编委、语词学科分科主编的工作时间合算，前后就长达30个年头。

岁月易逝，他为两部辞书付出点点心血，尔后学人，饮水思源，是永远不能忘怀的。

通观徐复的论著，我们可以发现，徐复治学大抵以语言学立根基，以文献学致宏大，以考据学致会通，以古籍整理、辞书编纂等致实用，"精""通""专"为其显著之特色，而根本宗旨则是继承和弘扬中华学术文化精神，从而促进中国语文的现代化。

三、三乐老人与道德文章

徐复自称"三乐老人"。所谓"三乐"，即"知足常乐，助人为乐，读书最乐"。这是他的人生态度、处世之道，更是他师德修养的一种境界，也是他长寿的秘密。

"知足常乐"是徐复对自己生活境遇的一种坦然态度。他生于民国元年（1912），90年来，经历了种种复杂的社会巨变，遭遇过各种各样的人生磨难，也曾长期受到过不公正的待遇。但他总是以乐观的态度对待生活，总是积极地寻找生活中的亮点，从不为个人的名利得失而孜孜以求或大动肝火。"知足常乐"，即是对"人不知而不愠，不亦君子乎"的参悟。读书做学问是件非常清苦寂寞的事，在功名利禄的诱惑下，读书人很难把握自我，故"君子慎其独也"。特别是有了一定的成就、名望、资历之后，欲望之壑往往更难满足，得舍之间，决断颇为不易。徐复说："知足不容易，有些人喜欢攀比，总是想别人怎么样，而我又怎么样，想不开。现在我们处的环境已经很好了，有读书的条件，有可以交流的对象，我很知足。"他随遇而安，生活俭朴；他谦虚谨慎，虚怀若谷。晚年以"鸣谦"为号，名其书斋为"鸣谦室"。徐复解释道："鸣谦，不是自鸣，而是推己及人。'己欲达而达人'，也是这个道理。每位来访我的人，临走我都不忘叮嘱一句'谦受益，满招损'。年轻人也许不以为然，可是我们尝过其中的甘苦。"这是百年人生历程的体悟。"做学问也好，做人也好，当世名难，身后名更难。"徐先生参透和挣脱了名缰利锁，故能"知足常乐"。这是战胜私欲、"人不知而不愠"的君子所追求的"勇者"的品德修炼，是真正能耐得住寂寞、"隐居以求其志，行义以达其道"的君子之勇。

"助人为乐"是徐复待人处世的一条重要准则，他以帮助别人作为自己最大的乐趣。无论是谁，有了困难就找他，他一定会尽最大努力给予帮助，在学业上如此，在生活上亦是如此。由于他待人热情、乐于助人，人们有了难处总爱去找他。帮助他人，成了徐复退休生活的重要内容。"助人为乐"，即"有朋自远方来，不亦乐乎"的拓展。大而言之，徐复终身从事高等教育，教书育人，"诲人不倦"，以"得天下英才而教育之"为乐事，这是"己欲立而立人，己欲达而达人"、以己及物、推己及人的"仁德"表现。他说："为什么要帮助人，我觉得许多事情一个人不行，得需要一批人。这样一来，我帮助你成功了，其实也等于我参与了你的成功。"读过《徐复语言文字学晚稿》的人都知道，他提携后进，古道热肠，替人评书作序，几乎是有求必应。至于四方举荐、帮助老友程千帆调任南大的佳话，更为学界所称道。孟子曰："仁者爱人，有礼者敬人。爱人者人恒爱之，敬人者人恒敬之。"徐复以其仁爱之心，"助人为乐"，与人为善，受到学人的普遍爱戴和尊敬。这是修己安人、"力行近乎仁"的修炼。

"读书最乐"是作为学问家的徐复对自己生活状态的最高追求。徐老家中的陈设十分简陋，他对物质生活需求极低，但对精神食粮的需求极高。许嘉璐教授曾说："徐复先生淡泊身外，唯学是务，学高德厚，平易谦和，乃一代鸿儒之典型，为我辈知其不可及而不可不追之者。"道出了徐复纯学术化的人生本色、境界及其意义。"读书最乐"，是"学而时习之，不亦说乎"的现代说法，是君子好学且"学而不厌"的表现。好学为入德之门、进德之阶，同时"好学近乎智"，本身就是达德之一。徐复"信而好古"，以读通古书为追求目标。他说："所谓学问，我的意思就是要多读书，多研究。书读不懂，说明书读得少了；但是不思考不研究也不行。而研究的根本方法，归根到一条，还是要多读书。"又说："读书，要作为日课，天天读，不能一曝十寒，三天打鱼、两天晒网。读书，要有中心，有一个课题，这样就不会漫无目的了。围绕着一个中心，找各种书读。读书，要笔勤，把不同的说法记下来思考，搞通、搞懂。读书，要挤时间，争取一切时间读书。"他读了五六十年的书，总感到知之甚少。"学如不及，犹恐失之"，正是他作为书生笃信善道、好学敏求的本色写真。

徐复的"三乐"，仔细推究，即孔子所主倡的士君子应有的智、仁、勇三达德。达德者，天下古今通行之德也。徐复恪守"三乐"座右铭，修炼智、仁、勇三达德至乐此不疲的境界，抑亦为圣者与？子曰："知者乐，仁者寿。"徐复可谓乐寿兼得。

徐复曾说："余之治学，名物训诂，典章制度，八字而已。"这首诗高度概括了他为语言学界奉献的一生。徐复桃李芳菲，已成名家者如吴金华、王继如等俱散在四方，再传薪火，为世致用而不为时风所染；养气韬晦，不为魑魅所乘；桃李中外，却不傲气凌人；夙兴夜寐，为发展中华而孜孜不倦；道德文章，无愧于古今。

生命的流星已经逝去，学术恒星的光辉永远闪烁。

（本文是和课题组成员贺俊燕老师合作完成）

第九章
引领风气的一代宗师
《国音常用字汇》主编
——苏州人钱玄同

　　钱玄同祖籍是湖州，出生和长大都是在苏州，所以我这里也把钱玄同当作苏州人看待。

　　甲午中日战争是中国近代历史的一个拐点，自此以后，中国作为天朝上国的迷梦彻底破灭。随之，中国事事不如人的悲观阴霾罩上了国人心头。在这种社会凋敝、政治破败的时刻，有一群知识精英一直护持着中国的尊严和气脉，他们当中，有一批人以充满激烈的反叛精神著称，不过，在本质上他们仍是在为探寻中国文化未来的方向而奋斗。毫无疑问，钱玄同是其中的典型代表，他是那个时代最为卓越的学者之一，他也是引领风尚的一代宗师。他在语言学文字学上的贡献更是可圈可点，他与时俱进的精神和持之以恒的努力大大地推进了中国语文现代化。例如，由钱玄同主编、赵元任校订的《国音常用字汇》是民国时期一部重要的词典，也是语文发展史上一部重要的文献，因为它开启了以北京语音为标准音的新时代，也为中国语言文字的规范化开辟了一个新时代。

一、京国之争

《国音字典》颁布推行了不到两年的时间，由于《国音字典》确立的老国音与实际读音有不少差异，造成了推行的困难。老国音是一个"折中南北，牵合古今"的标准音，最大程度上照顾了各地的方言，因此成为一种"人工语言"。在现实生活中这种人工语言没有人会使用。曾灌制国语留声片的赵元任也说："在13年的时间里，这种给四亿、五亿或者六亿定出的国语，竟只有我一个人在说。"

"京国问题"的争论起于南京高师（今南京大学的前身）英文科主任张士一，他于民国九年（1920）撰写了一本《国语统一问题》，主张连注音字母带国音都要根本改造，其办法是：

（1）由教育部公布合于学理的标准语定义，就是定至少受过中等教育的北京本地人的话为国语的标准。

（2）由教育部主持请有真正科学的语音学训练的人去研究标准语里头所用的音，分析后，先用科学的方法记下。

（3）由教育部主持请语音学家、语言学家、心理学家、教育学家制配字母。

这个主张，在学理上是很对的；但在当时事势上，却使行政方面发生极困难的波折，最重要的就是积30年之力"千呼万唤始出来"的一套注音字母又要根本动摇，而"京音"这个名称又容易引起全国多数地方人的反感。当年八月，第六届全国教育会联合会开会于上海，大会响应了他的主张，议决"请教育部广征各方面意见，定北京音为国音标准，照此旨修正《国音字典》，即行颁布"。这个来源主要是因为，清宣统二年即1910年，江苏教育总会会长唐文治等，发起各省教育总会联合会，于1911年4月在上海开会，议决《统一国语方法案》，即拟定"以京音为标准音"，"以京话为标准语"，"以顺直流行之简字为音标"；民国之全国省教育会联合会即由此会递嬗而来，故其京音主张，亦算有渊源也。同时，江苏全省师范附属小学联合会在常州开会，也通过一个议案，不承认国音，主张以京音为标准音，并且主张"不先教授注音字母"。教育部正式发布修改《国民学校令施行细则》，有"首宜教授注音字母，正其发音"的规定，其规定中，还有如下所记载的情形：

> 某县的小学，京音教员和国音教员相打，把劝学所的大莱台推翻了。某县开一个什么国语会，也是京国两音的教员相打，县知事出来作揖劝解。某乡的小孩子，兄弟两人，在一个学校里，各人学了一种国音，回家温课，很有几个字的音不一致，他们的家长大疑惑起来，去质问校长先生。校长先生只好说，"都不错！都不错！"（黎锦熙：《国语运动史纲》，北京：商务印书馆，2011年，第152—153页）

于是统一会不得不"图南"了。民国九年（1920）的11月，黎锦熙约同吴稚晖并陆衣言、范祥善等，与张士一、顾实、周铭三、陆殿扬等在南京见面，讨论"京国问题"；但京音方面领袖始终不变"根本改造"的主张，弄得无果而散。

二、主编《国音常用字汇》

1921年夏天，钱玄同到黎锦熙的院子里乘凉，讨论当时小学生按照"老国音"读国语教科书，在全国任何地方都觉得别扭，听着不是味儿，究竟怎么办才好。钱玄同说："前几天我给叔平（马衡）家里的小学生写刻墨盒盖儿，用注音字母拼写'国音'墨盒两个字，小孩儿都说拼错了，跟口里说的墨盒不对；叔平也说这两个字的韵母恰巧要调换个儿；我原是反对'京音派'的主张，把北京的地方音做国音，你以为如何？"黎锦熙答道：

"先生！一个墨盒，你于'言下大悟'了！"意思是，钱玄同像悟禅一样，突然悟到了用"京音"的好处。黎锦熙认为，"从此国语运动的语音标准问题，才确定了一条合理而有效的路线。这又可见钱玄同先生实事求是，不护己短的精神"。（余连祥：《民国名人传记丛书·钱玄同》，合肥：黄山书社，2013 年，第 103 页）

1923 年，教育部国语统一筹备会第五次常委大会组成了《国音字典》增修委员会。1925 年委员会推举钱玄同、黎锦熙、王璞、白涤洲等六人为起草委员，逐字逐音逐日会议审订，直到第二年才草成 12 大册稿本。

1928 年，钱玄同和黎锦熙一起多方奔走，终于使"国语辞典编纂处"得以扩充为"中国大辞典编纂处"。本来这项大规模的计划于 1919 年启动，1923 年成立编纂处，直到 1927 年钱玄同、黎锦熙和吴稚晖以三人共同名义向中华文化基金董事会申请了一笔款子，着手收集资料，作为教育部国语会事业之一。《中国大辞典》原来叫《国语辞典》，直到 1928 年扩充改名。编纂处依据全书工作之程序，分为搜集、调查、整理、纂著、统计五部。每一部设若干组，每一组设若干股。其中纂著部下设音典组，音典组下设"《增修国音字典》股"。此书将在《校改国音字典》基础上增修：（1）增字：新造字、俗体字、方言字等，加采其比较通行者，旧有字则凡《说文》《广韵》（或增《玉篇》《集韵》）等书中字全收；（2）该音：凡注音不合于新定制北平标准音者悉加改订，同义而有两音以上者则精择约举而存为"又读"（用小字排），于注音符号下增注国语罗马字。其余体例，略同旧本。

1929 年，国语委员会第二次常务委员会决议将《增修国音字典》改名为《国音常用字汇》，就原稿删定后，剩余 9920 字，加上异体异音的，共计 12220 字。再有钱玄同作最后的审核，黎锦熙和白涤洲随时参加讨论。1931 年《国音常用字汇》全稿终于完成，次年由商务印书馆出版，同时废止 1920 年公布的《国音字典》。

《国音常用字汇》尽管署名是教育部国语统一筹备委员会所编，但实际上主要是钱玄同主编。《赵元任年谱》184 页记载："《国音常用字汇》钱玄同主编，赵元任校订，教育部正式公布"。（赵新那，黄培云：《赵元任年谱》，北京：商务印书馆，2001 年，第 184 页）从 1923 年到 1932 年，这本书的编纂耗费了钱玄同 10 年的时间。该书打破了传统的部首排序法，采用了字母排序法。在字典的编排上，依据音序是比较科学的。以往的词典字典依据部首排序，给读者查找某个字的读音和意义带来了极大的麻烦。而且当时的《国语罗马字拼音法式》已经确定，字母顺序也已经确定，标准读音也已经确定，因此中国的字典应该从此由偏旁部首的查找转换为依据字母顺序查找。这是我国字典史上的一大进步，具有里程碑的意义。黎锦熙在不同的场合为此多次称赞钱玄同，认为钱玄同做出了一篇好文章。

三、发布《国音常用字汇》

1932 年，吴稚晖向教育部部长请示，要求公布《国音常用字汇》。

国语统一筹备委员会请公布《国音常用字汇》

部长：

民国二年，前读音统一会议决审定六千五百余字之国音，业经本会于民国八九年增广并校改为《国音字典》，由大部于九年十二月二十四日公布在案。查此项《国音字典》，通行至今，年逾十年，全国教科注音，交通用语，一以此书所定读音为标准。惟十年来，本会广咨博访，拾补阙遗，谓宜增修，得两原则：一则标准地方，应予指定，免致语言教学，诸感困难；一则声调标号，应行加入，免致字音传习，竟涉朦胧。故民国十二年本会第五次大会时，即组织《国音字典》增修委员会，逐字审改。旋以政局不宁，中经停滞。迄民国十七年来，本会奉令改组后，一面成立《中国大辞典》编纂处，重修《国音字典》；一面选定普通常用诸字，改变《国音常用字汇》一书。前书囊括古今，正事搜集；后书则专便应用，刻已观成。其于第一原则，则指定北平地方为国音之标准；所谓标准，乃取其现代之音系，而非字字必遵其土音；南北习惯，宜有通融，仍加斟酌，俾无窒阻。是与民国九年《国音字典》公布文中所言："要在使人人咸能发此公共之国音，但求其能通词达意，彼此共喻"者，其旨趣固为一贯。且前公布文中已谓"《国音字典》所注之音，什九以上与北京音不期而暗合"，则今兹所致，其字数抑又无多。不过明示标准地方，俾语言教学上能获具体的模范而已。其于第二原则，则第一式注音符号，声调既逐音标明于上，而第二式国语罗马字，声调又具存拼切之中。于是字有定音，音有定调；音调若随义变，别出其字，不令混淆。凡诸体例及诸要义，具载卷首，为本书的说明二十有六条。际兹国难方殷，民族精神，亟宜统一；民众智力，尤应启发。国音确定，则语言可同而情感互通，畛域斯泯，而精神易结；文字注音，则识字自易而施教能广，文盲悉除而智力日增。于是本会亟将《国音常用字汇》一书，督促印成，检附一百五十份送呈大部，请依旧例，迅予公布。俾此后教育、交通、工商各界，一律用此书所定国音为注音习语之标准，以资统一而利推行。实为公便。

国语统一筹备委员会主席吴敬恒

中华民国二十一年四月二十八日

5月7日，教育部发布《国音常用字汇》。

教育部布告第三零五一号

查《国音字典》一书，于民国九年经前教育部公布在案。迄今十余载，遗阙尚多。民国十七年，本部国语统一筹备会成立，重修《国音字典》，改编为《国音常用字汇》一书。兹据该会呈送前来，复经本部审查，认为适当，合亟公布，以资应用。此令。

中华民国二十一年五月七日

教育部部长朱家骅

《国音常用字汇》与《国音字典》相比较，具有明显的倾向，那就是更加向北京话靠拢。主要有四个方面不同：

（1）"万""兀""广"不用咯（ㄌㄛ）。

（2）"ㄗ""ㄘ""ㄙ"无齐撮（ㄗㄧ……ㄗ……概并入ㄐㄧ、ㄑㄧ、ㄒㄧ、ㄐㄩ、ㄑㄩ、ㄒㄩ）。

（3）"ㄛ"无开齐"ㄝ"（ㄛ除叹词如"咯"外，概分入ㄜ或ㄨㄛ但ㄅㄆㄇㄈ下的ㄨㄛ可省；ㄨㄧㄛ改为ㄩㄝ，只留一叹词；ㄝ只有ㄧㄝ和ㄩㄝ，开口改ㄜ，但叹词亦例外）。

（4）入声分到四声来。

《国音常用字汇》前有长篇说明，分别从 26 个方面对该词典的有关事项进行了详细的说明。虽然署名是教育部国语统一筹备委员会，但是根据黎锦熙《钱玄同先生传》说，是钱玄同所作。（钱玄同：《钱玄同文集》第三卷，北京：中国人民大学出版社，1999 年，第 451 页）

"新国音"确定以后，国民政府借鉴学校教育和电影、广播等手段，大力推行国语统一运动，取得了非常显著的成绩。

四、提交"增修《国音常用字汇》（G.C.TZ.）案"

《国音常用字汇》出版后不久的 1934 年国语会第二十九次常务委员会上，钱玄同提出增修《国音常用字汇》的议案。他说，现行的《国音常用字汇》是专为普通应用的，所以较古奥冷僻的字大都没有收录，但国音的用处极广，今后读经书、子书、《史记》《汉书》《文选》等书，更上至于甲骨刻辞与彝器铭文，都应该用国音。打算到 1938 年完成《新编国音字典》，可惜这个计划最后没有实现。

《国音常用字汇》的要旨，第一是确切指定全国标准语的地方音系——这一点很重要，是经过 30 多年专门学理上的讨论和实际教学上的经验，才敢贸然决定的。这本书使国音字母第二式（国语罗马字）从此具体化，9620 个汉字，都规定了罗马字的拼法于 1428 个形式之中。不过这部书只可以应付现今各界的急需，而作将来一切的基础，并非其中全无缺点。所以 1934 年即民国二十三年国语召开的第二十九次常务委员会，通过了钱玄同的议案。

【理由】G.C.TZ. 要增修部分有七：（一）标准口语中习用的字，G.C.TZ. 中未收者甚多，应该增补。（二）一字有数音，都是常用的，G.C.TZ. 中往往仅收一音或漏收一音，也应增补。（三）卷舌音在标准口语中，用的很多，应该增补。（四）方言中之特别字或音已被国语采用者，G.C.TZ. 间收一二，如"垃圾""尴尬""轧""掰"等是；然此外尚需多多增补。（五）古书中较为见习之字，G.C.TZ. 中颇多未收，也应增补。（六）《说文》部首及形声字的"声母"（今亦名"音符"），可以算作汉字之母，G.C.TZ. 中未收者甚多，也应增补。（七）G.C.TZ. 中所注的"读音""语音""又读"等，及"卷舌韵""轻声"的字，还有那些简单的注解，也有应该增订的。

【办法】拟有本会常委同人各自认定承担某部分的增修工作，而推定一人总其事，以一年为期。重印时形式应稍改变：字型要小些，纸张要好些，则页数可以少些，本子可以薄些，价钱也还可以少要些。封面上应标明"某年增订本"字样。并规定今后每三年增修一次。

此外还通过了钱玄同的另外的议案："规定《说文》《广韵》《集韵》

的今读以作《新编国音字典》的初步案""搜采固有而较适用的'简体字案'""修订'闰音符号案'""编制《基本国语》（J.G.）案"等等。（钱玄同：《钱玄同文集》，北京：中国人民出版社，1999年，第467—468页）

当然钱玄同为了推广《国音常用字汇》和国语罗马字，还做了大量的其他工作。

五、《国音常用字汇》对《新华字典》的影响

从刘庆隆先生发表于2004年1月17日《文汇读书周报》一篇《新华字典第一版诞生记》就可以看出《国音常用字汇》对《新华字典》的影响。这里简单摘要下来：

> 《新华字典》前六版都署名新华辞书社编。新华辞书社成立于1950年8月1日，主要由叶圣陶先生组建和领导的，叶圣陶先生时任出版总署副署长，人民教育出版社成立后，又兼任社长和总编辑。新华辞书社刚成立时，有魏建功、张克强、李九魁、李文生等几位，以后的萧家霖、孔凡均、杜子劲、朱冲涛、张道芝、李伯纯、刘庆隆、王蕴明等陆续到来，到1951年初就有14个人了。新华辞书社成立后，就要着手编一本小字典。到1951年夏编完初稿。参加编写的有魏建功、萧家霖、杜子劲、张克强、孔凡均、李九魁等几位。

> 当时的做法是：每个参加编写的人都有一本《国音常用字汇》，按这个顺序，每人分几个字母，由编写者自己从《国音常用字汇》里选字，选编的字就画个圈。编写工作分头进行，各守封疆，互不为谋，又没有人总其成，工作中的情况，互不了解，各人按照各人的想法进行编写。结果，每

个人的稿子，收字的宽严，注释的详略，举例的思想性，都不一致，分歧很大。

……

第一版书发行后，根据方言地区读者"不会使用"的意见（苏州有些读者甚至要求退书），赶写《笔形部首检字表》的补充说明小册子，随书赠送。音序本遍就后，考虑到方言地区读者对音序不熟，使用困难，就又着手编写部首排列本，听取方言地区新华书店反馈意见后，加快了编写进度，1954年春完稿，8月出版。参加编写的有魏先生、萧先生、杜子劲、孔凡均、李伯纯、刘庆隆、李文生。

所以，科学知识在于积累，谁会想到30年代出版的《国音常用字汇》会对50年代出版的《新华字典》有这样大的影响呢？因此钱玄同在语言文字改革过程中的贡献是功不可没！

关于钱玄同，原鲁迅博物馆馆长陈漱渝先生是这样评价的："钱玄同的一生是崇拜皇权、笃信经学的儒生转变为激进的启蒙思想家的一生，是在新文学运动、新文化运动、国语运动、古史辨运动以及音韵学诸方面都作出了杰出贡献的一生。我们的国家、民族绝不会忘记这种使他引以为自豪的历史人物。"（陈漱渝：《钱玄同文集序二》，北京：中国人民出版社，1999年，第17页）

第十章

中国文字改革委员会秘书长
文字改革活动家
——苏州人叶籁士

叶籁士，1911 年生，江苏省吴县（今江苏苏州）人，1994 年在北京逝世，享年 83 岁。他原名叫包叔元，后来根据俄语"铁"字为自己起了世界语名字 Jelezo 和汉语笔名叶籁士，旨在像钢铁一般坚毅刚强、摧不毁也打不倒。叶籁士绝对不是一般的铁，他如一块磁铁，用强大的气场吸引着周围的人群，也引导着他们去参加伟大的斗争、争取自己的生存权。（陈原：《叶籁士——中国世界语运动的一块"磁铁"》，《世界》，1994 年第8 期）

在语言文字的道路上，叶籁士一步一个脚印地走过，是集身份、地位、荣誉于一身的长者：他是中国共产党优秀党员、著名的语言文字专家、文字改革活动家，也是我国著名的世界语者、出版家。他的一生都倾注在我国的语言文字事业上，勤勤恳恳、兢兢业业，为中国，也为后人。叶籁士如一个屹立不倒的战士，在默默奉献中彰显着自己的人格魅力。

一、叶籁士与拉丁化新文字

（一）叶籁士引进拉丁化新文字

中华民族想要在世界之林走下去，必须先让大众识字。而方块汉字的基本缺点就是：记忆困难；对现代人又不合用；跟口语分离。中国面临着一个十分严重而又亟待解决的问题，语言学家们感受到了自己身上的重担，夜以继日地研究着。叶籁士作为其中的一员，充分发挥了自己的才能，起到关键性的领导作用。

1931 年 9 月，瞿秋白、吴玉章等人研制的拉丁化新文字方案在"中国新文字代表大会"中通过，此方案很快运用到了 10 万华侨同胞之中，旨在获得知识、扫除文盲。当时正是国民党"围剿"苏区的时候，关于拉丁化新文字的一些情况，国内是全然不知的。而第一位把拉丁化新文字介绍给国内的广大群众，并编写课本教工人学习的人就是世界语者叶籁士。1931 年 7 月 10 日，叶籁士在《中华日报·动向》上发表《大众语·土话·拉丁化》，接着又在《太白》半月刊第 1 卷 3 期发表《大众语运动和拉丁化》。

叶籁士和语联（"中国左翼世界语者联盟"的简称）的同志一起讨论，提出了一个深刻而富有影响力的主张：改革文字，采用拉丁化新文字。此想法立即得到了鲁迅、陶行知等人的赞赏与支持，拉丁化新文字运动由此埋下了伏笔。

1933 年 8 月，叶籁士将焦风（方善境）从世界语译出的《中国书法之拉丁化》寄给《国际每日选文》发表，这是国内介绍新文字的第一篇文章。1934 年，叶籁士向《中华日报》副刊《动向》投过几篇谈新文字的稿子，还应鲁迅之约为国外报刊写过一篇关于新文字的文章，后来这篇文章的中文稿发表在左联秘密出版的《木屑文丛》上。同年冬天，叶籁士开始着手编写三本书，准备对拉丁化新文字作系统的介绍。一本是拉丁化的理论和方案，一本是拉丁化课本，一本是拉丁化论文集。作为国内出版的第一本拉丁化新文字的理论著作，《中国话写法拉丁化——理论·原则·方案》一书扮演着极其重要的角色。诚如当时的评论说："新文字运动的战士中没有一个不受这本书影响的。"（陈允豪，张惠卿：《赤心奉献语与文——追思叶籁士同志》，《出版史料》，2011年第2期）虽然今天看来此书的内容不过是些普通常识，而且有的论述还有失偏颇，但它在当时确实是一本适合入门的书籍。接着叶籁士又编写了一本《工人用拉丁化课本》，这本书作为工人学习的重要教材，受到了诸多好评。第三本论文集字数太多，编成后没能出版。后来，叶籁士又编写了《拉丁化概论》《拉丁化课本》，这两本书与霍应人编的《拉丁化检字》、胡绳编的《上海话新文字概论》一起由天马书店作为"天马丛书"出版发行。叶籁士作出的努力使得国内广大的群众都能了解到拉丁化文字，并从一定程度上进行理解和学习。

（二）叶籁士推广拉丁化新文字

在拉丁化新文字的发展事业上，叶籁士浓墨重彩地谱写过一笔又一笔，除了引进拉丁化新文字外，他还把大部分精力用在推广拉丁化新文字上：他和王鹭如一起担任《Sin Wenz月刊》的编辑出版工作，这是国内第一个宣传和讨论新文字问题的刊物，共出了7期。1935年9月，叶籁士征得鲁迅同意，把鲁迅写的所有有关新文字的文章编成一个集子，由鲁迅亲自校订，也作为"天马丛书"之一出版。

新文字一介绍回国就受到了群众的欢迎，要求学习的人越来越多。因此及时成立团体把群众组织起来，便成为当务之急。在此种情况下，国内纷纷成立拉丁化群众团体。1935年12月，叶籁士以上海中文拉丁化研究会代表的名义，参与了成立中国新文字研究会的筹备工作，参加了陶行知主持的该会（指"中国新文字研究会"）的成立座谈会，并首先发言。1936年年初，中国新文字研究会发起了一次有关推行新文字意见书的签名活动。叶籁士参加了"意见书"的起草，并组织文化界人士签名。他让活动办得有声有色，引起了广泛的关注。

一本刊物能受到认可已属不易，如果它从表面到内涵都具有划时代的重要意义，那必定在历史上留下不可磨灭的印记。而叶籁士主编的《语文》月刊正是这样一本宣传和讨论汉字改革与国际语问题的创造性刊物。"它团结和吸引了广大的语言文字工作者和研究人员，一起参与文字规划和文字改革工作，对当时的新文字运动起着重要的推动作用。"（张惠卿：《记叶籁士》，《出版史料》，2002年第2期）《语文》杂志无疑成为"新语文"的一面旗帜，高高飘扬。当时，新文字在国内如火如荼地进行着，但由于国民党政府查禁，新文字运动不得不处于"见不了光"的地下状态。遇到这样的窘境，叶籁士又一次体现出"铁"一般坚毅的精神，他非但没有被吓到，反而把抗日宣传工作放在中心位置，毫不犹豫地为之付出，并带动更多的人走上抗日救国的前线。

叶籁士经常参加一些文化界的座谈会，在会上宣传拉丁化新文字；他同香港的语文工作者保持联系，推进海外的新文字工作；他通过世界语刊物继续与苏联的北方话拉丁化工作者联系，又得到一些关于新文字的资料。1941年1月皖南事变后，中共中央南方局周恩来同志决定疏散一批党员，并帮助撤离一部分文化界进步人士。叶籁士奉命去香港，但由于太平洋战争的爆发，日军攻占香港，叶籁士在前往香港参加香港新文字学会工作时遇到了前所未有的困难，最后得到组织的援救才得以脱身。

经过几年的努力，新文字在国内广泛推行，逐渐形成了影响全国的群众性的拉丁化运动高潮。叶籁士为此作出的重要贡献，不仅得到白区进步文化界的认可，而且受到延安边区新文字协会的赞扬，曾在延安边区新文字协会第一届年会时被推举为名誉主席团成员。"他的名字一开始就和新文字紧紧联系在一起，并和拉丁化运动一起永远载入我国新语文建设的史册。"（陈允豪，张惠卿：《赤心奉献语与文——追思叶籁士同志》，《出版史料》，2011年第2期）

二、叶籁士与简化汉字

"1954 年，中国文字改革委员会成立，日常重任由叶籁士承担。1958 年周恩来提出简化汉字、推广普通话、推行拼音方案三项务实任务，这些方面的巨大成就有目共睹。"（高成鸢：《叶籁士孪生两事业》，《读书》，1996 年第 5 期）简化汉字作为文字改革的首要任务绝不仅仅是一时的急促之行，它需要有明确而详细的目标，有切实而长久的实践，才能为推广普通话、推行《汉语拼音方案》奠定良好的基础。而叶籁士正是对简化汉字有着系统而到位的考虑，并秉持着自己的原则，脚踏实地地做着实事。

虽然在简化汉字的道路上遭遇了"文化大革命"的巨大创伤，但随着毛泽东决心要走文字改革道路的鲜明态度和坚定信念，叶籁士和众多文字工作者还是涅槃重生，开辟了新的文字改革之路。

（一）叶籁士参与制订《汉字简化方案》

汉字简化是中国文字最初步的改革，是中国文字改革的重要组成部分，但不是主要的组成部分。汉字有很多缺点，这些缺点不是孤立存在的而是相互关联的，这些缺点不是偶然产生的而是跟汉字这种文字体系密切相关的。

正是因为汉字存在诸多诟病，尤其在使用上非常的困难，汉字的简化和减少工作才势在必行。1956 年 1 月，《汉字简化方案》由国务院公布。作为制订该方案的小组成员，叶籁士在制订、公布和推行的每个环节都充当着重要的角色。1964 年，文改会编印了《简化字总表》，叶籁士又负责组织领导和具体制订的工作，该表的出台正验证了叶籁士突出的能力，也证明了文改会在简化汉字方面作出的成效。

叶籁士在汉字简化的道路上并不是一帆风顺的，"文化大革命"后，叶籁士被周恩来指定为简化汉字的负责人。即便顶着这样的光环，叶籁士的工作还是受到了质疑。文改会于 1975 年 5 月拟订了《第二次汉字简化方案（草案）》，在送报审批后，周恩来给予的回复是："第一批已经公布这么多年了，这次为什么简化这么一点？"（马永春：《"二简字"的难产和废止》，《文史精华》，2014 年第 12 期）叶籁士随即和同事们一起钻研琢磨、反复修改，重新制订了草案。虽然《人民日报》发表了此草案，但是因为有些字有生造的嫌疑，未能得到流行。并且，王力、周有光等重要人物联名上书给人大，建议不要采用该表的简化字。文改会的工作遇到了前所未有的困难，叶籁士也似乎走到了事业的瓶颈期。

随后，文改会的成员安排作出了调整，叶籁士失去了领导人的位置。但他依旧一心扑在文改事业上，和王力一同主持了草案修订委员大会。相比之前，这次简化汉字的过程显得更加严谨与细致。1981 年，他们一行人终于制订出《第二次汉字简化方案（修订草案）》。胡乔木曾在他的遗稿中对汉字简化提出了两点建议：汉字的进一步简化要有全面而长远的规划。所谓全面的规划，就是要根据全部汉字作一个系统的考虑；所谓长远的规划，就是简化要有切实可行、能长久进行下去的目标。（胡乔木：《关于文字改革的通信》,《南京师范大学文学院学报》，2002 年第 1 期）叶籁士等人又依据胡老的建议和 1956 年公布的《汉字简化方案》进行整理，《增订汉字简化方案（草案）》终于出炉。不过，由于大家的意见不一，新方案一直被搁浅着，最终的方案没能正式出台。很多人包括叶籁士在内还在积极修订《增订汉字简化方案》，而文改会的新领导人刘导生主张对汉字简化保持严谨的态度，也要让汉字体系保持整体的稳定，因此主张不再修订。"1986年 6 月，国务院转批了国家语委废除二简字草案的请示，废止 1977 年的二简字草案，也等于将后来的修订草案和增订草案统统废除。"（马永春：《"二简字"的难产和废止》,《文史精华》，2014 年第 12 期）"二简字"约未定、俗未成，甚至有些还有生造的嫌疑，显得不够成熟，因此没有广泛的群众基础，不得不被废除。14 年的心血一朝被否定，叶籁士和众多语言文字工作者的内心是苦楚而凄凉的。

但叶籁士对简化汉字是很熟悉的，也很有感情，在"二简字"修订上受挫后，他依旧坚持研究简化字。好在 1986 年国家语委重新公布了《简化字总表》，《简化字总表》正是根据国务院的批示编制的，也凝结了叶籁士的心血。作为文改会成员，他的工作是十分繁忙的，但最后编写修订稿时，叶籁士总不会缺席。他甚至夜以继日地工作，对简化字字形的一笔一画都不会放过。（高景成：《缅怀叶籁士同志》，《语文建设》，1994 年第 5 期）

（二）叶籁士撰写《简化汉字一夕谈》

"在简化汉字方面，文改会取得了巨大的成就：公布了《汉字简化方案》，编印了《简化字总表》，发布了《第一批异体字整理表》，颁发了《印刷通用汉字字形表》，初步建立起我国现代汉语用字的规范。"（《叶籁士同志生平》，《科技文萃》，1994 年第 6 期）这些成就之所以这么完善、这么突出，都饱含着叶籁士的默默付出，也凸显着叶籁士深厚的语言文字功底和卓越的领导能力。

叶籁士领导组织编订《汉字简化方案》无疑成为他简化汉字道路上最辉煌的一章，但直到晚年，叶籁士还不顾衰弱的身体，撰写了一本通俗介绍简化字的力作——《简化汉字一夕谈》，这本书在叶籁士的生命中留下了浓墨重彩的一笔。此书 1985 年 10 月在《人民日报》（海外版）连载时即引起了众多读者的关注。后来上海教育出版社、语文出版社和三联书店（香港）有限公司相继出版了不同版本的单行本。撰写《简化汉字一夕谈》的目的是满足海外侨胞、港澳台同胞等了解掌握简化字的愿望，在他们中广泛宣传简化字。全书分为前言、正文和附录三部分。正文内容概括起来有十点：简化字不难、简化字是从哪儿来的、简化字运动的历史、从《汉字简化方案》到《简化字总表》、简化偏旁和偏旁类推、《总表》三个表的特点、减法还要继续做下去、最后的 200 来个字、简化字推行的情况、整理淘汰异体字；附录有二：《简化字总表》和《从简体查繁体的检字表》，另外还有作者手迹和作者照片。全书采用对话的形式娓娓道来，自然亲切的风格、生动活泼的文字都能引起读者强烈的阅读兴趣。这本书正是凭借其内容科学严谨、通俗易懂、可读性强的特点成为一本不可多得的好书。(《中国现代语言学家传略》，石家庄：河北教育出版社，2004年，第1643页）

《简化汉字一夕谈》的小册子平易近人，生动形象，富有趣味，符合众多人的阅读习惯。它不仅达到了"引人入胜"的要求，而且在对外宣传中起到了积极的作用。"陈原同志看了大加赞赏，建议叶老再就推广普通话、推行汉语拼音写一些通俗读物，叶老内心很是愿意，可是终究力不从心，无法动笔了。"但无法动笔终究是身体上的原因，叶老的心一直跟随着文字改革的步伐，他的一生也为文字改革鞠躬尽瘁。

三、叶籁士与推广普通话

叶籁士编写的《简化汉字一夕谈》中曾提到这样一段话：在国务院全体会议上，通过了国务院《关于推广普通话的指示》。周总理一贯强调要推广普通话，他再三指示我们："推广普通话很重要。工农业大发展，没有普通话是不行的。"（叶籁士：《简化汉字一夕谈》，北京：语文出版社，1995年，第33页）叶籁士正是抓住了领导人的先进思想，从思想工作到实践经验，都走在文字工作者的前列。他不仅坚持着自己的理念，而且深入基层，从不嫌苦怕累，亲民、淡泊是他在推广普通话时留下的个人标签。

（一）叶籁士推广普通话的理念

1955年，吴玉章向刘少奇汇报文字改革委员会的工作，提到要大力推广普通话，刘少奇对此极为重视，他制订的目标就是：让所有教师都讲普通话，不会普通话的不能当教师。这是我国文字事业努力的目标，很多方面的进步也正体现了这一点：现在方言区的大中小城市，外地人去旅行，基本上没有困难。在这些城市的中小学校，语文课多数已用普通话进行教学。但在方言区，各省市很不平衡。有的城市比较重视这项工作，有的城市则始终排不上队。广大农村山区以及偏僻地区，还完全是方言的汪洋大海。针对此类状况，叶籁士不仅运用了丰富、扎实的理论知识，更到实地进行调研。他提出了以学校为重要基地来推广普通话的理念，还和语言学家们就此制订了几项措施来应对以上的状况：培养师资要实行责任制；充分发挥汉语拼音帮助学普通话的作用；灌制汉语拼音和普通话的留声片与录音带，录制各种普通话的朗读及其他文娱材料的录音带，以供各方面的需要，包括海外华侨以及愿意学习汉语的外国人的需要。用一句话概括叶籁士推广普通话的理念就是：加快普及普通话的步伐，加强汉语本身的发展，从而加强人民的团结。

"深入基层，为群众服务，为群众谋利"也是叶籁士推广普通话的一个理念。在一次去上海视察的路上，叶籁士和同行的吴玉章、倪海曙都提出了一样的意见，就是要和群众见面，真切地了解他们的感受，征求他们的意见，从而制订更加完善、更加优越的文改计划。因此，他们走进幼儿园教员的身边举办座谈会，给他们普及普通话教学的理念，还去一些推普先进单位聆听讲课。"深入基层""尊重群众""热情尽责"是叶籁士给人留下的深刻印象。

如今人们总把"心有多大，舞台就有多大"挂在嘴边，事实也的确如此。做某件事时，只有秉持着自己的理念，毫不动摇地走下去，才能收获更多、成长更快。叶籁士正是因为这些独特理念的支撑，才坚持走过暗淡的岁月，重见希望的曙光！

（二）叶籁士走进基层推广普通话

1956 年 1 月，叶籁士被任命为中央推广普通话工作委员会委员。从那以后，他就奔波在各种推广普通话的会议座谈上。1958 年 7 月，叶籁士参加中央推广普通话工作委员会和教育部联合在北京举办的全国普通话教学成绩观摩会，并在会议期间举行的主要由各省市教育厅代表参加的座谈会上发表讲话。一年后，他又代表文改会出席山西省教育厅和共青团山西省委在山西万荣联合召开的"山西省推行注音扫盲和推广普通话"的现场会议。在开幕式上，他宣读了文改会主任吴玉章的贺电并讲了话，在闭幕式上他也发表了重要的讲话。1961 年，叶籁士和陶静、倪海曙两位来上海，先后到了国棉十三厂、静安区一中心小学等八个单位，深入调查了在工农群众中开展注音识字及小学、师范学校进行普通话教学和推广普通话的情况。叶籁士还在千人大会上作了《关于推广普通话和语文教学问题》的报告，引起了很多共鸣。（胡惠贞：《我心目中的叶籁士同志》，《语文建设》，1994 年第 5 期）

此后，叶籁士参加了在北京召开的部分省市推广普通话工作汇报会，还参加了中央推广普通话委员会、文改会、教育部和共青团中央在西安联合召开的第四次全国普通话教学成绩观摩会。最值得一提的是：1965 年，中央为了推广普通话工作委员会、文改会，特派商业部在上海联合召开方言区城市社会推广普通话工作经验交流座谈会。叶籁士主持了这个会议，并就普通话的社会推广问题作了讲话，还和代表们先后参观了电车一场以及南京路、淮海路上的商店，听取了在衡山电影院举行的影剧院宣传推广普通话的工作介绍。（胡惠贞：《我心目中的叶籁士同志》，《语文建设》，1994 年第 5 期）

会议期间，叶籁士还向上海市的推普干部和中小学语文教师作了报告。

叶籁士奔走在上海、北京等大城市，付出的努力远不止这些。1973 年 12 月，叶籁士以文改会负责人的身份来到上海，组织召开九省一市推广普通话工作座谈会。1979 年 5 月，叶籁士又和倪海曙一起出席上海市中小学普通话教学成绩观摩会。他还出席广东省教育厅和广东省文改会在广州召开的全省推广普通话工作会议，并在会议上讲话。经历这么多会议、座谈、讲话后，叶籁士对推广普通话的工作显得更加游刃有余。1983 年 3 月，他又参加湖北省文改会和省教育厅在武汉联合召开的全省师范院校普通话教学成绩观摩会，在会上高度赞扬了湖北推广普通话和汉语拼音的行动，尤其对湖北省推行"口头作文"的做法表示了肯定。

　　叶籁士使学校的推普工作步步前进，还带动社会的推普工作取得了突出的成绩。1982 年新宪法规定："国家推广全国通用的普通话。"同条又规定："扫除文盲"，"普及初等义务教育。"（周有光：《文字改革的新阶段》，《文字改革》，1985 年第 5 期）这些条款都促使推广普通话要采取新的行动，也鼓舞着以叶籁士为代表的这群富有斗志的语言文字家不断创新，不断前进！

四、叶籁士与推行《汉语拼音方案》

　　在知识分子的想法里，中国的落后很大程度上是因为汉语与世界语不相符合，汉字不能与时俱进。"要实现国家的繁荣昌盛，就必须像西方一样实行拼音化文字，而简化汉字和推行汉语拼音就是过渡。这种浪漫的理想主义情结鼓舞着叶籁士，让他为汉字的拼音化奋斗了终身。"（马永春：《"二简字"的难产和废止》，《文史精华》，2014 年第 12 期）1955 年，叶籁士被推选为文改会秘书长后，他代表文改会拼音方案委员会就拟订拼音文字方案工作进行的情况作了简明扼要的发言。从那以后，叶籁士便在汉语拼音的推广上成就了一番天地。

　　叶籁士把拉丁化新文字引进国内后，就为传播、推行、宣传汉语拼音不断尝试着。《汉语拼音方案》的制订与推广凝结着叶籁士和其他文字工作者的不懈努力，而在汉语拼音的发展上，叶籁士更是全心投入，从撰写书籍、指导刊物、考察实地等多个方面促进着汉语拼音不断向前。

（一）参与制订《汉语拼音方案》

　　中华人民共和国成立初期，毛泽东曾要求语言文字学家们采用民族形式的字母，叶籁士和文改会的同事们用三年的时间集中精力细致地研究，拟订了多种民族形式的方案，但毛泽东终究不满意。经过多次波折，毛泽东最终决定汉语拼音还是适宜采用拉丁化字母。叶籁士曾参加在中南海怀仁堂举行的知识分子问题会议，亲自听到了毛泽东的指示。于是，他和文改会的成员首先做了调查研究，得出新的结论，认为还是采用拉丁化新字母为好。ABCD 这套字母是世界上最通行的。此外，他们还做了一次初步统计，发现当时世界上有 60 多个国家都在采用拉丁化字母作为本国的文字。拉丁化字母在国际流行的同时，在中国也具有一定的群众基础。因此，在制订《汉语拼音方案》前，语言文字学家们是经历了一番探讨与修正的。

1955 年 2 月，中国文字改革研究会在内部设立了一个拼音方案委员会。当时，吴玉章担任主任一职，胡愈之为副主任，剩余的 13 个委员为王力、周有光、吕叔湘、倪海曙、叶籁士、胡乔木、魏建功、黎锦熙、陆志韦、罗常培、林汉达、丁西林和韦悫。叶籁士作为其中的一员，参加了汉语拼音方案的拟订工作。早在 1955 年 10 月全国文字改革会议召开期间，他就代表拼音方案委员会向大会报告了几年来拼音方案研究工作的情况。后来，又与陆志韦、周有光组成小组，负责写定《汉语拼音方案（草案）》和《关于拟定汉语拼音方案（草案）的几点说明》。1958 年 2 月，一届全国人大五次会议通过并公布了《汉语拼音方案》。为了宣传拼音方案、普及拼音方案的基本知识，叶籁士编写了《汉语拼音方案（草案）问答》，在《人民日报》上连载，后由文字改革出版社出版单行本。

（二）参与推广《汉语拼音方案》

《汉语拼音方案》诞生后，叶籁士便把主要精力用在推行方案上。为此，20 世纪 50 年代末至 60 年代初，他不辞辛劳，经常深入各地。仅陪同吴玉章主任视察工作就到过东北三省和山东、江苏、上海等地。此外他自己还多次在上海、西安主持召开会议，并参加了山西万荣、河北河间、北京西城区的拼音扫盲现场会议。他还以吴老的名义先后起草了给湖北武汉、黑龙江拜泉、山西万荣、山东平原、河北河间推普和拼音扫盲现场会的贺电，指导着全国注音识字活动的深入发展，"注音识字"的名称就是在他起草给山东平原现场会的贺电中提出来的。

开始推行方案时，大家的热情很高，但教法往往不甚得当。当时一般是不分小孩、成人，不分文盲、知识分子，一律以《汉语拼音方案》为教学顺序进行教学的。因此不同对象的教学效果很不一样，特别是小孩和文盲的学习困难很大。当时人们觉得有三难：一是字母零件多，二是拼写规则繁，三是长韵母音节的拼音难。因此怎样根据不同对象，采取不同教法，就成为当时能不能教好汉语拼音的关键问题，也是关系到拼音方案推行和普及的大问题。依据此种状况，叶籁士在一篇文章中提出了"让我创造出一套多快好省的拼音教学法来"的口号。(《中国现代语言学家传略》，石家庄：河北教育出版社，2004年，第1644页)

在叶籁士的号召下，许多地方开始探索拼音教法问题。1963年，通过各地试验，叶籁士等人已经创造了一种教法，叫"声介合法教学法"。此教法的基本内容是：把y、w当成声母教，直接教iu、ui、un采用声介合母跟随韵母连读法。这样就较好地解决了前面所说的三大难点，使汉语拼音变得容易学习了。

《汉语拼音方案》在帮助扫盲、识字、学习普通话方面发挥了巨大的作用，还在信息科技等领域得到了新的应用。1982年，《汉语拼音方案》还被国际标准化组织作为拼写中国人名、地名的国际标准进行示范与推广，可见其在国际上的应用也愈加广泛。早在20世纪70年代中期，叶籁士就开始为《汉语拼音方案》的制订与推行付诸行动了，所以大家必须牢记叶籁士的功绩。

（三）叶籁士促进汉语拼音的发展

自从推行《汉语拼音方案》以来，似乎全民都在学习拼音，尤其是小学生，更加把汉语拼音的学习放在了最首要、最核心的地位。叶籁士不仅参与研制、推广《汉语拼音方案》，还在促进汉语拼音发展的道路上奉献着自己的力量。

1. 促进汉语拼音书籍与刊物的出版

1958 年，由文字改革出版社出版的《汉语拼音问答方案》是由叶籁士编写的。在这本书里，叶籁士对拉丁字母与拼音进行了类比说明，也对汉语拼音产生的问题进行了具体回答。这本书籍不仅让更多的人了解了拉丁化文字和汉语拼音，更方便大家学习运用汉语拼音。

1963 年年初，他首先采用新教法试编了一本《汉语拼音入门》，连载于《光明日报·文字改革》，翌年北京出版社出版单行本。《汉语拼音入门》是第一本采用声介合母教法编写的拼音教材，也是一本切合实用、易教易学的入门书，因而深受读者欢迎，这种教法很快便被各地成人的拼音教学所接受。1963 年秋，这种新教法更被人民教育出版社所采纳，用来编写小学的拼音教材。于是，新教法很快就成了小学拼音教学的主要方法，而且一直沿用到现在，为普及汉语拼音作出了贡献。

叶籁士还十分关心文改出版工作，上海教育出版社的《汉语拼音小报》就是吴玉章建议、叶籁士和倪海曙极力促使创刊的。此刊曾经两次停刊，也是在他们的具体关心下较快复刊的。如 1978 年《小报》的复刊，就是叶籁士亲自和宋原放（当时上海市出版局负责人）提出的要求。每逢《小报》百期刊，编辑部向吴玉章、胡愈之、吕叔湘、叶籁士、倪海曙组稿，都能得到满足。1984 年 1 月，叶籁士还为上海《汉语拼音小报》出版 300 期发了贺电。

叶籁士还要求多出版供学生阅读的汉语拼音读物，上海教育出版社的汉语拼音读物和注音识字读物两套丛书就是在他和倪海曙的建议下出版的，这两套丛书不仅受到叶籁士的赞扬，还用文改会的名义向各省各市推荐。

2. 促进汉语拼音实际的运用

叶籁士还致力于汉语拼音的实际运用工作，1959 年 6 月，叶籁士主持文改会在北京召开的关于注音扫盲问题六省（河南、河北、山东、辽宁、吉林、黑龙江）汇报工作。1960 年 4 月，叶籁士参加河北省教育厅在河间县召开的注音识字现场会议，并作了报告。同月 24 日，叶籁士参加北京市教育局在西城区福绥境公社召开的北京市推广注音识字经验现场会，并作了报告。1973 年 10 月，他主持在河南郑州召开的汉语拼音基本式教学座谈会，并总结发言。1983 年 11 月，叶籁士又主持在北京召开的由各地高等院校、科研单位及有关部门的研究工作者参加的汉语拼音正词法座谈会。

他深入学生群体，调查学习拼音的实际情况。根据一些数据统计，叶籁士发现拼音字母应该从一年级学起，教学上没有什么困难，能够学好。当然，其他年级也能学好，关键在于领导的重视和教师的质量。他总结了小学教学拼音字母的几大优势：首先，提高了语文教学的效率；其次，大大提高了孩子们的阅读兴趣和阅读能力；最后，拼音字母在帮助写作方面也起了很大的作用。当然，小学拼音字母教学中也存在几个问题，叶籁士将其概括为三点：第一点主要是教师本身对拼音字母掌握得不好，因此教得不好；第二点指出教学拼音字母是一件新事，教学方法、教材安排大可研究；第三点强调注音读物的出版发行工作是另一个重要的问题。叶籁士请求各地文教部门重视汉语拼音的教学与推广，鼓励大家共同努力做好此项工作。

叶籁士 1994 年逝世时，"简化字、普通话、汉语拼音"三项合一的新教法已经从大城市走进了落后的农村。新局面的开创无疑凝聚着叶籁士等人默默的付出与奉献，也表现出他们埋头苦干、任劳任怨的精神品质。但文字改革并不是一味地好，它的存在与发展势必有着自己的不足：首先，就是汉字难学难记的问题依然存在；其次，汉字改革是科学的问题，光有热情是远远不够的；再次，汉字改革要紧紧围绕汉字本体来进行；最后，对于伴随群众运动而产生的科学问题，一定要用理性的态度去进行科学的研究。正因为存在这些问题，才不断鼓舞着后人们去探索、去改善。"文字改革是个漫长的过程，汉字存在一天，汉字改革就存在一天。"（纪信：《叶籁士先生访问记》，《语文建设》，1992 年第 7 期）

　　叶籁士生活在中国大地风云变幻的时代，"文化大革命"时挨批多年，当他被打成"走资派"后，依然坚持着自己身上担负的责任。他一心扑在中国语言文字的事业上，不仅通过世界语的宣传为我国恢复国际交往开辟了道路，而且为简化汉字、推广普通话和推行《汉语拼音方案》付出了巨大的努力。"这位语文战线上德高望重的老战士、建国以后我国文字改革工作的具体组织者，直到他清醒的最后时刻，惦记的依旧是我国的语文工作。"（费锦昌：《我所认识的叶籁士先生》，《语文建设》，1995 年第 9 期）叶籁士相比起周有光、王力等大家，所起的作用更多的还是辅助、协助上的，是在背后默默付出的，希望文字改革的事业有更多像叶籁士这样的人去继承与发扬，为中国的发展贡献出自己的力量。

第十一章
民国初中语文国语课程
标准的起草者教育家
——苏州人叶圣陶

　　叶圣陶，原名叶绍钧、字秉臣、圣陶，1894 年 10 月 28 日生于江苏苏州，现代作家、教育家、文学出版家和社会活动家，有“优秀的语言艺术家”之称。在教育方面，叶圣陶的教育思想对中国特色现代教育理论作出了具有独创性、系统性的重要贡献。在文学方面，他也是 20 世纪 20 年代第一位写童话的作者，其童话作品《稻草人》深受广大儿童的喜爱。叶圣陶热切地主张规范现代汉语包含规范的语法、修辞、词汇、标点、简化字和除去异体汉字，规范出版物的汉字。他所做的努力改进了编辑工作的质量与组织结构。最重要的是，叶圣陶在出版领域提倡使用白话文。他的杂志和报纸大多使用白话文，这极大地方便了记者和读者的阅读。所有的这些贡献促进了中国新闻事业的发展。

一、编制国语教学标准

　　1923 年以前，我国的国语教学缺少明确的教学标准，教学内容较为局限，叶圣陶作为国语教学标准的制定者，亲笔拟定《初级中学国语课程纲要》。这一国语标准的制定，使国语教学有了明确的价值标准。

我国古代的国语教育，基本上是经学和科举的工具、附庸，并不是一门独立学科，直到 20 世纪初才成为在全国推行的学科意义上的独立学科。

清末至民国初期，课程标准以学堂章程为纲要，主要有以下三点明显的不足：首先是内容过于局限，作文教法生硬。如 1902 年的《钦定中学堂章程》，主要以读经、词章为主。经书内容固定，有《书经》《周礼》《仪礼》《周易》四部，以年为单位，一年学一部，内容十分局限；此外词章分作记事文、作说理文、作学章奏传记诸体文、作学词赋诗歌诸体文，一年学作一种文体。（课程教材研究所：《20 世纪中国中小学课程标准·教学大纲汇编语文卷》，北京：人民教育出版社，2001 年，第 267 页）这样的教学方式，目的性较强，较为生硬，缺少系统融合，易造成行文文体定势，阻碍学生的长远发展。其次是内容过于笼统，缺少明确的具体标准。如 1904 年的《奏定中学堂章程》、1909 年的《学部奏变通中学堂课程分为文科实科折》，内容依旧以读经讲经为主，进步性是把习字放入了章程之中，但遗憾的是中学五年的学堂章程每年都是如此，过于笼统，没有考虑到学生的心理发展顺序。最后是明文规定每星期钟点，过于刻意。如《奏定中学堂章程》中规定："现在所定读经讲经时间钟点，计每星期读经六点钟，挑背及讲解三点钟，共含九点钟；另有温经钟点，每日半点钟"。（课程教材研究所：《20 世纪中国中小学课程标准·教学大纲汇编语文卷》，北京：人民教育出版社，2001 年，第 268 页）每个学生的接受能力不同，硬性规定时间违背了"因材施教"原则，过于刻意，容易造成时间资源的浪费。

民国初年至 1922 年学制改革时期，我国的学校课程标准也没有根本性的改革，只是把清末的学堂章程稍作调整，并没有过大的创新性。如 1912年的《中学校令施行规则》、1913 年的《中学校课程标准》依旧是笼统的读经、作文、习字等内容，至于究竟具体有怎样的标准依旧没有明确的态度。

二、《新学制课程标准初级中学国语课程纲要》内容及贡献

（一）《新学制课程标准初级中学国语课程纲要》内容

1919 年的五四文化运动在中国语文课程建设史上具有重大意义。不但大大推动了我国现代革命运动，而且也有力地促进了教育改革，使社会出现了许多新气象，如推行国语运动，即白话文运动，将白话文著作引进中小学国语教材，从而使得国语教学的内容和方式产生了巨大变化。在这种情况下，教育部于 1923 年颁布和试行新学制中小学各科《课程标准纲要》，而其中的《新学制课程标准初级中学国语课程纲要》正是叶圣陶亲笔拟订的。

《新学制课程标准初级中学国语课程纲要》分为目的、内容和方法、毕业最低限度的标准。与此前的课程标准相比，这一课程标准显得更具体合理、架构清楚、更具操作性，是课程标准史上重要的转折点。在目的上，它回答了"为什么教"——"使学生有自由发表思想的能力、能看平易的古书、有研究中国文学的兴趣"；在内容和方法上，详细列举了"教什么和怎么教"——"旨在与小学国语课程衔接，并为高级中学国语课程的基础"；在毕业最低限度的标准程度上，叶圣陶主张"最低限度——阅读普通参考书报，能了解大意；作普通应用文，能清楚达意，于文法上无重大错误；能欣赏浅近文学作品"，这一课程标准的制定奠定了今天的课程标准的基本格局。之后，中学语文的课程标准，虽经过多次改订，但基本格局没有多大变动。

（二）《新学制课程标准初级中学国语课程纲要》的贡献

1. 提出恰当的教学目标

围绕着"为什么教"的问题，1912 年，教育部在《中学校令试行规则》中对国语的教学目标作了规定："国文要旨在通解普通语言文字，能自由发

表思想，并使略解高深文字，涵养文学之兴趣，兼以启发智德。"（《20世纪中国中小学课程标准·教学大纲汇编语文卷》第274页）但这个要旨非常抽象，人们对于"高深"的理解常常感觉过于模糊，难以把握。而叶圣陶在《新学制课程标准初级中学国语课程纲要》中关于教学目标的表述则具体多了，如让学生"能看平易的古书"，甚至列举了部分可供参考的读书书目。不难看出，这样的标准制定更切实可行，容易把握，且更具有现实意义。

2. 明确具体的教学内容

在读书方面：分读书为精读选文和略读丛书专集。精读选文指的是由教师拣定一种书本，详细诵习、研究，大半在上课时直接讨论的读书方式；略读丛书专集专指由教师指定数种，参用笔记，求得其大意，大半由学生自修，一部分在上课时讨论的读书方式。这样的读书标准是通过精读，使学生在课堂内学到方法，再辅之以略读，向课外延伸，体现了"专与博相统一、课内与课外相结合"的较开阔的读书视野，着力于培养学生良好的读书习惯，提高学生的读书能力。从当时的社会现象来看，五四后学生阅读热情高涨，书本报刊发行量明显增加，一些教师采用让学生自由阅读的方式来教学，但收效甚微。而叶圣陶另辟蹊径地提出"由教师指定数种"，还要学生写"笔记"，一部分还在上课时"讨论"，这种自动与互动相结合的方式，把课内阅读与课外阅读有效地结合了起来，为当时学生自由阅读所造成的困境指明了前进的方向，并且在之后的教师教学中多次被借鉴引用，效果显著。

在作文方面：分作文为"定期的作文""不定期的作文""作文和笔记""文法讨论"和"演说辩论"，兼顾了课内作文训练、课外的作文和笔记训练。从作文的标准制定中可以看出：第一，叶圣陶始终都要求作文贵在勤写，可定期写也可不定期地写，并且重视"作文与笔记"相结合，认为作文离不开相应的课外积累，读书要养成善于做笔记的好习惯。第二，叶圣陶还把"文法讨论"列了单独的一条，更难能可贵的是这里的"文法讨论"并非纯理论的学习忽略应用,而是在作文实践中学习并运用文法知识,使其上升到了课程的高度。从这样的安排中不难看出叶圣陶意在引起人们对文法知识的重视,这可算是他的一大创举。第三,叶圣陶在标准纲要中创新性地设置了"演说辩论",这表明他不仅重视书面文字的训练,而且也相当重视口头能力的表达训练,切实做到了听说读写面面俱到,相互结合。

在习字方面:包括楷书或行书的练习、名人书法鉴赏与临摹。这一标准给予了习字教学明确的标准,指明了习字教与学的方向。

在教材方面:传统的教学内容既包括课程设置,又包括教材支配,《新学制课程标准初级中学国语课程纲要》的教材支配把本科教材分为三段,以便三学年的酌量支配。其中最突出的亮点是教材支配的由扶到放、顺应学生不同阶段认知能力发展的转变。如教材支配每一段落的读书要求不同,三个段落的语体占比分别为"四分之三""四分之二""四分之一",取材也从"现代名著"到"取材不拘时代",步步深入,由浅入深,由部分到整体发展。其次突出的一点就是毕业最低限度的标准"略读数目举例"中列举的读书篇目,文体众多,有诗歌、散文、小说、戏剧、传记等,并且作家也涉及古今,尤其关注中国现当代的作家作品,小说如周作人的《雨滴》、散文如《梁启超文选》等。

3. 提出新颖的学分支配

叶圣陶在设置这些课程标准时,不仅考虑到了课程标准的具体内容,还给每个课程分配了学分,吸收了国外课程教学学分先进理念,促进了学生学习的积极性,也有利于教师教学重难点的把握。如叶圣陶在作文标准中,把"作文和笔记"列为四学分,把"文法讨论"列为三学分,把"演说辩论"列为三学分。由此可见,文法讨论与演说辩论同样是作文中不可或缺的组成部分,这样的学分配置,不仅能使人明确学习的重点,也能发展学生的潜能,使其更努力地学习。

这些标准突出了会说、会读、会写、有文学兴趣的要求,体现了很浓的公民意识和民主精神，既有利于国语的继承，也符合国语的推广与传播的创新需要，使得国语发展与时代要求相符合，在继承传统的基础上不断推陈出新。

三、编制国语教科书

教科书是时代的温度计，叶圣陶作为现代国语教材的开拓者和奠基者，据初步统计，他单独、与他人合作、支持参与编写的国语教材多达 129 册，如《开明国语课本》《国文八百课》等，在长期的教科书编辑工作中，叶圣陶形成了颇具特色的中小学教科书编辑思想，他主持编制的国语教科书使国语的推广有了传播的载体。

（一）编制主体多样

叶圣陶主张集体创作制编辑。为了确保教科书的质量，叶圣陶要求编辑小组必须对初稿内容进行严格把关，并且会主持书稿交流会，召集编辑人员共同完成书稿的审核，把每句话、每一节都逐字逐句地读通顺，所有人员随时穿插意见、提出问题，在集体的审核中确保书稿的高质量。如在编写小学课本中的一首诗"弯弯的月儿小小的船，小小的船儿两头尖，我在小小的船里坐，只看见闪闪的星星蓝蓝的天"时，对其中"闪闪的星星""蓝蓝的天"之间是否需要一个顿号，叶圣陶推敲了很多遍，经过编辑部多人反复吟诵、多方意见，最后根据口耳的感觉，决定还是不用顿号为好。正是叶圣陶兢兢业业地组织集体创作教科书，才使得创作出的教科书质量高，使国语的推广与传播免受非议，更好地进行。

（二）编制内容合理

第一，体现在选文文体丰富，主题贴近生活。在选材上，叶圣陶主张"以各科内容为内容"，而不是局限于某一类的内容。如他撰写的教科书《开明国语课本》中，有历史故事《火烧赤壁》，有科学文章《望远镜与显微镜》，有哲理故事《穷人与富翁》，有地理游记《游泰山记》等。再如他撰写的《国文八百课》里应用文有10多篇，其中有书信，有调查报告，有宣言，有仪式上的演讲词，有出版物前面的凡例，有公关标点与款式。说明文有20多篇，篇数之多，方面之广，都胜过同时期的别种课本。

此外，叶圣陶编制的教科书主题都贴近生活，主要表现为以下几点：

第一，以儿童自己的活动为主题，如《开明国语课本》中的《早上起来》，描写的是儿童起床后的洗漱、用餐、上学堂等日常活动；第二，以学生熟悉的自然环境为主题，如《我家门前》描写的是我家门前的桃树、柳树、池塘、荷花等自然景物；第三，随着年龄的增长，知识储备的日益丰富，学生熟悉的社会活动也逐渐成为课文的主题内容，学生在学习中找到学习的乐趣，并逐渐掌握了许多社会知识，如《林则徐》一文以人们熟悉的林则徐虎门销烟的经过使学生了解了相应的历史知识，使所学与社会生活接轨。

叶圣陶编写的无论是记叙文、说明文还是议论文、应用文等，其内容都具有"朴实""自然""精确"的品质，与生活息息相关，可读性极强。由此可见，叶圣陶在编写国语教科书时内容合理，使得国语的推广与传播既科学又具有吸引力与感染力。

第二，体现在图文并茂，形象化强。为了让学生在乐中学，更加吸引学生的兴趣，让学生对文本内容有更直观的把握，叶圣陶主张教材需要图文并茂，插图与教材内容相辅相成，相得益彰。图片不是装饰，而是与书中的书面语言有着同等的重要作用，并且图片的规格、样式、出现频率也充分考虑到学生的认知特点。如叶圣陶编写的教科书《开明国语课本》，其中生动的图画就充分考虑到学生的认知习惯，内容不仅充满温情，而且起着辅助理解的作用，而且在低年级教学时，图片的内容相对稚嫩，所占空间大，并且每篇课文都会有相应的插图，甚至最初只有插图，如《上学去》《红花开》，高年级时则并不是每篇课文都有插图，文字的理解渐渐成了主要内容。

此外，为了追求内容的形象化、趣味化，《开明国语课本》中许多故事的主角都是动植物而不是人，让学生听起来更亲切有趣。如《小鸡都不识》《麻雀问老树》都以动植物为主角，极大地增强了内容的娱乐性，教育内容愈发形象化。由此可见，叶圣陶使得国语的推广与传播更生动有趣，而且使得推广与传播的过程更符合学生的年龄特征，循序渐进，有利于学生对内容的把握。

第三，体现在传统价值凸显。叶圣陶的教科书选文继承了大量的传统要素，"仁义礼智信"等传统文化观念在课文中篇幅较多。如《开明国语课本》中的《先生早》《可爱的同学》等，在供小学高年级使用的下册中，涵盖仁爱即亲孝类等传统观念的文章共 18 篇，占本册语文篇目数的五分之一，相对于现在的苏教版语文教科书高出很多。此外，在供低年级学生使用的上册中，学校生活的礼仪规范、家庭成员间的礼貌也大量出现。叶圣陶编写的开明版小学初级国语教科书的传统取向符合社会对学生的期望，有利于从小熏陶学生的思想道德观念，塑造思想健康的社会角色。

（三）编排方式科学

首先是编排目标明确。叶圣陶在《国文八百课》的"编辑大意"中指出："在学校教育中，国文科一向和其他科学队列，不被认为一种科学。因此国文科至今还缺少客观具体的科学性。本文编辑旨趣最重要的一点就是想给予国文以科学性，一扫从来玄妙笼统的观念。"（徐龙年：《论叶圣陶先生的语文教材观》，《丽水学院学报》，2006 年第 12 期）因此叶圣陶在编辑教科书时极其重视明确教学目标、按照学生心理发展顺序进行编排，符合循序渐进的原则。以叶圣陶与夏丏尊合作编写的《国文八百课》为例，该书一改先前语文教学只关注选文，忽视每时、每周的教学目标的局限，以每课为一单元，均有一定的教学目标，并且内含文话、文选、文法或修辞、习问四项，各项打成一片。文话以一般文章理法为题材，按程度配置；其次选列古今文章两篇为范例；再次列文法或修辞，就文选中取例，一方面仍求保持其固有的系统；最后附列习问，根据文选，对于本课文的文话、文法或修辞提举复习考验的事项。所以《国文八百课》该书全六册，每册18课，共108课，解决了108个语文知识点。这样的编排方式使学生得以对所学知识有更清晰的认知，这样层层深入的目标设置也符合学生的心理接受顺序，循序渐进，稳扎稳打，步步推进，使学生在初中毕业时就具备了比较深厚的语文功底，并已经掌握了自学的钥匙。

其次是编排顺序合理。在选文的排列顺序上，叶圣陶极为讲究。他提出的选文排列顺序原则是："内容方面，以背景之亲近者，需要之迫切者，头绪之简单着列前，否则列后；形式方面，以需要之迫切者，结构之普通者，规律之简单者列后。若干篇之内容或者形式共通者，类似者，相反相成者，集为一组，成一单元。"（叶圣陶：《叶圣陶集》，南京：江苏教育出版社，2004年，第127页）就内容方面而言，如《开明国语课本》里，低年级使用的上册课文一般极其简短，高年级使用的上册课文大多每篇有两三百字，由浅入深、循序渐进，符合学生的身心特点，也保证了教材本身的完整和连贯；就形式方面而言，他的单元组合编排法，在其编制的教科书《国文八百课》中有集中体现，这样的编排方式对国语教科书的编制产生了很大的影响，后来的教材编制多采用此法。

但是，笔者认为叶圣陶在教材内容的编写上稍有不当之处，如教材中缺少作文教学内容的安排，如《国文八百课》以"文话"为纲组织编排，文话以一般文章理法为题材，介绍了有关文体知识和写作的知识，但只是介绍，在教材编写中缺少了对作文的单独训练。叶圣陶强调作文要生活化、实用化，形成了较为完整的作文观，但这些作文理念并没有在他所编写的教材中得以运用，不得不说这是一种遗憾。

四、提出国语课程理念

叶圣陶作为国语课程理念的探索者，他秉持着儿童本位、社会生活的原则，在阅读与写作等方面提出了独到的理念主张，其先进的国语课程理念的设计使国语传播有正确的理论指导。

（一）儿童本位：国语教育的起点

"儿童本位"最早是由杜威在1919年提出来的。叶圣陶作为国语教育思想家，在教授国语课程的过程中，始终坚持儿童本位、以生为主的教学理念，他意识到不关注学生会阻碍国语推广与传播的进程。早在其1922年1月发表的《小学国语的教授诸问题》中，叶圣陶就秉持儿童本位的立场，认为"不会了解学生，不以儿童本位为出发点""置儿童于不理"都是错误的。（叶圣陶：《叶圣陶教育文集》，北京：人民教育出版社，1994年，第68页）

叶圣陶主张，新的课堂，绝对不是简单的教师讲、学生听的课堂，但教师是主导，学生是主体。"以生为主"并没有因此忽视教师的作用，只是在国语课程的教学方式上对教师提出了新要求——教学的艺术不在于传授本领，而在于激励、唤醒。如在课堂上，教师不能满堂灌输，而应该起着引领作用。尊重学生的主体地位和学习的自主权，要善于激发学生的兴趣爱好，引导学生的情感体验，培养学生的学习习惯，做到以趣激学、以情导学、以习助学，从而真正达到"教是为了不教"，让一切"教"都服务于学生的"学"，使学生对国语产生兴趣，理解力与表达力得到提高，从而使得国语的推广与传播更加顺畅。

（二）社会生活：国语教育的立足点

叶圣陶认为切近不切近学生的现实生活，是国语课程教育成功与失败的分界线，旧式的教育是有问题的。如"活书橱"式的诵记广博者、"人形鹦鹉"式的学舌巧妙者，"儒学生员"式的靠教读为生者有很多，这些都是把国语作为工具来应付生活的人，他们满腹经纶，却脱离生活，无法用书中所学去改善生活，因为书中内容都脱离了生活，所以国语课程的教育内容要立足于社会实际。

　　叶圣陶主张，学习要学以致用，学习的内容要依据未来生活中的需要来设定。例如学生学习的应该有如何写一张简单的请假条、写一份用词严谨的申请书等，而不是仅仅学一些满口仁义礼智信的"之乎者也"，传统文学需要继承，但国语需要与生活实际紧密相连，使人们认识到国语的现实作用，从而才能更好地促进国语的推广与传播。

（三）阅读与写作：国语教育的关键点

　　叶圣陶说过："语文教材无非是个例子，凭这个例子要使学生能够举一反三，练成阅读和作文的熟练技巧。"（杨斌：《什么是我们的母语》，上海：华东师范大学出版社，2014年，第40页）由此可见，叶圣陶认为国语的阅读和写作是国语推广与传播的重要组成部分。

　　就阅读而言，表现在三个方面。

　　首先，吟诵需得法。叶圣陶在《精读指导举隅》中指出，要让学生学会吟读，即吟诵的语调要有高低、强弱、缓急的差别规律，并且还要求其通体纯熟，抱着享受的态度去读。如含有庄重、敬畏、悲哀等情调的文句，须得缓读；含有活泼、愤怒、肯定的文句，须得急读。在这样的精确吟诵中，国语的气韵情感与内涵都能通过吟诵凸显出来，使得国语教育更具有感染力，从而促进国语的推广与传播。

　　其次，精读有技巧。叶圣陶认为精读不只是逐渐讲解。教师如果在教授国语课程时只是单方面讲解，讲解完让学生熟读成诵，之后再进行讲解就是完成了教学的单元，这是错误的，因为这是从前书塾的老方法。欣赏文字的能力不是凭空培养出来的，需要精读文本，而国语教材中的选文只是作为凭借,让我们透其文、得其法,学会举一反三。精读文本,需要使学生在课前做好预习,分清何为已知、何为困惑,并且要培养欣赏文字的能力。叶圣陶注重精读,逐步提高学生的文字鉴赏能力,减小了国语推广与传播的阻力。

最后,略读重应用。略读作为精读的补充,仍然需要教师的指导,但只是做到提纲挈领,在略读过程中需要学生做好读书笔记。在这样做好笔记、半自学的学习方式下,学生能够养成阅读的习惯,终身受益,并且能应付实务或研究学问,做国语旧知识的继承者、新内容的开拓者,在扎实学习国语课程的基础上,为国语课程注入新的血液,产生更多的个人研究新成果,更好地推广与传播国语。

就写作而言,叶圣陶注重学生的写作能力,认为写作是在精读教材的基础上,渐渐增进选剔与斟酌的识力后逐渐形成的较精湛的技能。写作需要真诚,绝不是使花样、玩公式,而是使情意圆融周至。如欧阳修在写作《醉翁亭记》时,开头本来列举了滁州的许多山,可是后来全都不要,只作"环滁皆山也",欧阳修在写作时一丝不苟,不求花哨,不做卖弄,立足实际,态度真诚。这也是如今作文教授需要把握的尺度,若教师仅仅从所谓的"这是点题""这是欲扬先抑",这样格式化的技巧来教授,而没有写作的真诚态度,写出来的东西应该也是没有感染力的。这种真诚的写作主张,为国语课程的作文教授提供了方向,也使得国语始终与"情"和"真诚"相依,从而使得更多真实可感、感人至深的文字出现,使国语课程更能陶冶人,保持优越性,更好地得到推广与传播。

(四)训练:国语教育的着重点

"训练"是叶圣陶用以代替国语课程教育的一个概念性词汇。对于训练,他也有自己独特的主张。叶圣陶认为,对于阅读需要做到以下两点。

第一,源于生活。

叶圣陶认为训练的内容源自生活,生活中越是实际需要的东西越是要练。"听说读写"是生活的常态，所以他要求国语课程注重培养学生的"听说读写"能力，多听别人的讲解，多联系说话，表达自己的主张，阅读时注意精读与略读相互配合，从日记练习写作。这些都是生活的需要，在这些源于生活、助于生活的训练中，叶圣陶促使国语课程教学内容更丰富多样、全面配合，培养能说、能做、能写的全方位发展人才，为国语的推广与传播培养了稳定的后备军。

第二，练好基本功。

扎实的基本功的形成来源于不断的训练，熟能生巧。叶圣陶认为，国语课程要求学生有以下四点基本功：第一，识字写字；第二，用字用词；第三，辨析句子；第四，文章结构。其中既有语言文字的训练，也有思维训练。在他的主张下，国语课程始终都秉持着"基础为上，稳步提高"的理念，走踏实发展的道路，使得国语的推广与传播之路有条不紊、步伐稳健。

至于部分批判叶圣陶把语文视为纯工具的评价，笔者认为这一观点尚未真正了解叶圣陶的教学理念。其实叶圣陶的语文工具观科学地阐释了语文学科的性质，他认为语言是思想感情的表现形式，各种思想都依附于语言，学语文就是学语言、学思想的过程，毕竟不能抛开了意思来谈语言，也不能不管内容专谈语言，但也不得不承认，《新课标》把语文课程定义为工具性和人文性的统一显然更合理，避免了遭到误会的情况。

五、传播国语规范化

叶圣陶作为国语规范化的传播者，对国语的语音、词汇、语法等方面作出了明确规范，切实地促进了国语的推广与传播。

语言不仅是思想的依傍与定型，也是人类交流的工具，因此必须确立一个共同的标准来让大家遵守，以免发生交流障碍，这自然就涉及国语规范化的问题。叶圣陶主张"以普通话为标准音、以北方话为基础方言、以典型的现代白话文著作为语法规范来确立国语的规范"。

（一）就语音而言

语音的规范化是国语规范化最难统一的部分。话说一个北方人到宁波出差，向人问路。宁波人以"灵桥牌"答曰："呱叽呱叽向前揍，前面一个大坏蛋！"北方人愕然。原来，宁波人的意思是："骨直骨直向前走，前面一个大花坛！"像这种因方言不同闹出的笑话随处可闻。为此，叶圣陶主张应该努力找出本地方言与北京语音直接的规律。

叶圣陶重视语音的规范化传播，一方面希望从事语言工作者的人员积极承担起推广普通话的任务，另一方面重视广播工作者这一语言教育主要执行者的传播工作。他双管齐下的方式，为国语语音规范化的推广传播指明了正确的前进方向。

（二）就词汇而言

词汇量大，常常难以把握其真正意思。如一位男学生不知道豆蔻年华指的是十三四岁的少女，在进行一次演讲时说："我们正值豆蔻年华……"这样错用滥用词汇的情况数见不鲜。

为此，叶圣陶指出无论是说话还是写作都要用最规范化的国语，并且"多查字典"是分辨方言词与规范词，避免错用的好方法。他为国语词汇的规范化提供了清晰的方法，促进了国语词汇规范化更好更快地发展。

（三）就语法而言

各地对句子的表示有多种方式，难以统一。如"你比我过矮"，各地由于语法的差异，表述也有所差异，有"你矮我""你比较矮""你比我较矮"

等，这种差异常常在表述中引发歧义，使人们在交流上略显吃力。

　　为此叶圣陶认为，解决语法差异的首要任务是"找出汉语语法的规律，明确简要地说明这些规律，使本来能够运用语法的群众自觉地掌握这些规律，换句话说就是编写一部切合实际的语法书"。在他的建议下，人民教育出版社组织语言学家通力合作，编写了《教学语法系统试行方案》，其后，著名语言学家张志公等人编写出版了《现代汉语》，对普及语法知识和语法规范化发挥了极大的作用。除此之外，规范化的国语以叶圣陶、鲁迅、茅盾、冰心等人的现代白话文著作为规范，要求严谨，把这些现代白话文中作为"一般用例"。

　　正是叶圣陶对国语语法规范的编书建议与自身的规范指导，为国语语法的规范化传播开辟了新道路。

第十二章
积极推进国语运动的
民国教育总长和国民参政员
——苏州人张一麐

张一麐，字仲仁，1867 年生于江苏苏州，著名爱国人士、文人，清朝末年和民国时期的政治家、慈善家、农村改革家；民国初年，张一麐曾一度成为袁世凯的幕僚，担任总统府秘书；1915 年，张一麐任徐世昌内阁教育总长。1916 年，袁世凯称帝，张一麐不满辞职。晚年闲居苏州，不问政治，参与编纂《吴县志》。综观张一麐一生，总的来说是一个政治家，但是他在能力许可范围内，积极热心参加国语运动，对国语运动起了积极的推动作用。主要表现在以下几个方面。

一、成立国语研究会，担任副会长，组织领导国语研究会的系列活动

1913 年，读音统一会闭会之后，教育部因政局变动，总次长都换了人，读音统一会的成果就被搁置在文书柜里，任鼠咬虫伤，没有人过问。一年后，在京会员王璞等 25 人组织成立"读音统一期成会"，并于 1915 年 1 月呈请教育部"即将公制之注音字母推行全国"。可是当时的教育部热情不

高，总在踢皮球。后来，王璞等第二次陈请，并报由会员捐资在京兆创立注音字母传习所。此时，张一麐开始执掌教育部（任职时间 1915 年 10 月 5 日至 1916 年 4 月 23 日），他针对王璞等人陈情书，批示："将来普及教育非有简易之教法，以省儿童之宝贵光阴，恐难为力。据陈捐资先在京兆创立注音字母传习所，具见热心，应准先行试办，仰即将组织办法拟就禀部核夺可也。"（黎锦熙《国语学讲义》下篇，商务印书馆，1919 年，第 21 页）

张一麐不仅允许王璞在京兆试办注音字母传习所，而且遂月捐俸银 200 元为经费，并于 12 月呈请大总统袁世凯批准立案，呈中言：

> 俟传习数月后，先就京城未入校之学龄儿童及失学贫民之年长者，每一学区，饬学务局会同警察厅匀配地点，多设半日学校，露天学校，强迫入学，专习此项字母，一面印成书报，令所有语言，均可以此项文字达之。此次推诸近畿各属；并咨行各省，酌派师范生到京练习。借语言以改造文字，即借文字以统一语言，期以十年，当有普及之望。

该陈请还没有得到批准，云南独立，帝制派急于在 1916 年 1 月改元洪宪以应之，人们的注意力集中到时局上，便没有人关注注音字母的事情了。

1916 年，蔡元培与共同主张"言文一致""国语统一"的张一麐、吴稚晖、黎锦熙等共同发起组织成立中华民国国语研究会。1917 年 2 月在北京召开第一次大会。会议选举蔡元培为正会长，张一麐为副会长。会上议定了《中华民国国语研究会暂定章程》九条：

一、定名：中华民国国语研究会

二、宗旨：研究本国语言，选定标准，以备教育界之采用。

三、会所：设于北京（暂借北半截胡同旅京江苏学校为事务所）。

四、会员：凡赞成本会宗旨者，由本会会员介绍，得为本会会员。

五、职员：设会长一人，副会长一人，干事若干人，评议员若干人，由会员互举之。

六、会务：（甲）调查各省区方言；（乙）选定标准语；（丙）编辑语法辞典等；（丁）用标准语编辑国民学校教科书及参考书；（戊）编辑《国语杂志》。

七、会期：每年开大会二次，如有特别事故，得开临时会。

八、会费：本会开办经费暂由发起人担任之，常年经费以会员担任之（每人年缴会费二元）。

九、附则：以上简章，得于大会时以多数会员之同意修改之。

"暂定简章"后附《征求会员书》：

中华民国国语研究会征求会员书

同一领土之语言皆国语也。然有无量数之国语较之统一之国语，孰便？则必曰统一为便；鄙俗不堪书写之语言，较之明白近文，字字可写之语言，孰便？则必曰近文可写者为便。然则，语言之必须统一，统一之必须近文，断然无疑矣。

虑之者有二说焉：甲说曰，我国既有无量数之语言，各安其习，谁肯服从，将以何地之语言统一之？乙说曰，数千年之积习，数亿万之人口，数亿万之面积，欲求统一，能乎？不能！今试为分解之。

甲说，谓各安其习者，未生不便之感觉也。吾人之始离乡里也，应对周旋一切不便，及其既久，不知不觉而变其乡音，其变也，但求便利，（故）无所（谓）容其，自是，亦无所谓服从；况统一之义，当各采其地之明白易晓近文可写者，定为标准，互相变化择善而从，删其小异，趋于大同，（故）初非指定一处之语言，而强其他之语言服从之也。

至（于）乙说所虑，谓之为难，可也，谓之为不能，不可也。夫语言本古今递变（顾亭林说），今日各地之方言，已非昔日各地之方言，具有明征。（春秋吴越语，今苏杭人不解；《红楼梦》之京话与今之京话多不同；苏州白话小说及传奇中之苏白，大异于今苏语；其他古今白话不同之证，甚多。）但其变也无轨道可寻，则各变其所变。使立定国语之名义，刊行国语之书籍，设一轨道而导之，自然渐趋于统一，不过迟速之别而已。

沈约四声韵谱，当时本多反对，及其韵书流行，虽日本朝鲜同文之国，亦归一致。然则，苟有轨道可循，无用虑区域之广、人口之多也；由此言之，不必虑统一之难，当先虑统一之无其术与具耳，同人等有见于此，思欲达统一国语之目的，先从创造统一之方术与夫统一之器具，为入手方法。惟志宏才薄，不克成此大业，爰设此会，冀欲招集同志，共襄此举，四方君子幸赞助焉！此启。

（发起人名单，略）

——录自《新青年》第 3 卷第 1 号

《征求会员书》其实也是一篇论证十分有力的论文，——破除区域之广、人口之多而带来的方言之杂，汉语难以统一的种种说法，强调"语言本古今递变（顾亭林说）"，"使立定国语之名义，刊行国语之书籍，设一轨道而导之，自然渐趋于统一，不过迟速之别而已"，态度十分坚定。《征求会员书》后列举 85 位发起人，遍及中国 15 个省。

研究会的任务是：（1）调查各省方言；（2）选定标准语；（3）编辑标准语的语法词典；（4）用标准语编辑国民学校教科书及参考书；（5）编辑国语刊物。国语研究会拟定了《国语研究调查之进行计划书》，详尽地规定了音韵、词类、语法三个方面的调查研究计划。

中华民国国语统一研究会成立于 1916 年，至 1926 年正好 10 周年。1926 年 1 月 1 日，在北京中央公园举行国语研究会 10 周年纪念会，同时举行全国国语运动大会。大会的纪念歌如下：

（其一）

十年的国语运动，

到今日才算成功。

今日的太阳升自东，

照着国音字母一片红。

瞎子的眼睛光明了，

聋子的耳朵也不再聋。

我们的国语宣传到民众，

十年的运动今日才算成功。

（其二）

十年的国语运动，

到今日还不算成功。

今日的太阳慢慢的升，

望着那国音字母淡淡的红，

快撞起那报晓的钟！

快唤醒那沉酣的梦！

我们的国语普及到民众，

十年的运动那才算成功！

这个时候，实际上南方已经渐入混乱时期，北方也进入混乱兼黑暗时期。这次国语运动大会，虽然全国各都市以及日本、南洋各地华侨的国语界努力举行，同唱了这个聊以自慰的歌，但是实际上已经进入"回光返照"阶段了。（黎锦熙，《国语运动史纲》，191页）

十年内，蔡元培、张一麐等领导的国语统一研究会为国语运动开展了系列的工作，作出了卓越的贡献。

二、张一麐的国语教育观

张一麐在 1919 年发表于《新教育》的《我之国语教育观》一文，阐明了自己的国语教育观。他说：

> 鄙人对于国语教育的意见，是把国语教育认作一种慈善的事业。随便哪一省的话，都可以用这种字母写在纸上。不到一个月，向来不认得字的人，可以把这种字母写信给人家，可以不用什么教育费。若是将来做成一种教科书，推广到全国，那么我国 1000 人中的 993 个不识字的半聋半瞎半哑半呆等同胞，仿佛添了一种利器，叫他们天生的五官本能完全发达，那不是一种最大的慈善事业么？我们已经懂汉文的人虽然不必把这种字母去代替那已经懂得的文字，难道不准那些不识字的人另外用一种可以替代说话的东西？难道聋子、瞎子、哑子不准他有一种盲哑学校么？以上所说的注音字母的绝大用处。（陈学恂《中国近代教育史教学参考资料》中册，人民教育出版社，1987 年，第 437 页）

由此可见，张一麐的教育思想是积极的、先进的，具有普度众生的理想和悲天悯人的情怀，这样的教育家一旦有机会当上教育行政部门领导，自然就会为天下苍生的教育考虑了。所以他无论是当上教育总长抑或是当上国语统一筹备会会长，都一如既往积极支持国语运动，推行国语。

三、成立国语统一筹备会，担任会长组织领导国语统一筹备会系列活动

在国语研究会的推动下，1919 年 4 月 21 日，北洋政府教育部成立国语

统一筹备会，负责办理有关推行国语的行政方面的事务。教育部指定张一麐为会长，袁希涛、吴稚晖为副会长。会员先后有172人。国语统一筹备会下设汉字省体委员会、国语罗马字拼音研究委员会、审音委员会、国语辞典委员会和国语词典编纂处等机构。

张一麐担任国语统一筹备会会长期间，统一筹备会开展了一系列的工作。主要有：（1）修订注音字母。1918年注音字母公布后，国语统一筹备会对注音字母进行了几次大的修正。（2）修改国音标准，由"老国音"改变为"新国音"。（3）改学校国文科为国语科。（4）组织国语罗马字拼音研究委员会，制定国语罗马字拼音法式。（5）出版大量国语书刊，出版《国语月刊》《国语周刊》等。（6）成立国语辞典委员会，主持国语辞典的编纂工作。1926年以后，由于时局变动，国语运动进入低潮。1927年，教育部决定保留国语统一筹备会的名义，但是停止经费。国语统一筹备会的活动告一段落。

张一麐作为国语统一筹备会的会长，虽然不可能事必躬亲，但作为领导，在他任职内也的确做了大量卓有成效的工作，为国语运动作出了巨大贡献。

我们再以张一麐为推动教育部进一步改国文科为国语科致信教育部为例，就可以看出张一麐为国语运动尽心尽力的精神。

国语统一筹备会会长张一麐给教育部的信

总次长：

从民国九年大部颁布命令，令国民学校的国文科改为国语科，并且陆续审定国语教科书，而将原来的国民学校的国文教科书分期废止，一时各省区的国民学校遵令改授国语的不在少数；就是一时不曾改的，也不过因为师资缺乏的缘故，断没有昌言反对的，更没有既授国语仍旧改授国文的。不料近一年来据本会所闻所见，颇有倒行逆施、复其故辙的现象：不但普通社会对于国语教育有不信任的表示，就是教育界中号称明达之士也不免忘记非议；不但社会方面对于国语教育有所诋毁，就是官厅方面也公然明令禁止。据他们所主张的理由，不出以下四点：

（甲）"言之无文，行之不远"；语体文采俚词俗语入文，不及文言文之能行远。

（乙）文言文简而能赅，非语体文所能及。

（丙）古书记载概用文言，学者只习语体文，将不能应用于现在的社会。

（丁）现在社会通行的还都是文言文，学者学习语体文，将不能应用于现在的社会。

以上四条所举，未尝没有片面的理由。可是初级小学校（旧制的国民学校）的教育，是最初级最短期的国民教育，照现行的制度既然定为义务教育，那么全中华民国的国民无论哪一等人，也不问他们的家世怎样，环境怎样，都应该普遍地受着这教育才对。换一句话说：如果教育普及，毕业于初级小学校，便是全国人最低的程度，他们大多数占着社会中劳动者的位置，如种田的、做工的以及脚夫、雇役之类，他们识文字的目的，不过写信记账，高一点也不过读些白话的平民文学书。与其叫他们耗费多量的时间去学习繁难的文言文，何如叫他们用最经济的时间去学便易的语体文呢？他们本来不希望行远，所以甲项反对理由绝不能成立。他们对于文字只希望容易学习，时间既省，效果易收，决没有许多空闲的时间用来消耗在难学的文言文上；且日常应用的文字，只求直而易达，何必"简而能赅"！何况这"简而能赅"的效果，简直就是他们收不到的呢？那么乙项反对的理由自然也不能成立。至于研读古书，本来就不是初级小学生所能胜任愉快的，也不是仅受初级小学教育的所急需而必要的一件事；由高小而初中，而高中，而大学，将来研读古书的口了正长呢。所以丙项反对的理由更是不能成立。只有丁项理由，似乎最容易动听，可是他们所指的"社会"的范围，也应该加以考虑。那仅仅毕业于初级小学而不能升学的，既然占着全国人的大多数，必得他们能互相了解的文字，才可算得通行无碍的文字；现在官厅文告，要这多数人明白，也常常采用语体文，可见持丁说的，只看见号称上流社会、号称文人学士的一部分，将全国大多数同胞们一概抹煞，以小贼大，以偏例全，这种谬误的见解，怎能得事实的真相呢？

在这多数的初级小学生中，固然有一部分人的学业不能就此而止，他们靠着父兄的庇荫，没有生计的压迫，从高级小学而两级中学而大学，既有语体文做了基础，进习较为难学的文言文，尽有宽裕的时间，并且合于历阶而升的程序；或者他们的父兄以为这还不足以保持士大夫的身份，国中不少文人学士，尽可以专聘作家庭教师，贯彻他们那种绅士式的教育宗旨。国家兴办教育，纵然不能替这少数人作这样的打算，却也绝不干涉者少数人的自由行动。

至于语体文与文言文在学习上难易之比较，在不曾仔细考究的人，或者还有"互有短长"的误解。可是就理论上说：文言文用笔代舌，即语译文，有两个转折；语体文笔之所写，就是口之所说，不过一个转折：孰难孰易，不待繁言。况且就事实上来说：近几年来，各国民学校自从改国文为国语后，一般明白的教员都说，儿童学习语体文，比较从前的文言文是事半功倍。只有那国语技术不很娴熟的教员，不能不颠倒是非，说国语不如国文容易学习。从前国民学校的毕业生受了四年的文言文教育，还多数不能写一封浅明的信，读一篇通俗的文，就是因为受着文言文不容易学习的影响。语体文既然容易学习，多数儿童都能在短时间内习得阅读写作的技能，初小二三年级的学生，写信记事，常至数千百言，居然无不达之意，无不尽之情；明效大验，彰彰在人耳目。然而竟还有人任情反对，不顾事实；假使听凭他去，那盲从者推波助澜，或者要使国语教育根本动摇，那么我国教育的现状，或者竟退步到二十年前的旧状；不但从"读音统一会"以来多数专门学者研讨之心力尽付东流，就是全国稍得一线光明之儿童，将重坠于黑暗的深渊，岂不可叹可怕！

本会根据上述种种理由，以为如果为政期于实行，那么在“图始”之际，就应该坚持到底，以达到“乐成”的究竟。教育是国民所寄托，文字不是涂附的工具，所以国民学校改国文为国语，既然由大部订作成规，而一般人还不能了解其用意，便不妨再三申令，使各方面都晓然于此令之不可动摇，才可以减少阻力，容易推行。况且近几年来，内受学制变更之影响，使怀疑者意存观望；外受政令不统一之影响，使不肖者得便私图：不知道底细的，或反以“暮四朝三”、“狐埋狐搰（hú）”为归罪大部之口头语。窃意大部趁这百度更新的机会，将民国九年国民学校改国文作国语的法令重行申明，并命令初级小学校绝对禁用国文教科书，如此则视听划一，歧趋自然没有了，一般的谬论也自然而然的消失了。这确是立国的根本大计，就请鉴核裁夺施行！

国语统一筹备会会长　张一麐

一四，二，四

教育部收到张一麐的函件之后向全国发出一道公文，全文如下：

……据“国语统一筹备会”函请将民国九年国民学校改国文为国语之法令重行申明，并禁用初级小学国文教科书等语前来：查国民学校国文科改授国语，早经咨令行在案。兹据该会函陈各节，自应重行申明：凡初级小学应一律用国语教科书教授，俾国语教育不至中阻，合行抄同原函（咨请贵署，令仰该厅）转令遵办……

于是各“署”“厅”把这道公文转令各校执行。

可以说，没有张一麐不遗余力的推动，没有张一麐在筹备会担任会长，这个"国文"科改"国语"科肯定没有这么彻底。因为当时阻力确实很大。

对于教育部张一麐这个举动，胡适后来在《国语讲习所同学录》序中说了一段话，可以看出国文改国语政策颁布的难度和意义。

> ……这个命令是几十年来第一件大事。他的影响和结果，我们现在很难预先计算。但我们可以说：这一道命令，把中国教育的革新，至少提前了二十年。

同样，由"数人会"组织起草的《国语罗马字拼音法式》在1923年国语统一筹备会第五次大会上通过，并致函教育部请即公布。但是当时教育局总长任可澄并没有同意。国语统一筹备会只有准照部中编审处布告审定图书之例，先行公布，其文如下：

教育部国语统一筹备会布告

本会于民国十二年开第五次大会时，据中华教育改进社函送国语字母组议决案一件，大意称本社为促进国语教育，增加国际谅解，以适应时代需求计，承认国语拼音用罗马字母之便利与必要，应取外人在华及本国学者所制定之各种拼音制度比较审查，采取众长，融合为一种罗马字母拼音标准制，呈请教育部公布，与注音字母同时推行等因。比经大会议决：照章组织罗马字母拼音研究委员会，详加研讨。

该委员会成立至今，已愈两载，其间搜罗材料，调查实况，凡现行之缺点，新定制之较量，专家意见，则广事征求，国外学者，亦通函讨论，计开会二十余次，参稽试验，稿凡九易，乃于本年九月十四日召集全体委员，正式通过。先将重要各表稍缀注释，约举条例，印成《国语罗马字拼音法式》一小册。

查罗马字母比照华音，始于明末；如万历间西洋教士金尼阁即著有《西儒耳目资》一书，《四库》著录，已存其目。其后二百年间，闭关为治，此种需要，不逮曩时。鸦片战后，海禁大开，迄于今兹，交通日密，税关、邮局、公牍、报章、人名、地名必经西译，于是留华西人竞事规定，华音字典层出不穷，然其拼切法式迄未划一，其流行较广者，惟前驻华英使威妥玛（T·F·Wade）氏所定之威氏式（Wade's system）及今邮电所用之邮电式（Postal system），汇编词书，各成巨制，而学校、教会、铁路、报章，仍多自为风气。夫本国方音，随地而异，故香港译成 {Hong kong}（读若烘共），周姓歧作 Chow（读若抽）Tseu（读若趋），此则或因习惯已久，或缘国语未通，果能标准国音，自可归于一致。

惟字母拼切根本法式，若复彼此殊术，益以为术至疏，似今情形，良多流弊，例如四声界限不明，则山西与陕西莫辨；平声阴阳相混，则唐山与汤山无殊；以 l（音勒）拼 i（音衣），黎李可成同姓，将 ang（音肮）缀 ch（音齿），昌章竟是一名；威妥玛诸人亦感及此，故或加符号以辨发音，或用数码以表声调；然书写既苦繁芜，印刷尤多障碍。至近人新制诸案，则多利用二十六字母中之不常用者，或参入国际音标，以资识别；然其不便，与前相等，而音节间横出异文，耳目俱困，尤难适用。

迩来东西文化，互为灌输，西文著述，称名逾广，人地而外，专名术语，亦多音译，则此事之关系重要，又不但日常生活，国际交通诸事而已。

且罗马字母，世界通用，辨认拼切，已成国民常识之一。自注音字母公布以来，全国小学固已通行，而略识西文之中流人士，与中等以上学生，以及通都大邑服务工商各界者，则多未免倦于补习；诚得国定之国语罗马字母之对照而为其别体，则借所素习之工具，进而研习国音，可以不学而能，有无师自通之乐。是于国语统一前途，尤多裨益。

本会既以大会郑重之议决，复经委员会两年来努力之研讨，根据学理，斟酌事实，定此国语罗马字拼音法式，与注音字母两两对照，以为国音推行之助。此后增修《国音字典》，即依校订之国语标准音拼成罗马字，添记于注音字母之后，教育、交通、工商各界，如遇需用罗马字时，即以此种拼音法式为标准，以照划一而便通行。特此布告。

中华民国十五年十一月九日

教育部国语统一筹备会

这是国语统一筹备第一次公布《国语罗马字拼音法式》，两年后即1928年9月26日，中华民国大学院即教育部再次公布《国语罗马字拼音法式》，这次是以官方名义公布的，算是国语统一筹备会"国语罗马字拼音委员会"的工作得到了教育部的承认。

四、担任国语统一筹备委员会委员，履行委员职责

1928年，国语统一筹备会改组为国语统一筹备委员会，制定《规程》十一条。教育部聘定蔡元培、张一麐、吴稚晖等31人为委员。聘请吴稚晖为会长，钱玄同、黎锦熙、陈懋治、汪怡、白涤洲、魏建功为常务委员，又约请赵元任、萧家霖加入常委，制定《章程》五条。从此以后，张一麐开始履行国语统一筹备委员会委员的职责，继续为国语运动作出自己的贡献。国语统一筹备委员会所做的主要工作有：（1）1928年将国语辞典编纂处改名为中国大辞典编纂处，下设搜集、调查、整理、纂著、统计五个部，分头开展工作；（2）1932年公布《国音常用字汇》；（3）推行国语罗马字；（4）开展国音字母讲习所的培训，传授国音字母；（5）编辑《国语周刊》等国语刊物；（6）宣传国音字母表；（7）调查，开展三个方面的调查：一是国语史料的调查、征集、整理、陈列、统计、表彰等；二是方言调查，制订了调查计划；三是普通教育的调查包括学校教育和民众教育。

　　张一麐作为一名政府官员，参加到国语运动的活动中来，为国语运动成果的取得奠定了较好的基础。如果没有政府的支持，国语运动很难取得理想的效果。虽然在撰写国语运动史的材料中，张一麐没有作为非常重要的人物来表达，但是，客观说来，作为当时教育部领导，张一麐为国语运动作出了不可磨灭的贡献。

第十三章
首提"普通话"的
中国文字改革先驱
——苏州昆山人朱文熊

朱文熊（1883—1961），字造五，又字兆弧。江苏昆山陈墓镇人。清光绪九年（癸未）正月初五日出生于昆山县陈墓（今锦溪）镇众安桥东塊朱氏老宅，乳名杏生。朱氏乃镇上名门望族。朱氏迁昆始祖朱常复，元至正中由安徽迁居昆山之南乡朱典港。

朱氏门庭乃镇上一书香大家，族中历代人才辈出。族兄朱文焯（儒藻）早年留学日本。堂弟朱文鑫（贡三）早年赴美留学，两位都参加过同盟会。其祖姑母是清末著名学者、思想家王韬的母亲。表兄王韬18岁科举失意，来到锦溪镇外婆家设馆授徒，这是他走出家门人生的第一份职业，从锦溪镇开始。王韬曾先后5次来到这个风景如画的千年水乡古镇，并留下了许多不朽的诗篇、文章。

少年朱文熊，得渊源家学，博览经史，既勤奋好学，又善于思考。除了自学国文外，自己到苏州去买了几本算学《华蘅芳学算笔谈》《笔算数学》《代数备旨》，《形学备旨》等书籍在家刻苦自学。清光绪二十八年（1902）19岁，应乡试参加昆山府学李宗师（名殿林字荫墀）科试，考题名为"鲁欲使乐正子为政义，明王立政不惟其官惟其人义"。在昆学16名考生中取得第二名秀才。同年又考入清末被称为新学的苏州府中学堂（中西学堂），成绩特优，他曾在后来著书的序言中写道："……鄙人心爱数学，兼程而进，不到一年功夫，升到头班；高兴得不得了，多谢大多数同学兄弟，都看得起鄙人，国文先生章式之先生也循循善诱，竭力勖勉……"他在学习期间时常受到数学老师张剑虹（扬州人），国文老师章式之的表彰。清光绪三十年（1904）经江苏巡抚端午桥选考出洋留学，8月官费派送东渡日本。先入弘文学院学习日语，后又入东京高等师范学校攻读物理、化学。其间与周树人（鲁迅）、杨昌济、许寿裳、陈衡恪等为同窗好友。

清宣统二年（1910），朱文熊于东京高等师范学校毕业回国。参加保和殿殿试，授学部七品小京官（赐洋举人）。农历五月初四日，宣统皇帝接见朱文熊等参加保和殿御试留学生。后赴吉林省任教，翌年9月13日，被聘为吉林省两级师范学堂优级选科理化班主任教员。1912年5月17日，被吉林教育学总会会长赵铭新，副会长孙树棠聘为吉林教育学会会员。（民国二年）1913年4月16日，被吉林省立法政专门学校聘任，主讲英文论理课。同年7月赴京，应聘于北京高等师范学校任教。1914年6月起任北洋政府教育部编审员，与鲁迅等83人同为"通俗教育研究会会员"（合影今存）。1917年1月31日，被教育总长范源廉委任为京师图书馆主任（聘书今存）。1919年，被教育部部长蒋梦麟聘为"国语统一筹备委员会"委员（聘书今存）同时受聘的还有蔡元培、胡适之、林语堂、钱玄同等人。1920年6月9日，教育部次长代理傅嶽棻派为义务教育研究会会员。

1919年4月，朱文熊在国语统一筹备会第一次大会上，提出《拟请教育部推行国语教育办法五条案》，主张推行国语教育，培养师资，逐步改学校国文为国语，其他各学科也采用国语作文。1922年，国语统一筹备委员会第四次大会上成立"汉字省体委员会"，朱文熊为委员。1923年，国语统一筹备委员会第五次大会组织"国语罗马字拼音研究委员会"，朱文熊被指定为委员。1923年12月7日，教育总长黄郛颁教育部一三二号令，派任朱文熊为图书审定处常任审定员。1925年10月23日，被教育总长章士钊指定为图书审定委员会专任委员。其间他在北京教育部审查了15年的教科书。1928年，继任"国语筹备会"委员。1929年9月5日，被国立北平师范大学张贻惠校长聘为斋务课课长，同时在北平大学附属女子中学任国文教员。

朱文熊毕生致力于教育工作，博学多才。除文字改革方面论著外，他在古诗方面的造诣很深，撰有《龙潭轩诗集》12卷（未刊手稿写本）。对数学也颇有研究，尤其精通几何。1932年9月31日起，他在北京辟才胡同头条二号寓所，开始编写数十万字的《三 s 平面几何学习题详解》，1933年5月21日在苏州颜家巷寓所完成，历时9个月时间，分上、下册（1130页），1934年7月起由中华书局出版发行（历数年曾数十次再版）。该书题解详尽，分析透辟，在当时流传很广，是一部不可多得的好教材。中华人民共和国成立后，该书又在香港多次再版发行。

回到苏州后，朱文熊先后在浙江省立高级工农业职业学校、苏州美术专科学校、苏州私立慧灵女子中学以及故乡陈墓镇昆山县私立槃亭初级中学任教。1949年起因病退职并定居苏州颜家巷6号。1952年起复出，重新担任苏州私立寰成中学几何、化学、外语教师。1954年后全身隐退在家。

纵观朱文熊的一生，其最突出的贡献还是在文字改革方面。早在清光绪三十二年（1906），他在日本留学时就利用课余时间刻苦钻研5个月，设计出用拉丁字母来改造汉字的方案，编写了《江苏新字母》一书，用当时翻译《英汉词典》的稿费于同年7月由日本同文印刷舍出版（印了1300多本，在上海普及书局和东京留学生会馆寄售）。他在书中指出：

> 我国言与文相离，故教育不能普及，而国不能强盛，泰西各国，言文相合，故其文化之发达也易，日本以假名书俗语于书籍报章，故教育亦普及。而近更注意于言文一致，甚而有创废汉字及假名而用罗马拼音之议者，举国学者，如醉如狂。以研究语言文字之改良，不遗余力，余受此激刺，不觉将数年来国文改良之思想，复萌於今日矣，呜呼！余读上海沈君之切音新字，形式离奇，难于识别，官话字母，取法假名，符号实多，余以为与其造世界未有之新字，不如采用世界所通行之字母，用是采取欧文，

或仍其旧音，或变其渎法又添造六字以补其不足，凡字母 32 字，变音二字，双声 11 字，熟音九字，变音以点为符，双声合两元音而成一音，熟音合两仆音而成一音，上考等韵，下据反切，旁用罗马及英文併法，以成一种文字，将以供我国通俗文字之用，而先试之于江苏，命曰江苏新字母，而所注国字，暂以苏音为准，曰江苏新字母者，乃就其一端而言之，其实各省音及北京音均能拼切，但略加其音调高低缓急之号可矣，余学普通话（各省通行之话）虽不甚悉，然余学此时所发之音，及余所闻各省人之发音，此字母均能拼之，无不肖者，即就我江苏论之，人口千四百万中能读国文者几人乎，虽无确实之调查，而吾知其为少数也审矣，今余于课余研究此字，已五阅月，规则略备，以供国民之用，非欲尽弃国文也。使不能读国文者，读此文字，则亦可写信记账，而涨知识，又读此文子而后再读国文，则亦易为力矣，凡学此者，如已读过西文之人，则五分钟可悉，一点钟可竟，一日可娴熟，二日可应用，已通国文而知苏音者，一点钟可悉，一星期可应用，不识字者，必有人教之而后知，虽为愚者，经一月之练习，无不能书其言语思想于纸矣。

他联系汉字的历史，认为自古以来"由大篆而小篆，由小篆而隶书，而草书、楷书，古人就是不断简化文字的"。他敢于破除"汉字天经地义，不能改变"的陈见，认识到文字改革是"世界潮流势不可遏"。当时以南劳（乃宣）北王（照）为代表的切音字运动声势浩大，取得了不少成绩。汉字本身的繁难，中外文字改革潮流的鼓舞，激发了朱文熊致力于汉字改革的热情。朱文熊同其他早期文字改革工作者一样，始终把汉字改革、教育普及与国家强盛联系在一起。他说："我国言与文相离，故教育不能普及，而国不能强盛，泰西各国，言文相合，故其文化之发达也易……"

他比较了同时代的几种汉语拼音方案，一方面对这些方案"叹美而称羡"，同时也发现其中的缺点："顾切音新字，形式离奇，难于识别；官话字母，取法假名，符号实多"，认为"什么工具，什么符号便利，就用什么，毫无固执的必要"。他响亮地提出："余以为与其造世界未有之新字，不如采用世界所通用之字母"的主张。如：在拼音制度上实行音素制；在书写方法上，大部多音节调的各个音节已经连写。在 100 多年前他敢于提出这个主张，具有划时代的意义。

《江苏新字母》主张用一种"言文一致"的以拉丁字母排音的"新文字"来实现"中国文字之改革"，并在书中首创了"普通话"一词，定义为"各省通用之话"。朱文熊因此成为我国文字改革运动史上自觉采用拉丁化拼音字母的第一人。他的进步主张和卓越见解对我国的文字改革起到了一定的倡导作用。然而在旧社会由于诸多历史原因，"汉语拼音"和"普通话"一直没有得到推广。

中华人民共和国成立后，中央政府十分重视文字改革工作。1955 年 10 月，教育部和中国文字改革委员会在北京联合举行全国文字改革会议，会议决定用"普通话"代替"国语"。1956 年 1 月 20 日，中央召开知识分子问题会议，会上中国文字改革委员会主任吴玉章作了关于文字改革工作的发言后，毛泽东突然接过话头："我很赞成将来采用拉丁字母，你们赞成不赞成呀？我看，在广大群众里头问题不大。在知识分子里头，有一些问题，中国怎么能用外国字母呢？但是，看起来还是采用外国字母比较好……因为这字母很少，只有 20 多个，向一面写，简单明了……凡是外国的好东西，我们有用的东西，我们就要学，就是要统统拿过来学，并且加以消化变成自己的东西。"1956 年 2 月，国务院发布了《关于推广普通话的指示》。

朱文熊的《江苏新字母》终于由文字改革出版社于 1957 年 1 月影印出版并编入《拼音文字史料丛书》。1958 年 2 月，第一届全国人民代表大会第五次会议正式批准公布了《汉语拼音方案》。吴玉章在《六十年来中国人民创造汉字拼音字母的总结》报告中，充分肯定了朱文熊在我国汉语拼音的发展中所起的重大作用，并于翌年 5 月 14 日亲笔致函朱文熊："数十年来就致力于中国文字改革工作，60 年前就创造了《江苏新字母》，对于文字改革工作付出了艰苦的劳动，自从《汉语拼音方案》经全国人民代表大会批准后，可以说你的愿望开始实现了，我想你和我一样的高兴。"对朱文熊的成就给予了高度评价。

朱文熊诗作"汉语拼音赞"：

仓颉创文字，自右上下行。六书演其变，八法传其情。形声两相益，音义两相衡。自来有分类，规矩昔相承。祖国古文化，历由汉字掌。纵具千般好，惜难学而精。

西文异此道，从左右行横。字母廿几个，多同取拉丁。独此拼音胜，始终用谐声。言文合一致，声入心通明。易学并易晓，科技赖飞腾。欲争现代化，文改岂能轻！

双腿便走路，缺一难于行。拼音扬汉语，遗粹汉字赓。鲜鱼与熊掌，兼得美其成。文改促科技，捷攀高峰登。

清末切音字运动的拉丁字母式方案是第一批由中国人自己创造的拉丁字母拼音方案。在理论上和技术上为"五四"以后的拉丁化拼音运动提供了经验。第一个音素制的拉丁化拼音方案是1906年朱文熊的《江苏新字母》。它只用26个拉丁字母和5个倒放的字母、一个横放的字母，不用其他自创的字母。朱文熊提出"与其造世界未有之新字，不如采用世界通行之字母"的观点，成为后来拉丁化拼音运动的一个重要原则。他最早提出"新文字"和"中国文字之改革"的概念，也是最早提出"普通话"（"各省通行之话"）的人。

（本文作者为江苏省昆山市锦溪镇杰出人物馆馆长陆宜泰先生）

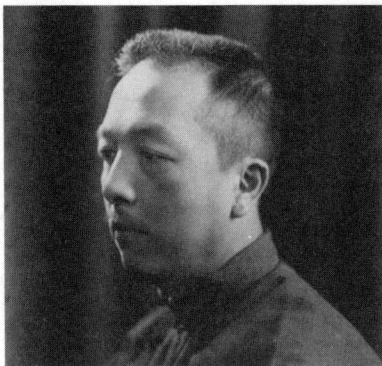

第十四章
我国实验语音学的奠基者
新文化运动"四台柱"之一
——江阴人刘半农

刘半农（1891—1934），江苏江阴人，我国现代著名的文学家、翻译家、诗人、教育家和语音实验科学家，我国实验语音学的奠基人，他与陈独秀、胡适、钱玄同齐名，是五四新文化运动的"四台柱"之一。

一、浮生匆匆

刘半农，1891 年 5 月 29 日出生于江阴城西横街清贫的知识分子家庭，1934 年 7 月 14 日因病去世，年仅 43 岁。他的一生虽然短暂，却极为传奇。刘半农不仅是我国著名的文学家、语言学家和教育家，也是五四新文化运动的发起者之一，同时，他也是我国摄影理论奠基人，其《半农谈影》是中国第一部探讨摄影艺术的著作。其《汉语字声实验录》曾荣获法国康士坦丁·伏尔内语言学专奖，是我国第一个获此国际大奖的语言学家。其诗《教我如何不想她》被认为是中国第一首现代爱情诗，后经赵元任谱曲，广为流传，传唱至今。

刘半农自幼天资聪颖，6 岁入读私塾，能吟诗作对，11 岁入读于江阴最早由其父亲创办的翰墨林小学。17岁以江阴第一的优异成绩考入由八县联办的常州府中学堂，是一位早慧的江阴才子。在常州府学堂还差一年就毕业时，刘半农却离开家乡到外地发展。1911年，刘半农为了投奔讨清义军，连续三天绝食，不言语，甚至晚上躺在院里晒酱台上，坚决不肯回屋睡觉，最终说服了父亲和妻子，参加了辛亥革命。1912年后，21岁的刘半农赴上海独立谋生，当过编辑、演员，生活十分困难。这段时间，他开始进行文学创作，以向鸳鸯蝴蝶派报刊投稿为生。凭借一定的文学功底，再加上勤奋和才情，刘半农很快成为上海滩文坛新秀，5年间发表了40多篇小说，拥有了一批粉丝。1917年后，刘半农毅然摈弃了昔日的创作风格，开始投入到新文学的创作中，为中国新文化运动的兴起起到了推波助澜的作用。1920年，为了中国新文学的发展，刘半农不顾亲友的反对、他人的质疑，毅然留学欧洲，并且在国外留学期间舍弃了挚爱的文学，专门从事语言音韵的研究，从此走上了实验语音学的道路。5年留洋生涯结束后，刘半农重返北京大学任教，开设语音学专业课，研究实验语音仪器，创办语音实验室，等等，这一切对中国实验语音学的发展起到了奠基作用。

刘半农生活在中国大地风云变幻的时代，当中国处于新旧民主主义革命转折的关键时刻，刘半农毅然投身到革命洪流中，发起了五四新文化运动，并以自己的努力参与到文学改革中去。他是诗人，是学者，更是战士。刘半农短暂的一生几乎都贡献给了中国的文学和语言学，然而，他在逝世后却饱受非议。20世纪30年代中期，一些资产阶级文人说他是"复古的先贤"，"文化大革命"十年浩劫，他更被批为"半截子革命"的代表人物，陵墓被毁，碑石被砸，直至20世纪80年代初，还有人指责他是"思想日趋反动，奔走于权贵之门，热衷于当学者名流"。

二、文化先锋

（一）文学改革

1917 年，刘半农在《新青年》上发表《我之文学改良观》一文，这是一篇向旧文学宣战的檄文。在文中，他从文学内容到形式上的革新都提出了许多深刻的建议。首先提出"破坏旧韵，重造新韵"和"增多诗体"，并首次提出了"无韵诗"的主张，提倡用白话写诗、做文章、文章分段及采用科学新式标点符号。他的文章使胡适、陈独秀等人提出的文学革命在理论上更加鲜明、系统和丰富，目标更加明确，在操作上更为具体，成为今天现代文学运动史研究中珍贵的历史文献。此后，刘半农又在《新青年》上发表《诗与小说精神上之革新》《应用文之教授》等文章，对文学革命从形式到内容都提出深刻见解，进一步壮大了文学革命的声威，轰动一时。后来，刘半农经陈独秀推荐，北大校长蔡元培向他发出了邀请，破格聘请他为北京大学预科国文教授。一个连中学都未毕业的 26 岁乡村青年，就这样跨入全国最高学府北京大学任教。他国学功底傲人，且又长于写作，阅读广泛，上课认真，深受学生喜爱，很快便在北大立足了。不久，人人都知道北大来了一个中学肄业的国文教授刘半农。

1917 年 10 月 16 日，刘半农致信钱玄同说："文学改良的话说，我们已锣鼓喧天的闹了一闹，若从此阴干，恐怕不但人家要说我们是程咬金的三大斧，便是自己问问自己，也有些说不过去罢！"于是他与钱玄同精心策划了一场"双簧"戏。由钱玄同托名"王敬轩"，写信给《新青年》编辑部，反对文学革命，为封建旧文学辩护。而后由刘半农以记者名义复信，以来信的 8 个部分为靶子，运用嬉笑怒骂的犀利笔锋，酣畅淋漓地逐条驳斥封建复古主义者的种种谬论。两封信 1918 年 3 月在《新青年》第四卷第三号上一经刊出，立刻引起社会轰动，有力地促进了新文化运动的开展。这场苦肉计奠定了刘半农在新文化运动中的地位，突出地展现了他的战斗精神和文学自觉意识。鲁迅高度赞扬："他跳出鸳鸯派，骂倒王敬轩，为一个'文学革命'阵中的战斗者。"这场由胡适、陈独秀、钱玄同与刘半农四人最先发起的文学革命，如果没有刘半农勇往直前的战斗精神，也许会被扼杀在摇篮里，不可能取得后来的胜利，中国现代文学史也将会改写。不过，如今心平气和地来阅读《复王敬轩书》，我们可以发现，文章除了基于文学革命的需求而对旧文学大张挞伐以外，他还提出了西方先进文化思潮及其语言科学，这恰恰隐含了他在新文化时代来临之际在语言学方面的自觉意识。

（二）文字改革

　　早期，中国汉字中代表阴性第三人称代词是"伊"字，并被广泛应用在诗词曲赋中。但"伊"字并不完美，因此，新文学家们想着要创造另外的字来替代。胡适便提出用"那个女人"。刘半农则认"那个女人"虽然意思是对的，不过语气的轻重、文句的巧拙，就有些区别了。1918 年 8 月 15 日，周作人在《新青年》第五卷第二号译文《改革》的《按语》中透露了刘半农想造一个"她"字的消息，立刻全国震惊，并遭到一些保守派的反对。一时间在上海的《时事新报》《新人》等杂志上发表了 10 余篇辩驳文章，闹得不可开交。1920 年 6 月 6 日，已身在伦敦的刘半农撰写了《"她"字问题》一文，发表在同年 8 月 9 日上海的《时事新报·学灯》副刊上，正式提出了发明"她"字的主张。他在文中指出："在已往的中国文字中，我可以说，这'她'字无存在之必要；因为前人做文章没有这个字，都在前后文用关照的功夫，使这个字的意义不至于误会。我们自然不必把古人已做的文章，代为一一改过。在今后的文字中，我就不敢说这'她'字绝对无用。至少至少，总能在翻译的文字中占到一个地位。"同年 9 月，刘半农在欧洲满怀深情地写下了《教我如何不想她》的长诗，随后经赵元任谱曲，广为流传，经久不衰。如今"她""它"二字已深入人心，沿用至今。

　　在北大任教期间，刘半农积极提倡文学作品的分段，句逗和新式际点。

今天看起来，提倡分段、句逗和新式标点，仿佛没有什么了不起，但在当时却引发了一场斗争，遭到封建文人的拼命反对和斥责。刘半农则针锋相对，进行批驳，据理力争，维护真理。最后刘半农、钱玄同等6人联名提出的"请颁行新式标点符号议案"由教育部批准，并于1920年2月2日通令全国各校采用。

作为语言学家的刘半农，最大的愿望是亲手编纂一部汉语工具书，他也曾为此事努力过。1917年，刘半农赴北大任教时，除了讲授诗与小说外，还担任文典编纂法和语典编纂法的教学任务。后来，他又选为教育部"国语统一筹备会"35名会员之一。他在拟定的《国语统一进行方法》案中郑重提出了编纂辞典的建议，并得到筹备会的认定和通过，此举开创了民国以后国家文化艺术机关建议修订字书的先声。从《国语统一进行方法》中可以看出刘半农虽然惯于小说写作，喜爱新文学，但他也擅长研究汉语语言。1920年1月，刘半农又被推选为"国语辞典委员会委员"。这一年，他将课堂讲义整合成了语言学著作《中国文法通论》由北大印行。这部著作代表了中国新一代学者对于汉语语言的开拓性研究，体现了现代文化建设的思路和理想。

刘半农主张汉字改革，认为汉字最终应走拼音化的道路。1925年，他发起成立"数人会"，经过22次讨论，拟定了《国语罗马字拼音法式》。刘半农在文学创作中深感中国汉字笔画烦琐，书写不便，竭力提倡简化字。为此，他与李家瑞专门编写了一本《宋元以来俗字谱》，使人们从中了解近千年间简化字的演变过程，此举对当今推广汉字简化的工作仍有参考价值。

三、留洋逐梦

1919年5月北京爆发了"五四运动"，刘半农以教授会总干事身份，为营救被捕的北大学生与教师奔走，但与此同时，他自己则筹备并准备赴欧学习事宜，12月他停开了所授北大二年级的文法课。刘半农这样做或许会给人造成误解，以为他从新文化运动中撤退，追求博士学位去了。"文化"不可能只是"运动"，新文化破坏了旧文化以后，更需要创新与建设，尤其当新文化是以"白话"作为发端时，如何建设中国的新汉语来代替旧汉语，才是新文化建设过程中的重中之重。

（一）处异乡忧故土

1920年年初，刘半农带着为民族振兴、国家强盛的远大抱负携妻女乘上日轮"贺茂丸"号远赴欧洲，开始了为期5年多的留学生涯。最初先到英国伦敦，刘半农就读于伦敦大学的大学院。刚到伦敦，安顿下来还不到一个月，他便匆匆致信蔡元培校长，在信中他详细说明了自己的留学计划——他将借助于伦敦大学语音实验室的实验条件来进行汉语语音的研究。1921年夏天，刘半农又举家迁往法国巴黎，入巴黎大学学习，拜入国际语音学协会创始人之一、法国语言学家P.Passy门下，专攻实验语音学，并于1925年通过论文答辩，获得了法国国家文学博士学位。在国外学习的日子里，虽身在异国他乡，但他心系正遭受苦难的祖国和战友们。到英国伦敦不久，他便寄了一张明信片给鲁迅，表示自己未曾忘记昔日的战斗友谊。尽管学业很紧张，生活很艰苦，常常为经济拮据发愁，但每想起美丽的家乡和受苦的乡民，他便彻夜难眠，所以在国外他先后创作了《牧羊儿的悲哀》《静》《饿》《奶娘》《一个小农家的暮》《稻棚》《回声》等诗篇，寄托自己萦怀不释的思乡之情。正是这份对祖国的深情，让他以新诗的形式创作出了《教我如何不想她》的长诗。

（二）弃文学专言语

远赴欧洲时，刘半农在文学上的造诣已十分深厚，他本想同时研究文学与语言学。不料一到国外，就立时觉得二者不可得兼，于是连忙把文学舍去，专重语言学。他之所以义无反顾地选择语言学研究，是因为他深感自己的祖国在这一学科的研究实在是太落后了！在一般语言学的研究上，往往只知其然而不知其所以然；在实验语音学的研究上，中国更是一张白纸，几乎还没有人涉足于这个领域。为彻底改变中国这种落后面貌，在留学的几年时间中，他把主要精力完全集中在实验语音学的研究上，致力于汉字声调的研究，对这一领域作了比较系统全面的考察和研究，深刻认识到了中国与外国的差距。留学期间，他测试了中国 12 种方言的四声，撰著了《四声实验录》。《四声实验录》的前身是《汉语字声实验录》，是刘半农在法国留学期间的博士论文。刘半农为此倾注了大量心血，由于设备较为初级，计算方法也比较原始，计算一个字音要两个半小时，整篇论文仅实验就花费了 30 个月。刘半农的《四声实验录》是国内最早出版的、用实验仪器研究汉语声调的专著，文中通过浪纹计得出了汉语声调曲线。该书指出：

> 这是一本否定四声存在的专著，是利用实验语音学的方法研究中国语言中"四声是什么"这一重要问题。先述声音高低、强弱、长短、音质四要素与声音变化的关系；次述所用实验方法及实验结果之如何处理；继列举北京、南京、武昌、长沙、成都、福州、广州等 12 种方言中四声之实验，并比较总括之以论定四声之特征；末述今日以前之四声论，以为历史之综合追溯，全书讲述别出心裁，以极浅近语言说明学理，并辅以表示声音现象之种种插图，使读者一目了然，是语文学者，语文教师，及研究诗歌、音乐者必需的用书。

刘半农在这本书中提出了四声和声音的强弱没有关系，和音质、长短有些关系，而决定四声的主要是音的高低。这种高低是复合音，是由此音移入彼音，移入时是滑的，而不是跳的。这一论断，科学地解决了四声是什么的问题。这部书是继周颙、沈约首创四声说 1500 年后出版的四声学术专著，书中首次提出了使用科学仪器和方法研究四声问题，其历史地位不言而喻。

四、归国筑梦

（一）实验语音学的奠基者

实验语音学属于语言学的一个重要分支，是一门自然科学和社会科学相结合的产物。早期又名仪器语音学，是用各种实验仪器来研究、分析语音的一门学科。传统的语言学家多凭口耳来模仿语音并依靠音标对语音进行描写。近代有了能研究言语生理状况的医学器械，以及能测量、分析言语声的物理仪器，人们把它们应用到语音研究上，揭示出许多前所未知的语音现象。这些现象又反过来丰富、修正了传统语音学的若干解释和理论，从而逐渐形成了一门专门学科——实验语音学。中国的语言学家最早在 20 世纪 30 年代使用实验分析法来研究汉语语音，主要研究人员有刘半农、赵元任等，而刘半农在实验语音学的研究过程中起到了奠基的作用。

1920 年，刘半农挈妇将雏前往英国伦敦开始留学生涯，后来又分别到法国巴黎和德国留学，主要研究实验语音学的问题，也解决了汉语四声的有关问题。

1925 年，刘半农带着《四声实验录》回国，同时带回了大量的语音实验仪器，为以后创建我国第一个语音实验室准备了物质条件。1926 年 9 月，刘半农复任北大教授，他的学术活动开始步入一个自觉的阶段。因为此时的刘半农不再以新文学战士面目出现，而是真正确定了研究汉语语言学的目标。

刘半农复任北大后的 10 月 18 日，在北大研究所国学门第三次恳亲会上，作了题为《我的求学经过及将来的工作》的演讲。他说，鱼和熊掌不可兼得，故舍去文学，改攻语音学，并且今后能进一步从事实验语音学研究。在重新任教期间，刘半农开设了语音学课，并在北京大学研究所国学门建立了语音乐律实验室，其实早在赴欧留学次年的1921年9月15日，刘半农就将拟就的《创设中国语音学实验室的计划书》从巴黎寄给北大校长蔡元培……希望尽快将中国语音学实验室建起来。除了深入教学实际而外，刘半农有更多时间进行语音实验研究，理论联系实际，为我国语音研究开创了科学方法。

刘半农十分注重实验语音学在我国的兴起，所以不辞辛劳从法国带回了法条式、锤砣式、李奥雷式等各种浪纹计。这些浪纹计的性能不同，可根据不同的要求分别使用。为了配合语音直观效学，说明声音构成的原理，他还带来了共鸣筒、齿轮发音器、渐变音高管等。刘半农还注意到实验语音的物理特性和生理特性两方面的结合，为此除了物理方面的仪器以外，还有X光机，头型、喉型、耳型、假腭模型以及发音器官挂图等。这样，物理和生理两方面数据，相辅相成，提高了实验数据的准确性。今天看来.这些仪器已经有些过时了，但当20世纪20年代实验语音学还处在萌芽时代，存储语音材料还只以蜡筒或蜡盘收音机为最佳仪器时，浪纹计却是当年的先进科学仪器。它被引进我国，能说不是刘半农的功绩吗？

实验语音学的研究离不开大量的科学仪器，凭当时的条件，虽然国外优于国内，但已有的仪器仍不敷使用。刘半农便自己创制仪器。他先后创制了声调推断尺、最简音高推断尺、刘氏音鼓甲乙两种、四声模拟器等语音实验仪器。尤其在语音和乐律仪器的发明改进方面，刘半农做了大量工作。他根据计算语音声浪的需要，创制了"刘氏尺"，进而改进为"最简音高推算尺"，最后又在此尺的基础上研制成为"乙二声调推断尺"。这一发明比原来的测算声浪方法的效率提高了数十倍，而且轻巧便于携带。为了方言调查的需要，他又把原来的浪纹计改成手提式小型浪纹计，旅行调查十分便当。由于"刘氏音鼓"的灵敏度不够强，他又设计了"电流音鼓"，可惜在它将要实验成功的时候，承作人因故离开北京，此项设计未能达到刘半农的理想。他创制的"音准"相当精确，对于乐器频率的测算准确易行。为了测试语音和乐律，1925 年他创制了"刘氏声调推断尺"，几年中不断改进，1930 年改进为"最简音调推断尺"，使声调推断尺从繁到简，从重到轻，性能日臻完善，且使用中结果精确。这种在语音实验中用来测量声音绝对音高的仪器，直到现在仍然是研究语音不可缺少的仪器之一。在创制声调尺的同时，刘半农还发明了"刘氏音鼓甲种"，后又改进为"刘氏音鼓乙种"。这种音鼓也是做语音试验必不可少的仪器，他创制和改进的音鼓重量轻，使用方便、试验效果好。他还设计了"四声模拟器"和"轻便浪纹计"，可惜他英年早逝未能来得及制作，仅留下《四声模拟器之创造》的论文。刘半农自 1920 年直到去世，竭尽全力投入实验语音学的建设和研究中，在中国实验语音学史上占有重要的地位。刘半农病故后，由罗常培主持实验室研究工作，仍旧利用这套仪器，做了不少研究。现在，语音乐律实验室已经发展为中国社会科学研究院语言研究所语音研究室，逐步添置了许多现代化仪器，已经达到世界先进水平。刘半农那套仪器，现在看来已然陈旧，但却见证了刘半农在实验语音学上卓越功绩，提醒我们不要忘记刘半农创业的艰辛。

为了进行乐律试验，刘半农还创造了"审音鉴古准"的测试仪器。这种仪器长约 100 厘米，宽约 8 厘米，高约 5 厘米，木质，有木盒，用时抽出仪器，木盒便是底座。仪器主体是一根钢丝弦，一端固定，一端有轴，可做弦的松紧调节，弦下置一滑轮式码，有滑槽，可来回调节弦的音程，与弦平行置有米尺，上有长度刻线。在一端树有一音叉，配有一音锤，以作定音之用。另外，还配有一把马鬃小弓，用时在钢弦上拉出声音。该仪器设计独具匠心、简单实用，携带方便。1930 年和 1933 年两个夏季的暑期，刘半农利用这种仪器先后测试了北京故宫、天坛、上海、徐州、南京、河南的郑州、开封、洛阳等地收藏的古代编钟、编磬的音律，其中仅故宫收藏的钟、磬就鉴定了 500 多件。在此基础上，他先后撰成《琵琶及他种弦乐器之"等律"定品法》《音律尺算法》《从五音六律说到三百六十律》《天坛所藏编钟编磬音律之鉴定》《吕氏春秋·古乐篇·昔黄节解》以及

《十二等律的发明者朱载堉》等论文，从而成为中国考古界公认的"中国音乐考古第一人"。

（二）民间歌谣的发掘者

中国现代民间文艺学以 1918 年北大歌谣运动为开端，刘半农作为歌谣运动的发起者和主持者，他倡导新诗创作向歌谣学习的做法，提高了歌谣在文学上的地位，为歌谣进入研究者的视野作了准备；他首倡歌谣征集与研究，使民间文学进入学术研究的视野并为之在学术界争取了合法地位；他的民歌采集和研究方法，对民间文学及相关概念的界定、研究中的多学科视角和民间立场，对中国现代民间文艺学的学科建设作出了重要贡献。

刘半农对声音极为敏感，这可能是一种天性，或许是生长在扬子江边的语言天才从小被江边民歌熏陶出来的，民间歌谣培养了他对于汉语语言的专注，使他能够把一种民间文化兴趣化为学术志业，反过来，他的学术理想也要求他不停地研究民间歌谣，从民间声音里发现和总结汉语语言的特点和规律，从而达到复兴和建设汉语的宏大目标。中国地方广大，各地语言繁杂丰富，由于民歌具有鲜明的地域性，所以从民歌考察汉语语音声调，应该是一条必要的途径。可惜没多少人注意，注意了也不能切切实实去做。刘半农则有清醒的认识和明确的追求，他曾经说过一句关于翻译语言的话："声调是绝对不能迁移的东西，它不但是一种语言所专有，而且是一种方言所专有。"显然，民间歌谣在方言方面完整地保存了语言的原始声调，这恰是语言研究的活的历史材料。事实上，刘半农在法国进行汉语语音实验时，就充分利用了来自民间歌谣的字声分析，其中江阴方言（吴语）作为研讨对象之一，对他来说简直是太熟悉太容易分析了，当然从记录和实验技术的精确要求出发，那可是一件十分费时的活。1930 年，刘半农带着他的助手和学生在北大语音乐律实验室中记录了 70 余种方言，借助研究语音的仪器来测试古代乐律，花了一年多时间，编成《调查中国方音用标音符号图》，所赖各地的民间歌谣则更多、更为集中。可以想见，民间歌谣对刘半农在学术上起到了多么巨大的支持作用，难怪刘半农对民间歌谣情有独钟，终生不渝。当年一些高明之士，包括北大的留美博士们，对刘半农在民间歌谣方面所下的功夫，颇有不以为然之处，甚至还把它当作刘半农"浅"的证据之一，他们看不起民间歌谣，自然也就看不到刘半农的学术从民间汲取营养最终达到的境界。

（三）各地方言的觅音者

1932 年，刘半农撰写了《北平方音析数表》，分字音为"头""面"'颈""腹""尾""神"六项，以六位数字表示一字的切音。此外，还写有关语音的论文多篇，创制并改进了测音仪器，翻译了法国保尔帕西的《比较语音学概要》。

刘半农早已意识到实验语音学必然要有新的发展，他常说，随着科学技术的发展，新的语音实验仪器也必然渐臻完善，我们现在使用的仪器将会被新仪器所代替，今后研究实验语音学所需要的技能也就复杂起来，它是边缘科学，光有语言学知识还不够，还必须掌握一些生理学、物理学和心理学的知识，这样才能满足实验语音学的需要，才能正确认识语音的功能和实质。因此，刘半农很重视这门学科后继人的培养。1934 年，刘半农虽然身在京华高等学府之中，并屡屡担任繁劳的职务，但这一年赴绥远一带考察还是在他过了 43 岁生日后成行了。6 月 19 日，刘半农带着他的弟子白涤洲、沈仲章、周殿福以及另一工友，从北京西直门乘车北行，此行的思路很明确，还是循着方言音调的地区分布路线，还是着力于搜寻民间歌谣，他要在此基础上完成《四声新谱》和《中国方言地图》。尤其后者，更直接地要完成一篇语言地理方面的学术论文，加入国际地理学。车马磷磷，行色匆匆，因担负着重大的学术工作，所以刘半农事事当先，脚下黄土，头上炎日，也不肯稍有懈怠。6 月 20 日至 24 日，5 天中调查了包头、绥西、安北、五原、临河、固阳、萨县、托县等地，用录音机录得民歌 7 筒；6 月 24 日至呼和浩特，7 天中走了呼和浩特、武川、丰镇、集静、陶林、兴和、清水、凉城，收录歌谣 5 筒，其中有黄河边上纤夫的号歌；7 月 5 日，在大同，2 日之间，调查了山西、雁北 13 县方言，收录民歌 5 筒。这些无疑都属于第一手的原始资料，其学术收获不言而喻，刘半农不虚此行了。周殿福后来回忆道："途经大同时，刘半农说'明年我休假，我利用这一年去几个国家考察实验语音学进展的情况，把你送到英国学习实验语音学。我们回京后，你要补习英语。到英国学几年回国，继续研究实验语音学，把这门学科深入下去。'刘半农说完这番话的第八天，竟不幸与世长辞，他的希望也就难以实现了。但是他那热爱这门学科的心情，培养年轻一代的热忱，却使我永远难忘。"

刘半农还仿汉代日晷仪理意创制了全新的日晷仪。这种用金属制成的仪器实际上是一件古今结合的综合性器物。底座上装有指北针、水平仪，其上一圆盘上有刻度，中有一针，在阳光下以投影用来指示时刻，犹如古代的日晷。圆盘一侧有一可调整角度的游表，可做测绘方位、物体高度之用。这件充满刘半农智慧的仪器，主要用于野外考古之用。这是在他临去世前制定的，也可能是他一生发明的诸多科学仪器中的最后一项发明，更显其珍贵。

赵元任在为刘半农写的悼念文章《刘半农先生》里回忆说："刘半农，我起初只认为是新诗人当中对于音调上写得特别流利的作家。在民国 10 年，我正在注意中国单字声调的实验法……忽然听到有人大规模的《四声实验录》出世，于是才知道风趣文人的刘半农，也是卖力气硬干的语音实验家的刘半农。"刘半农虽年仅 43 岁就离开了人世，但他已是蜚声海内外的学者了，他的短促一生为我国实验语音学奠定了基础。如今我国实验语音学也有了长足的发展，刘半农发展实验语音学的愿望也已实现，我们永远感恩刘半农在学术上的贡献，时刻缅怀这位实验语音学的奠基人。

刘半农去世后，友人分别写挽联。

钱玄同挽刘半农联：

当编辑《新青年》时，全仗带情感的笔锋，推翻那陈腐文章，昏乱思想；曾仿江阴"四句头山歌"，创作活泼清新的《扬鞭》《瓦釜》。回溯在文学革命旗下，勋绩弘多；更于世道有功，是痛诋乩坛，严斥"脸谱"。

自首建"数人会"后，亲制测语音的仪器，专心于四声实验，方言调查；又纂《宋元以来俗字谱》，打到烦琐谬误的《字学举隅》。方期对国语运动前途，贡献无量；何图哲人不寿，竟祸起蚍虱，命丧庸医。

赵元任挽刘半农联：

　　十载奏双簧，无词今后难成曲；
　　数人弱一个，教我如何不想他。

周作人挽刘半农联：

　　十七年尔汝旧交，追忆还从卯字号；
　　廿余日驰驱大漠，归来竟作丁令威。

　　（注：卯字号：刘在北大任教时，有五人皆于卯年生，故称"卯字号"，其中陈独秀、朱希祖生于乙卯年，胡适、刘文典、刘半农生于辛卯年。丁令威：本指学道成仙，后多代指人死。）

第十五章
民国小学国语
课程标准的起草者
中国现代教育家
——江阴人吴研因

一、吴研因的教育成长过程

吴研因（1886—1975），原名辇赢，中国近现代伟大的教育家。1886年（清光绪十二年）1月26日，吴研因出生于江苏省江阴县东门外贯庄村一个贫苦的农民家庭，父亲吴佩琪有7个子女，吴研因排行最小唤作七弟。当时的时局，正是太平天国运动以后，爆发中法战争、中日战争，内忧外患，民心浮动。1892年，6岁的吴研因拜新华村徐缙珊秀才为师。徐缙珊在贯庄借吴家空房办私塾，吴研因开始接受启蒙教育。由于天资聪颖、勤奋好学，吴研因很受徐先生赏识，徐先生十分赞赏他的学习方法。吴研因凭着自身的勤奋努力和执着追求，终于成为著名的教育家、教育改革的先驱者、诗人，中国现代教育史上的杰出人物。他于1903年入读上海半淞园师范讲习所，1906年毕业于上海龙门师范学校。此后，他曾任江阴市立九校单级部主任，上海尚公小学校长，上海中华书局、商务印书馆国文编辑，江苏省立第一师范学校教员兼附属小学主任等职。1924年，吴研因前往南京出任教育部初等教育司司长。1941年前往菲律宾担任华侨教育专员，回国后继续担任初等教育司司长。中华人民共和国成立后，吴研因历任教育部初等教育司司长、中学教育司司长、教育科学研究所教学法组组长等职，曾主持了小学教育体制改革。1975 年，90 岁的吴研因患白内障数年，住院割治，手术成功，但不久又患上结肠癌，继而突发心脏病，经抢救无效于 7 月 13 日在北京病逝。

吴研因一生从事文化教育工作，倡导和推广白话文教育，致力于研究小学教育改革及编写教科书，为我国的小学教育事业作出了卓越贡献并奉献了毕生的精力。吴研因曾为小学低年级学生自编油印教材，开小学使用白话文教科书之先河。他所编的《新法教科书》《新学制教科书》等多种小学课本和教员用书为当时广泛使用。编著的主要作品有《小学国语教学法概要》《乌鹊双飞》《中国之小学教育》《新小学行政》《新教育行政公文书牍表件集成》《辞渊》《小学国语新读本》《新学制国语教科书》《基本教育》《小学教材研究》《小学生守则和实施原则说明》《小学教材及教学法》等多部著作以及多篇教育论文。

吴研因不仅在教科书编写方面贡献卓越，还十分关心家乡江阴贯庄的教育发展。当时的贯庄只有一所学校，教学设施简陋，交通也不方便，吴研因在南京教育部工作时，便与家乡青年教师徐雪帆共同发起创办了一所完小。为了学校的创办，他们四处奔走筹资，并获得了县里的支持，历尽辛苦，终于在 1935 年建立了一所规模较大、面目一新的完全小学，江阴县长袁右仁送匾题名"研雪堂"。贯庄小学的建成受到了当时方圆百里老百姓的欢迎，许多农家子弟都上那求学。吴研因还为贯庄小学的校歌写了歌词，可见他对家乡教育事业的浓浓热爱。吴研因勤奋学习，踏实工作，兢兢业业，他的高尚品格永远值得后人学习。

二、吴研因的教学探索

吴研因有着勤奋的态度、坚强的性格，这与他清贫的出身脱不了关系。

　　吴研因自小便勤奋读书，热爱文学，他所积累的知识和孜孜不倦的精神，为日后对教育事业所作的突出贡献埋下了种子。吴研因一生并没有跟从名师，亦未曾上过名校，他凭着自己对教育事业的满腔热忱，在教育史上创下了一片属于自己的天空。早年的他勇敢地融入时代洪流，积极拥护和支持"五四"新文化运动及文学革命。吴研因认为"中国汉字难学，文言深奥，要开通民智，必须先用白话文表达北京的通俗语'官话'推行全国"。（吴研因：《小学教材研究》，上海：商务印书馆，1933年，88页）因此，他一直主张用易读好懂的白话文作为官话基础，遭到坚持文言文的陈果夫、陈立夫、戴季陶等复古派的反对，从而开展了"文白之争"。他冲破守旧派的重重阻力，对小学教育内容和形式进行大胆革新，编制小学教材。

　　吴研因的教学生涯主要在江苏江阴、上海、苏州三地辗转，很长一段时间内他都专心致志地从事小学语文教学，并在教学过程中不断进取，积极将理论与实践相结合，进行教学法的探索。吴研因还根据时代背景，与时俱进，吸纳时代新思维，对教学进行积极有效的改革，正是这种长期的教学实践经历为吴研因成功的教育经验打下了坚实的基础。中华人民共和国成立以后，他如鱼得水，成果卓著，为中国小学教育事业作出了杰出贡献。

　　1903年，吴研因在自身的不断努力下考取上海半淞园师范讲习所，结业后回到了江阴担任城内观音寺巷立本小学教员，由于立本小学的情况特殊，需要进行复式教学，吴研因又前往上海师范讲习所求学，研究复式教学法，结业后再次回到立本小学担任教学工作。1912年被聘为苏州省立第一师范附属小学教员、校长，在这期间，吴研因和俞子夷等一起首创用白话编写全套小学教材，深受教育界关注，他编的《新学制小学国语教科书》风行全国。在上海商务印书馆附属尚公小学担任校长期间，吴研因也非常重视组织教师改革教学方法，他尤其强调启发式教学，并力排众议废除了填鸭式教学，每学期都举办两三次教学观摩研究会，校内所有教师和学生轮流作一堂师范教学，请沈雁冰、叶圣陶等多人列席观摩，课后进行评议。在交流反思的过程中不断取得教学方式的改善和教学内容的完善。

三、吴研因关于国语教科书的编写

　　吴研因在现代语文教育方面的贡献，主要是小学语文教育的理论研究以及小学国语教科书的编制。1917 年，吴研因编制了《新式国文教科书》的第 1—8 册，由上海中华书局出版，供初级小学使用。其中已经有了白话文附课，行文浅近易懂、活泼风趣，是白话文教材的较早探索，带有文学化色彩。由此可见，吴研因在小学语文教育中早就主张编入白话文课文，是小学语文国语教科书的开拓者之一。1920 年，北洋政府作出了"小学教科书必须采用白话文编写"的规定，从此以后，小学国语教科书的编写都采用白话文的形式。当时的报纸杂志也都采用平民的白话文，白话文成为语言的大势所趋。1924 年，吴研因根据新学制要求，编制了《新学制国语教科书》初小 8 册，由上海商务印书馆出版，除编入少量的古典诗词以外，都用的白话课文。该教科书内容活泼、语言生动、通俗易懂，受到了广大师生的一致好评。在 20世纪 30 年代，吴研因又编制了《新标准教科书国语标准读本》第 1—8 册，由上海民智书局出版。1937 年 5 月至 1939 年 5 月，上海世界书局出版了吴研因用白话文编制的《初级小学国语新读本》1—8 册，畅销于南京、上海等大都市。总之，吴研因筚路蓝缕，呕心沥血，穷其一生精力为中国小学语文教材建设作出了巨大贡献，为后世积累了宝贵的教育财富。

（一）编写主体：整合多方力量

　　在吴研因看来，有权力编写教科书的机构有以下四种："第一种是教育部，第二种是各地书坊，第三种是比较知名的学校，第四种是各省、县的教育团体。其他机构是没有权力也没有足够的能力去编写教科书的。"（张莉·《吴研因小学语文教育思想研究》，《上海师范大学学报》，2014 年第 5期）在这四个机构中，吴研因认为最不具备编写教科书资格的是教育部。主要有以下两个原因：第一，教育部的工作人员并不熟悉学校的教学方式和教学内容，对当今学校的教学需求、学生的学习需求并没有透彻的了解，对初等教育只是一知半解，光有理论而没有实践，只是一味地坐在办公室内冥想，是不可能编出适合当下教育需求的教科书的。第二，教育部的人心高气傲，故步自封，跟不上时代的步伐，所以编不出与时俱进的教科书。再加上中国幅员辽阔，各地的教育差异很大，教育部编写的教科书不可能适用于全国上下，只会适用于当地的一小部分学校，做不到结合各地的风土人情、民俗文化因地制宜。吴研因认为最具有编写教科书资格的是各地大小书坊，因为民国其实书坊繁多，行业内竞争尤为激烈，为了出版质量上乘、销路抢手的教科书，书坊会请专门的教科书编辑人员参与编写，出版品质优异的教科书。

由此可见，吴研因认为，编写人员不仅要有丰富的教学理论基础，还要有足够的教学经验。再加上与时代新思想接轨，保证符合各地区的教育水平，在教学实践中反复地试验并改进，有关部门再加强对教科书的监督力度。只有在众多条件都具备的情况下，才能编写出有价值的教科书。

（二）编写内容：精心选择内容

小学国语教科书的内容是教科书编写的灵魂所在，小学国语教材内容的选择是教科书编写中至关重要的环节。新文学运动之后，小学国文科改为国语科，白话文成了小学语文教材的主流。新学制时期，杜威"儿童本位"理论影响甚大，白话文教材的编写开始注重激发儿童的学习兴趣。吴研因不仅强调要多选择"文学化"的素材，还制定了一个内容选择的标准：

内容上（共计 800 分）

子项目	所占分值（分）
适合本国情形时代需要	120
适合教育目的与有道德的公民价值	100
适合儿童经验与个性	100

续表

子项目	所占分值（分）
选择均衡适合	70
正确或有充分的真实性	30
文字顺畅表达优美	140
组织和布置适当	80
分量充足适用	40
便于教学	120

除了这些内容选择标准之外，吴研因还强调散文、韵文、小说、故事、童话、神话、戏剧、民歌等各种文体都可以成为小学语文教科书的选材。以吴研因编写的《新学制国语教科书》为例，"该教材内容丰富，包括作者自编内容、书信、民歌、短剧、谜语、历史故事、中国传说故事、外国经典童话故事等；各种文体参差排列以免枯燥呆板之弊，而且在文章中穿插丰富的图画，形象生动，符合儿童的年龄特点及认知程度。"（闫苹，张雯：《民国时期小学语文教科书评价》，北京：语文出版社，2009 年，第 229 页）选材贴近儿童的生活实际，能被儿童所理解并接受，所采用的教育内容包括真实的生活实例，也包括儿童所进行的游戏内容。例如，第一册内容几乎都是学生所熟悉的事物，如小狗、小猫等小动物以及小树、花园、国旗等事物。

选材还具有较高的实用价值，注重道德教育以及对学生良好的生活习惯的培养。例如第三册第四课《小蟹生气》就是告诫学生不要任性；第三册第二十七课《司马光剥胡桃》则是在教育学生们不要说谎，说谎会产生不好的后果。对小学生要从小培养良好的生活习惯以及道德品质，只有从儿童着手，使儿童打下良好的思想基础，才能引导整个社会的文明正气之风。

（三）编排方式：合理安排方式

吴研因认为，编写教科书除了要注意编写主体、编写内容的问题，还要关注书中的文章、字体、插图的编排方式是否符合儿童的心理和年龄。小学国语教科书只有按照儿童心理的顺序进行排列组织，适应了儿童的心理，才能使儿童更容易地接受，更完全地理解，发挥更好的教育功效。小学国语教科书是儿童的学习伙伴，这就要求这些"学习伙伴"必须是符合儿童心理顺序和接受层次的。

以吴研因编写的《新学制国语教科书》为例，该教科书的编排方式具有以下特征：第一，在文章编排方面，要求形式灵活、美观、不死板，这样一来使得教科书对儿童有较强的吸引力，如前两册的课文排列，每篇文章都不是死板的行与行、列与列之间的对齐，而是相互穿插，呈现一定的规律性，还会穿插一定数量的插图，既美观，又防止课文呈现方式的单调性与死板性。第二，在字体编排方面，各册教材之间有所不同，前四册教材都是用正规楷体字编写的，后四册教材的主要字体则是宋体；在后四册教材中，同本教材中不同文体之间的字体也不尽相同。实用文与记叙文的字体不同，如民歌、诗歌与谜语等实用文一般都是楷体字；书信用行书；短剧一般用较小的宋体字；而传说、童话与历史故事等记叙文一般都用正常排版的宋体字，这种字体上的不同不仅避免了教材形式上的死板，而且有利于不同文体之间的区别。第三，在插图编排方面，这套教材每一册都配有丰富多彩的插图，它们与文字相穿插，有助于儿童对课文所要表达的内容进行直观而正确的理解，且形式生动活泼，能够吸引儿童的注意力，是教材不可或缺的重要部分。第四，也是这套教材在编辑上值得称道之处，除第一册以外，其他七册均有明显的目录与课文划分。

（四）编写教材需要注意的问题

1.怎样试验和审定

吴研因认为，儿童教科书和儿童用书的试验与审核，需要按照以下过程进行：首先，由编辑员收集材料，把材料收集齐了以后，交给心理学专家审定；其次，选取合适的实验学校，将之前收集的材料编辑成书，给选定的实验学校进行试验，如果是编辑员本人去试教，效果会更好；然后，将试验后的材料编辑成书，再交给教育机关审查，审查完毕后方可出版发行。然而若完全照这样的流程来出书的话则存在弊端，会使得教科书和儿童用书的出书过程较长，大大降低出书的效率。因此吴研因指出："所谓试验，并不要把全部的教材通通去试，不过拣主要的去试，那总比不试好得多。试验之后，编辑成书；成熟之后，交给重要的教育机关再审查一次，或者不审查，就可以发行了。"（吴研因：《新学制建设中小学儿童用书的编辑问题》，《新教育杂志》，1992 年第 8 期）

2. 编写标准

在吴研因看来，"国语教科书，乃是读文的工具"，教科书的编写形式在吴研因看来亦非常重要，为此他专门列出来一个编写标准：

（共计 200 分）

子项目	所占分值（分）
书本大小厚薄	20
书本封面化	20
插图大小颜色	90
页面天地头行间字体	20
印刷装订	20
纸张	10
其他特点	20

从以上表格可以看出，吴研因在教科书的编写形式方面也顾及得很周全，充分考虑到了书本厚薄、封面、插图、印刷、纸张等诸多细节问题，为教科书的编写形式制定出合理的评价标准以供同行借鉴。

四、吴研因对小学国语课程标准的制定

（一）民国时期小学国语课程标准的发展概况

民国初年，中央政府颁布"中小学校令"以及相关的教则或施行规则，以此来统一学校课程。1912 年，教育部公布了《小学校令》，规定初等小学修业四年，高等小学修业三年，并在课程设置中提出建设"国文"一科。直至 1922 年学制改革以前，学校课程标准只是把清末的学堂章程稍作调整，并未出现本质性的改革。经过教育界人士的研究探索，1922 年以后直至 1949 年以前，关于中小学课程目标、课程内容和教学研究等都体现在中央教育主管部门颁发的"课程标准"中。从 1929 年到 1948 年，国民政府教育部先后于 1929 年、1932 年、1936 年、1941 年和 1948 年颁布修订了五个小学国语课程标准，明确了小学教育的目标、内容等，促进了小学语文教科书的完善和小学语文教育的整体发展。

（二）吴研因《新学制课程标准纲要小学国语课程纲要》的制定及影响

1. 吴研因《新学制课程标准纲要小学国语课程纲要》的制定

1920 年，教育部正式下令将初等小学国文教学改成国语教学，从这时开始，直到 1929 年暂行课程标准的出台，这一时期被称为新学制时期。该时期的重要标志是 1922 年的新学制（壬戌学制）以及小学语文科"课程标准纲要"。1922 年壬戌学制颁布后，当时没有相应的课程标准，各个学校在教学中缺乏可供众多学校统一参照的标准，对课程设置加以规范越来越重要，因此课程标准的制定迫在眉睫。鉴于此，全国教育联合会先后组建了新学制课程标准起草委员会，制定了《新学制课程标准纲要》，为新学制的顺利实施立下功劳。《新学制课程标准纲要》的制定汇集了大批教育专家参

与，制定主体是全国教育联合会而并非教育行政部门，因此《新学制课程标准纲要》具备了统一、灵活、科学的特征，涵盖了各个学科。"《新课程标准纲要》的制定云集了大批教育专家，小学阶段有吴研因、俞子夷、杨贤江、朱经农等参与编写，并由王伯祥、沈恩孚、刘海粟等著名学者担任审核员进行审核。"（杨旸：《新学制课程标准制定的回顾与反思》，《湖北大学学报》（哲学社会科学版），2011 年第 11 期）

于 1923 年颁布的《新学制课程标准纲要小学国语课程纲要》是由吴研因参与拟定的，主旨是："学习运用通常的语言文字；并涵养感情、德性；启发想象、思考；引起读书的趣味；建立进修高深文字的良好基础；养成能达己意的发表能力。"《新学制课程标准纲要小学国语课程纲要》最突出的特点有以下四个：第一，要求学生使用注音字母；第二，要求学生读语体的作品；第三，要求学生写语体的文章；第四，要求学生用国语进行回话、演讲和辩论。《新学制课程标准纲要小学国语课程纲要》包括目的、程序、方法、毕业最低限度的标准四个部分。主要目的在于："练习运用通常的语言文字，引起读书趣味，养成发表能力，并涵养性情，启发想象力及思想力。"程序以学年为单位，共六个学年，每个学年都有五点要求。该纲要中的方法包括语言、文字读文、作文、先读文作文写字合并教学，后自学辅导以及语言据实际情况独立教学六方面。毕业最低限度的标准有初级标准和高级标准之分，分别包括语言和文字两部分，其中文字包括读文、作文和写字三方面。语言即听懂和进行演讲，读文即识字。由于制定纲要的时间较为紧迫，《新学制课程标准纲要小学国语课程纲要》存在些许不足，但就当时的价值而言，这是民国第一份课程标准纲要，对小学国文的课程设置做了详细的规定，是一份较为完整的可供参照的课程标准纲要。

2.《新学制课程标准纲要小学国语课程纲要》的影响

《新学制课程标准纲要小学国语课程纲要》是我国第一部国语课程纲要，首次比较系统地提出了语文学科的主旨、目的、教学原则和教学内容等，既系统又全面地对小学国语课程教学进行了明确的规定、制定了小学国语课程的标准，对小学国语的课程设置起到了指南作用，对之后的语文教育产生了很大的影响。虽然这份纲要并没有得到政府的认可而公布，但它凭着全国教育联合会的影响，在教育界内试行到了 1927 年，可见该纲要还是具备一定的权威和价值的。这一纲要的颁布对当时的教育界来说，是新血液的注入，是自文言文主宰我国教育以来的一次颠覆性变革，在我国教育发展史上，堪称具有里程碑意义的事件。

《新学制课程标准纲要小学国语课程纲要》深受实用主义教育思想的影响，与清末民初的课程标准相比有很大的进步，实现了统一性、灵活性、科学性的结合。它既有针对性的进行课程的设置，又有利于学生国语素养的提高，还制定了详细周全的课程标准，从目的、内容和方法三方面对国语作出了明确的规定，使教师在教学过程中有了参照的依据。在按照参照标准执行的情况下，融合各自的地方特色、学生特点来进行教学。《新学制课程标准纲要小学国语课程纲要》是当时中国教育界最为完善的一部课程标准，受到了教育界的普遍支持，有效地为推行新学制提供了动力，对推动中国现代教育制度的前进发展有着极为重要的意义。当然，《新学制课程标准纲要小学国语课程纲要》并非完美无缺，民国学术氛围自由，该纲要颁布之后，有许多教育界人士对它提出了不少意见，认为它在一定程度上脱离了当时社会的教育现状，理想化成分较多。

五、吴研因对国语传播的影响

吴研因对国语传播的贡献，最主要的体现在他对国语教科书编写和国语课程标准制定，这些贡献有力推动了国语的传播。民国虽然只有短短的 38 年，并且战乱频繁、政局动荡，但这 38 年的发展却促成了中国社会质的蜕变，国语的传播推广是旧中国跨入新时代的试金石。国语的传播最得力的载体便是教育，先是国文教科书完全替代了古板的四书五经，再是言文一致的国语教科书又替代了国文教科书，教育的变迁见证了时代的更迭。可以说，这两次转变对当时的教育界产生了巨大影响，在我国语文教科书的发展史上产生了跨时代的推动力。社会的进步离不开教育的进步，同时，教育的进步也需要社会的进步来保障。

（一）加快了国语传播速度

正所谓"万事开头难"，国语的发展在民国时期阻力重重，尤其是民国初期，被封建社会的拥护者视为眼中钉。要想加快国语传播的速度，稳固国语的根基，必须使国语与教育结合起来。在国语取代文言文成为正式书面语的伟大征程中，国语教科书功不可没。在所有支持国语运动的社会各界人士中，江苏籍的出版家们非常令人钦佩，他们通过积极出版国语教科书，不仅自身参与，还带动身边的志士好友共同投身于编写国语教材，大大提高了国语传播的效率与速度。吴研因正是推动国语传播的江苏籍主力军之一，他和庄适（江苏阳湖）、沈圻（江苏吴江）共同编辑了《新学制国语教科书》8 册，在 1923 年由商务印书馆出版。作为一套优质的小学国语教科书，《新学制国语教科书》的推行不仅为教育界带来巨大影响，还鼓舞了其他能人志士对国语传播的士气，为国语教科书的编写做出榜样。在1922 年教育部规定废止文言文教科书后，商务印书馆、中华书局等出版社陆续编写、出版国语教科书，文言教科书终于走向衰败，被新时代淘汰，社会各界正式认可了国语教科书的地位并给予国语教科书制度保障。

（二）扩大了国语传播范围

国语的传播和教育的发展实际上是相辅相成的。将国语融入教科书，不仅扩大了国语的传播范围，也使得教育更加亲民，在短时间内增加了教育的受众，符合广大人民群众的接受水准，使更多的民众能够进入学校接受教育。这样教育不再为上层阶级所垄断，而是人人可以接受的所有人的教育，国语教科书的受众迅速且大量地增加。以下数据是民国时期国立小学的学校和学生数量的发展，通过这些数据，可以使我们更直观、更有依据地了解国语教科书对国语传播的推动作用：

学年度	1912	1916	1925	1935	1945
学校数（所）	86 318	120 097	—	291 452	269 937
学生数（人）	2 795 475	3 843 454	—	15 110 199	21 831 898

这种热火朝天的发展势头不仅出现在国立小学，私立小学的发展也异常迅速。"以 1931 年为例，当时已有私立初等学校 60 871 所，学生 2 743 572 人。到 1946 年底，国民学校、中心国民学校与其他小学共有 237 000 所，当时共有学龄儿童 38 173 765 人，已受教育的儿童有 29 890 227 人，约占学龄儿童总数的 76% 多。"曾天山：《二十世纪的中国·教育事业卷》，兰州：甘肃人民出版社，2000 年，第 118—119 页）由此可见，国语教科书的推广加上政府的推动，民国时期的教育事业迅速融入平民教育，越来越多的人可以平等享受教育的权利，越来越多的人在享受教育的同时掌握了国语。只有掌握了国语，才能与时俱进，提升修养，摆脱 1000 个中国人内只有 7 个人识字的悲惨现状。只有大范围、高效率地提高国民素质，才有迅速推动社会前进的可能。

（三）逐步规范了国语

吴研因制定的《新学制课程标准纲要小学国语课程纲要》有针对性地进行了课程设置，有着合理严整的课程体系安排，使国语教科书的编写规范化。因为它为国语科制定了系统详尽的课程标准，并在目的、内容、方法上作了明确的规定，使教师的教学工作更加规范化，从而实现国语传播的规范化。

除了《新学制课程标准纲要小学国语课程纲要》以外，吴研因在编写国语教科书时提出的编写主体、编写内容、编排方式、编写标准等也为国语教科书的编写提供了一个比较规范的标准，如吴研因提出了按照儿童的心理顺序进行教学安排，体现出国语教学的序列化。伴随着新文化运动和国语运动的逐步发展，吴研因编写的小学国语教科书中的语言也逐步变得规范化，并在全国范围内推行统一，进而使国语教材中国语与文言文的比例和编写体例，以及规范统一的教材编写语言，都得到了逐步的定型和沿袭，成为后来编写国语教材的母本。除此之外，吴研因经过长期的教学实践，在不断反思中进取，并将实践经验与自己原有的深厚语文教材思想相结合，提出了许多可贵的语文教学思想，这也为国语传播的规范化提出了独到的见解。国语的传播正是有了规范化的保证，才使得当时的国语教学进行得更加系统规范、有条不紊，从而促进国语的规范化传播。

（本文和课题组成员钱月恬老师合作完成）

第十六章
首举"崇白话而废文言"大旗的
白话文运动先驱
——无锡人裘廷梁

裘廷梁（1857—1943），字葆良，别字可桴，江苏无锡人。早年能作古文，被称为"梁溪七子"之一，后留心西学，积极投入维新运动，提倡白话文，组织过"白话学会"，编印过《白话丛书》，主办过《无锡白话报》。辛亥革命后废原名，字不用，更名可桴，以示不复参与时事，著有《可桴文存》。裘廷梁已去世多年，当今很多人都不了解他，他究竟是一个怎样的人呢？

一、灵魂深处是一个坚定的爱国主义者

裘廷梁的出身，据丁福保所撰《家传》介绍，是一个封建的"读书仕宦"家庭。据说他为秀才时，就以学业优异为前辈所瞩目，被推重为"梁溪七子"之一。这种"优游揖让于诗书礼乐之圃"的家庭和社会教养，在裘廷梁的言论中，时时留下浓重的阴影。

裘廷梁走"学而优则仕"的道路并不顺利。"壬午（1882）应江南乡试，两上春官不第，遂绝意进趋"。他的这一挫折，对他以后60年生活来

说，可能是一个关键。他之所以没有成为浮沉宦海的官僚或以"维护世道人心"为唯一职志的封建卫道士，而成为一个维新思想的宣传家，可能是与科场失利有关。

1898 年发生了以康有为、梁启超为首的"戊戌变法"运动，这次政治运动在中国近代史上有它突出的地位。在此运动中，裘廷梁和梁启超、严复通信，"互为响应，以鼓吹新学"，说明他是和当时思想界的主流一脉相通的，是个自觉的"维新战士"。不仅如此，他还为"变法"制造舆论，创办《无锡白话报》，以作"广开民智之助"。

辛亥革命，无锡"光复"，裘廷梁曾有一个极短时期在锡金军政分府担任民政长。从"维新志士"而参与辛亥革命，对他来说是思想立场的一大飞跃。他能够不像康、梁那样死守"保皇"阵地，竭力抵制革命，这是十分可贵的。据丁福保的《传记》中说：裘廷梁参加锡金军政分府以后，"凡三数日，挂冠去，性不习，官强必偾事，举俞仲还先生以自代"。辛亥革命是一次不成功的资产阶级革命，推翻了清王朝以后的政治局面是非常复杂的。

裘廷梁热爱祖国，迫切希望自己的祖国能有朝一日摆脱种种羁绊走上繁荣富强的大道。因此他要求改革当时腐朽落后的政治制度，学习西方的科学技术。他在中西学术思想比较中间，发现传统的东西可资留恋的是不多的。只有把这些丢掉，才可以减轻前进道路上的障碍。他的这种思想，与他的先辈或同时代主张向西方学习的知识分子具有相同之处。这是新旧更替的过渡时代具有历史特征的思维方式。

可是当时的泱泱大国，近代以来的命运使爱国心切的裘廷梁痛心疾首。我国和西方国家相比，"彼我同此时，相形大见拙""文明不幸变虎狼，五千年古国今为羊"。我们的国家，已经陷于国弱民贫的地位，正处于列强瓜分豆剖的危机之下，裘廷梁怀着"痛恨国不如人"和"大厦将倾"的沉痛心情，在他的诗文中多次出现"睡狮"的词语。"痛哉酣睡狮，大声呼不醒""战具日益新，睡狮庶速醒""寄声睡狮子，勿再闭双瞳"。"睡狮"是在旧民主主义革命时期一般爱国知识分子常用的比喻。裘廷梁对积弱积贫的祖国真是哀其不幸、怒其不争。

改变这种落后局面的出路在哪里？裘廷梁和他同时代渴求改变现状的进步人物一样，努力从传统的思想遗产中寻找答案。他在儒家经典《易传》中找到了精神武器，"惟变所适"。"穷则变，变则通，通则久"。他又从西方找到了进化论，"适者生存""物竞天择"，变革是为求生存。看他在读了严复译《天演论》后所作的赞语，就可知道进化论对他思想变化所产生的作用。"读之心开目明，此真益人神智之书，不独赫氏言论，足箴膏盲而起沉疴，即严氏所加案语，亦复惊心动魄"。一个近代化的国家，他称之为足兵足食的国家，是"决不能仰赖他人鼻息，全持自己有现代的能力"。他认为洋务派的"中学为体，西学为用"是"析体用而二之"，名义上提倡西学，"阴实沮之"，这是"以牛为体，以马为用"的做法，没有不失败的。原因在洋务派没有"舍己从人之决心"，即是说他们的走向世界，向西方学习乃是"徘徊于中西之间，趑趄于进行之际"，是半心半意的。裘廷梁在戊戌变法失败后，批评他们："是两面敷衍的变法，不会改造环境，迎头赶上去。"他所指责的"两面敷衍"，就是指那次幻想在不触动旧秩序的前提下做些局部改良的变法活动。他的一思想非常可贵，可以说是经历了改良失败的教训之后极为沉痛的总结。他后来没有像康、梁那样，死守保皇营垒，这是有思想基础的。

二、积极创办白话报

戊戌变法时期，裘廷梁是东南一带鼓吹变法维新的著名人物。他认为：要变法维新，必须先办报纸，做好舆论宣传工作："无古今中外，变法必自空谈始，故今日中国将变未变之际，以扩张报务为第一义。"要改革社会风气、开通民智，必须废除科举，广兴学校；不得已而求其次，必先开办报纸；而"报，安能人人而阅之，必自白话始"（见《无锡白话报序》）。

当时，北京、天津、上海、长沙等各大埠，已先后出版发行了官办或私营的各种报纸或期刊。裘廷梁认为这些报纸文字艰深，要让普通下层人民看懂，必须"设法浅之"，从办白话报着手。

1897 年 7 月间，裘廷梁到上海，建议正在办《时务报》的汪康年增办一种文义较浅的报纸，以便普及。汪对裘的建议很表赞同，但无暇顾及，终未办成。于是，裘氏便准备自己办白话报。办报之前，先进行"演习"。在 1897 年年底，裘廷梁便约侄女裘梅侣（毓芳），用白话文演绎《格致启蒙》，又约侄孙裘剑岑，用白话文翻译《地球养民关系》，并将这些资料印刷送人，见者都表示称许，这更增强了裘廷梁创办白话报的信心。1898 年，她和邑中同志顾述之（植之）、吴荫阶、汪赞卿（子仁）、丁仲祜（梅轩）等，发起组织白话学会，筹备刊行《无锡白话报》和开办白话书局。后来由于种种原因，白话书局终未办成。

《无锡白话报》于光绪二十四年闰三月二十一日（1898 年 5 月 11 日）在无锡创刊。第一期封面署名："本馆设在城内沙巷"。该报发刊词《无锡白话报序》是裘廷梁亲自所写，其中有一段介绍该报内容云：

> 报分三大类：一演古，曰经、曰史，取其足以扶翼孔教者，取其与西事相发明者；二演今，取中外名人撰述之已译已刻者，取泰西小说之有隽理者；三演报，取中外近事，取西政西艺，取外人论说之足以药石我者。谈新述古，务撷其精；间涉诙谐，以博其趣。每报一纸，不必子目悉备，取满幅而止。惟末附货殖，必逐日登载；间述市面情形，以便民用。酒谈茗话，亦偶载焉。汰芜秽，存精英，以话代文，俾商者农者工者，及童塾子弟，力足以购报者，略能通知中外古今，为广开民智之助。

实际上《无锡白话报》是一本 5 日刊，辟有中外纪闻、无锡新闻、海外拾遗、海国丛谈等栏目。该报（刊）出到第 5 期时，恐阅者以为该报专为无锡一隅而办，不向全国发行，又恐人家误会该报是用无锡方言写的、不足号召全国，故以后改名为《中国官音白话报》，"继加'官音'二字，示非土语"（见《可桴文存·序跋·弈寮集序》文下之附注），刊期改为每半月出一期，每两期合出一册。

《无锡白话报》是用木刻活字、毛边纸印刷的，每页 28 行、每行 28 字。初期每册 10 多页，后来扩充到 20 多页，委托无锡一家专门推销国内变法维新书报的私营书店"萃新时务书室"发行。这份白话报的编者、作者都是裘廷梁的"子弟兵"。由于当时环境、条件所限，《中国官音白话报》只出了 14 期便停刊了。

裘廷梁的办报活动，在当时影响很大，从政治上看，戊戌时期他在东南一方和梁启超、严复互为呼应，提倡新学、西学，鼓吹变法维新，功不可没；从报业史上看，《无锡白话报》与 1897 年 11 月 7 日上海地区创刊的《演义白话报》一起，首开东南各地创办白话报的风气，继起的有《杭州白话报》《苏州白话报》《扬子江白话报》《中国白话报》《湖州白话报》《江苏白话报》等。

三、发表白话文作品，"崇白话而废文言"口号震耳欲聋

1898 年 8 月，维新志士裘廷梁发表的《论白话为维新之本》一文，旗帜鲜明地提出"崇白话而废文言"的战略口号，标志着白话文运动理论自觉阶段的开始。他将国家危亡之因归结为国无智民，将民智不开之因归结为"文言之危害"；将语言文字发展史和古人对文字的运用等方面说明"文字之始，白话而已矣"，指出文字诞生时本与语言一致，致使"文与言判然为二，一人之身，而手口异国，实为二千年来文字一大厄"。文章列举省日力、除骄气、免枉读、保圣教、便幼学、炼心里、少弃才、便贫民等"白话"八大益处，将泰西诸国人才盛横绝地球之因归结为"用白话之效"，将区区数小岛之民而皆有雄视全球之志的日本之崛起，亦归结为"用白话之

效",从而得出一个大胆的结论:"愚天下之具,莫文言若;智天下之具,莫白话若";"文言兴而后实学废,白话行而后实学兴。"裘文以一种激进姿态对两千年来"文言之为害"进行了首次认真清算,正式揭开了20世纪文言与白话之争的历史序幕。他把"白话"提高到"维新之本"的时代高度来认识,将"兴白话而废文言"与民族国家兴亡联系起来,可谓清末"白话文运动急先锋"。他标榜"白话胜于文言",把言文一致、朴质天然的白话提高到语言美高度来认识,在一定程度上触及文学层面。他的《论白话为维新之本》发表在"百日维新"高潮期,后被《苏报》《清议报》转载,得到了维新派阵营的认同和支持,对白话文运动的兴起和发展影响很大,成为清末白话文运动的指导纲领。

四、五四时期为白话文辩论,力挺白话文

裘廷梁首发"崇白话而废文言"的惊世骇俗之论,邓似周反驳说:"白话兴,文言废,文学必亡,此非不可预知者。子果何恶于文言而欲废之?!"裘廷梁答道:"余安能废文言哉。文言特号为士者嗜之,余不忍坐视全民受困于不易解之文字,故欲以白话代之耳。"(见《可桴文存·序跋·弈宣集序》)这可以说是近、现代史上最早的"文""白"之争。20年后,《新青年》杂志提倡的白话文运动兴起来了。这时,裘廷梁又与钱基博(子泉)为"文""白"之争展开"笔战"。裘廷梁在给钱基博的信中就为什么提倡白话文做了一个生动的比喻,信中写道:

　　我要问问全国人,文字的本身,是不是就算学问,还是拿它做求学问的器具。若承认它是器具,我就有一个譬喻:文言像金类的鼎彝,白话像瓷类的壶碗。鼎彝非不贵重,正因为贵重的缘故,不能人人到手;磁类壶碗的好处,就在人人可得而用之。瓷

器虽然也有精粗美恶的不同，但粗瓷器也一样可以达到它使用的目的，现在时世万不能再用鼎彝的了。鼎彝价值，在今日极贵重的，好古的人，把它放在极精致的屋内，空闲时，走进去，赏玩赏玩，摩挲摩挲，原是很有趣味的，如果要叫全国的人，拿它做日用品，那就糟了。

裘廷梁在给钱基博的另外一封信里又说：

　　我总希望你替别人想想。不要推己及人，硬说文言和语体文，没有什么两样，用不着改革……我近来看见受了学校教育七八年的人，已经算是长久的了，走到社会上来，依然糊糊涂涂，显出他知识上饥饿的形状，并且写封信还是格格不吐，这不是受着文言的害么？我们天天吃的鱼肉饭，会到饥民肚里去么？语体文的"文"，是文字的文，不是文章的文。我且问你：现在时代是什么时代，现在教育的宗旨是不是叫人人做文章，像前清科举时代一样？……专制时代的教育本来是少数人的教育，用不着替大多数人想法。现在教育家，人人讲普及教育了，却不肯改用语体文，照这样教育下去，我以为即使立刻普及，也不会有可惊的进步。因为文言是装饰门面的招牌，不是求智识的利器……（见《可桴文存·白话文》）

　　这些见解，直到今天看来，还是那样熠熠生辉，掷地有声；那种站在"四万万人"的立场、"替大多数人想想"的精神是难能可贵的。他不以提倡白话文的前辈自居、甘心退而为后起之秀摇旗呐喊的精神，更是令人钦仰。

　　裘廷梁早年除办白话报外，后来又致力于教育事业，开办了"三等学堂""东林学堂"等新学堂，聘请吴稚晖、俞仲还、秦晋华等为教师，"朝夕讲贯，取先秦诸子之说、中外史地以为教材，于数理工艺尤特别注重"。其讲求新学、融中西学术于一堂，开维新风气之先河。同时，他在无锡还

"广设师范学校,以造就师资,故推行迅速,收效宏远,为各邑所不可及"(两段引文见丁福保《可桴裘先生家传》)。

裘廷梁一生提倡科学,思想开化。在他的熏染下,大儿子裘昌运,曾留美学农;其侄孙裘维裕专攻物理学,后来担任上海交通大学物理学院院长。裘廷梁早年还曾在《无锡白话报上》撰文介绍著名数学家、同乡人华若汀的数学。他也曾批评曾国藩只督促自己的大儿子曾纪泽学外语、二儿子曾纪鸿学数学,却不在全国提倡,未免太自私了。

裘廷梁晚年过着俭朴淡泊的生活,70岁那一年,他的大儿昌运、二儿铁心,准备为他祝寿。他表示坚决不可,将准备祝寿的筵席钱全部捐入地方慈善团体,并榜书"生不做寿,死不开吊",以示革除陋习,且遍示亲友,并刊于沪、锡各报。一时响应此举者,不乏其人,使沪、锡的社会风气为之一变。

综观裘廷梁的一生,其最大贡献就是在当时的背景下创办了《无锡白话报》,发表了《论白话为维新之本》的宏文,发出了人们心中积郁很久的"崇白话而废文言"的呐喊,为后来的白话文运动造成了较大的影响和声势,为白话文运动的发展增添了可圈可点、可歌可泣的一笔。

第十七章
中国拉丁化运动的旗手
和文字改革活动家
——上海人倪海曙

倪海曙（1918—1988），原名倪伟良，笔名王大生、魏凉、道生、基达、文之初等，上海市人，我国著名的文字改革活动家、语言学家。

1937年抗日战争爆发，倪海曙则辍学从事抗战工作和文字改革工作。1939—1942年，他在上海复旦大学中文系读书，并继续做文字改革工作。从1938年起，任上海新文字研究会常务理事。1945年抗日战争胜利后，在《时代日报》和时代出版社任副刊版责任编辑及图书编辑，并自编《新语文》《新园地》《方言文学》等副刊。

中华人民共和国成立后，倪海曙兼任上海新文字工作者协会副主席及上海复旦大学新闻系副教授，主编《新文字周刊》《新文字半月刊》和《语文知识》月刊。1951—1953年，在华东人民出版社任副总编辑及工农读物编辑室主任，主编《文化学习》半月刊和大量通俗读物。1953年后，他被调入北京参与筹办通俗读物出版社，并任文化读物编辑室主任。1954年底，中国文字改革委员会成立，他调该会工作。倪海曙历任研究员、汉语拼音方案委员会委员、文字改革出版社副总编辑及文改会编辑室主任等职，曾主编《拼音》月刊、《文字改革》月刊和《光明日报》副刊以及《文字改革》双周刊。他于1964年被选为第三届全国人大代表，1979年被选为第五届全国政协委员。1980年，任中国文字改革委员会秘书长以及中国语言学会理事。

　　倪海曙是中国语文现代化运动的重要人物。其研究领域涉及语言文字的各个方面，无论是语法研究和语言教学，还是辞典编纂和汉语规范化，或者是推广普通话和汉字改革，他都始终站在时代前列并作出了重大贡献。倪海曙的论文是研究语言文字改革的重要文献资料。他曾多次发表论文，对语言文字改革提出自己的看法，其中包括关于普通话的推广与定义、语文改革运动、语法研究和语言教学以及语言文字改革的重要性等多个方面。

　　倪海曙是中国语言文字研究中的一个标杆，对人们的语言文字研究起到很好的指导作用。很多人在谈到近代中国语言文字改革的时候都会将倪海曙作为一个重要学术人物来进行研究，对倪海曙的学术成就有着较高的评价。陈光磊认为"他的卓越业绩和献身精神将永存于中国语文运动的史册，也将永远鼓舞和激励我们奋进！海曙先生对于修辞也多有研究，写过论说修辞的书和文章"。同时他还说"海曙先生把自己的一生奉献给了语文改革事业，对中国的文字改革和语文现代化作出了历史性的贡献"。（陈光磊：《普及修辞学和拓展文体研究》，《当代修辞学》，1988年第4期）

一、倪海曙对于语言文字改革的实践

　　倪海曙认为近现代中国的语文文字改革，基本可以概括为四个方面：文体改革方面、民族共同语方面、汉字简化方面以及中文拼音化方面。而当前文字改革三大任务：简化和整理汉字、推广普通话、推行《汉语拼音方案》。（倪海曙：《倪海曙语文论集》，上海：上海教育出版社，1989年，第208页）

（一）推行拉丁化新文字的理论与实践

1. 推行拉丁化新文字的理论

拉丁化新文字简称"新文字""拉丁化"或者"北拉"，也称"中国话写法拉丁化""中文拉丁化""拉丁化中国字""拉丁化汉字"。它是 1931 年在苏联产生的一份中文拉丁化方案，它的产生与苏联十月革命后的扫除文盲运动有关。（倪海曙：《拉丁化新文字运动始末和编年纪事》，上海：知识出版社，1987 年，第 3 页）十月革命之后，苏联的文盲人数占总人口的72%，且大部分集中于少数民族及部族，其中根本没有自己文字的民族就有115 个。因此，苏联政府在进行扫盲的同时，还用国际通用的拉丁字母来给这些民族和部族创造并改革文字。这项工作从 1922 年开始，1937 年结束，形成了一个文化革命运动，称为"文字拉丁化运动"。

我国的拉丁化新文字就是那个时期在苏联产生的。当时苏联远东地区有10 万中国侨苏工人，他们大多不识字，成了苏联扫盲运动的对象。起初用汉字扫盲，困难多且效率低，学了两三年他们还不会读写。1928 年 2 月，苏联莫斯科中国劳动者共产主义大学中国问题研究所开始研究中文是否可以拉丁化，认为倘能创造一种拉丁字母拼音的中文来帮助中国工人扫盲，将比汉字扫盲容易得多。于是，由当时在苏联的中共党员瞿秋白、吴玉章、林伯渠、萧三、王长希、张成功等，会同苏联汉学家郭质生、莱赫捷和史萍青进行这项工作。1929 年 2 月，瞿秋白在郭质生的协助下拟订了第一个中文拉丁化方案，并在 10 月写成一本《中国拉丁化的字母》的小册子。北方话拉丁化新文字方案在海参崴"中国文字拉丁化第一次代表大会"通过以后，由"远东新字母委员会"编辑课本、读物及工具书，举办各种学习班、补习班、短期学校、识字学校，号召中国工人学习，后来又组织从东北撤退到苏联的抗日民主联军学习。从 1931 年到 1934 年，"远东新字母委员会"编辑出版了 47种课本和教材，印了 10 万多册，又在伯力创刊北方话拉丁化新文字的报纸《Yngxu Sin Wenz》（《拥护新文字》）六日报（后改为三日报）。另外还在伯力的汉字报纸《工人之路》增辟新文字版，中国工人经过学习，脱盲很多。

2. 推行拉丁化新文字的实践

倪海曙以毕生精力从事于文字改革。他的青年时代是拉丁化运动的高潮时期，他的老年时代是拉丁化运动的消沉时期，他的一生是拉丁化运动的化身。拉丁化运动在中国有过三个高潮：第一个高潮是 20 世纪 20 年代的国语罗马字运动，第二个高潮是 20 世纪 30 年代的北方话拉丁化新文字运动，第三个高潮是 20 世纪 50 年代的汉语拼音方案运动。（周有光：《倪海曙同志和拉丁化运动》,《语文建设》, 1988 年第 3 期）第一个高潮时期海曙同志还小，第二个高潮，他便成为拉丁化新文字运动的中坚分子。第三个高潮时期，他以其丰富经验在《汉语拼音方案》制订及推行中发挥指导作用。

20 世纪 40 年代，倪海曙发表了《结束符号，建立文字！》。在文中，倪海曙明确指出运用拼音文字的重要性，并且提出创造一个拼音文字的表达体系。他在 1948 年发表的《中国拼音文字概论》（1949 再版改名《拉丁化新文字概论》），这本论著结合了人类文化的发展历史和其他国家对于拉丁化文字的使用情况，从中突出中国拉丁化新文字推广的必要性，并从人类文化的发展史及其他国家实现文字拉丁化的角度，论述中国的拉丁化新文字运动。同时，他还促进了中国文字改革委员会的成立，并且在其中担任了重要的核心研究学者。倪海曙是中国拉丁文推广的有力的推动者，对拉丁文在中国的推广起着弥足轻重的作用，这是中国语言文字研究领域公认的事实。

倪海曙十分重视拉丁化的实践，他主要抓住两个关键环节：一是扫除文盲，二是小学语文教学。抗日战争时期，逃到上海的难民越来越多，其中多数是文盲。倪海曙亲自对他们进行扫盲教育。他的辛勤劳作使很多难民通过学习拉丁化新文字认识了很多汉字，真是多快好省。他的实践受到当时儿童教育家陈鹤琴的高度评价。同时，他对于拉丁文的文字教学十分看重，并且身体力行地去进行研究探索，希望能够给中国的拉丁文教学与推广带来新的发现。倪海曙提出创建"注音识字，提前读写"的实验，在实验的探究过程中投入了大量的时间与精力，虽然年事已高，但他依旧坚持自己到实验试点一个个地进行考察，将在学校试点中所看到的一切写成视察报告，给大家提供关于拉丁文教学的参考意见。这个实验得到了大家的肯定，教育界和语言界都对这项工作给予了充分的支持。最终，这项实验取得了不错的教学成果，在全国广泛开展。

倪海曙一生主编了多种语文杂志。例如《语文知识》，在20世纪50年代传播了语文的常识，说明了文字运动对社会发展的意义。许多青年说，他们正是受了这本小杂志的启发而投身到语文工作和语言学专业的。他所编辑的杂志，不是没精打采的文章汇编，而是有目的、有方向、有动力，旗帜鲜明，指出语文工作应当为社会进步服务。任何杂志到他手里就立刻活跃起来，他不是为出版而出版杂志，而是为一种历史使命而出版杂志。此外，对于拉丁文推广的一些资料文献他也做了很好的收集，先后编写并出版了《中国字拉丁化运动年表》《中国拼音文字运动史简编》《拼音文字史料丛书》《拼音文字写法资料选辑》《清末文字改革文集》以及《清末汉语拼音运动编年史》等，他编撰的最后一本关于拉丁文论著为《拉丁化新文字运动的始末和编年记事》。

（二）推广普通话的实践

现在有很多人，把"普通话"同"北京话""标准语""国语"混为一谈，这是不对的。根据全国文字改革会议给普通话下的定义，我们知道"普通话是一种以北方话为基础方言、以北京语音为标准音"的"民族共同语"。从这个定义看，普通话首先是在北京话之外的客观存在着的东西。当时教育部部长张奚若在《大力推广以北京语音为标准音的普通话》报告中说得很清楚，他说：

> 宋元以来的白话文学使白话取得了书面语言的地位，元代的《中原音韵》通过戏曲推广了北京语音。明、清两代，以北方话为基础方言、以北京语音为标准音的"官话"随着政治的力量和白话文学的力量传播到各地，几百年来这种"官话"在人民中立下

根基，逐渐形成现代全国人民所公认的"普通话"。五四运动以来，新文学作家抛弃了传统的文言，一致采用"白话"写作，学校教科书和报纸都开始采用白话，这样就大大发展了历史上原有的北方"官话"，加进了许多其他方言的有用的成分和必要的外来语成分，迅速促进了普通话的提高和普及。（张奚若：《大力推广以北京语音为标准音的普通话》，《江苏教育》，1955 年，第 24 期）

中国的普通话推广工作在中国语言文字革命中占有很重要的地位，是这次革命的重点。当时我国的国情决定了推广普通话的必要性，我国由于地域广阔，各个区域差异大，所以有很多的地方存在方言。普通话的推广有助于消除各个地区的语言沟通交流的隔阂，更好地促进我国各方面事业的发展。倪海曙是中国普通话推广的积极倡导者，他曾经于 20 世纪 80 年代和叶籁士、周有光针对研究和制定标准现代汉字表提出自己的建议与意见，并且在多次重要的国家级会议中提出推广普通话。他认为"文改"三项任务中的重点应该是推广普通话，同时，他还发表了很多关于推广普通话的重要性与紧迫性方面的论文，如《建立全国性的精神交通运输网的重要性和紧迫性》《通过五种力量，在八个方面推广普通话》等，这些论文指导和推动了新时期普通话的推广，以及现代汉语规范标准化工作的顺利进行。

倪海曙认为我国的推广普通话工作是从 20 世纪初开始的，已有多年的历史。整体可以分为三个阶段：20 世纪初头 10 年的清末是第一阶段；1911 年辛亥革命到 1949 年中华人民共和国成立是第二阶段；中华人民共和国成立到现在是第三阶段。三个阶段由于历史背景的不同，对普通话的推广都是有所发展的。在第一阶段我们国家在清王朝的腐败统治下已经沦为半殖民地半封建社会，不断受到列强的侵略压迫，许多爱国人士认为要挽救危亡，首先应该使人民团结起来。要团结，必须有共同的语言。这是最早认识到推广普通话的重要性。不过，当时那不叫普通话，叫国话。普通话是中华人民共和国成立以后为了纠正大汉族主义思想、照顾民族政策改用的。

第二阶段时腐败的清王朝被推翻，但国家的基本情况并没有好转，而且形成了军阀割据的局面。这使得大家对于普通话的必要性认识又提高了一步，想使用语言的统一来促进国家的统一。第三阶段为了加速社会主义的政治、经济、文化、军事建设。在未来的工作、学习、生活中，语言将不只是人与人之间交际的工具，而且将是人与机器之间的交际工具。

1983 年 3 月 23 日，在湖北省师范院校普通话教学成绩观摩会开幕式上，倪海曙讲道："推广普通话是一个极其伟大的、也是极其艰巨的历史任务，它的伟大超过秦始皇的改革和统一汉字形体，实现'书同文'。但是在古代封建社会，使用文字的人毕竟只是少数，改革和统一还不怎么困难。现在要在 10 亿人民中推行普通话，使占全人口 95% 的汉民族改变方言隔阂状态，实现'语同音'，那比秦始皇的'书同文'要困难多了，也伟大多了。"（倪海曙：《倪海曙语文论集》，上海：上海教育出版社，1989 年，第 200 页）他表明推广普通话不但是必要的，也是迫切的，甚至是紧迫的。对于推普的必要性大概没有人怀疑了，方言的使用价值小，好像地方粮票，普通话的使用价值大，好像全国粮票，谁也不会反对在地方粮票之外，还应该有一种全国粮票。关于推广普通话的迫切性，是中华人民共和国成立以后提出来的。中华人民共和国成立后，我们国家实现了历史上没有过的高度统一，从而掀起了社会主义建设的高潮，但是方言隔阂的状态，给人民的政治、经济、文化生活带来很不利的影响，建设工作遭到不少困难，因此在全国人民中大力推广普通话成了当前的迫切任务。

（三）参与汉语拼音方案的制订

中华人民共和国成立初期，为了使人民群众的文化水平得到提高，中央把制订一个比较合理的拼音方案作为重要目标。倪海曙曾在上海新文字研究会上表明，毛主席在苏联访问时，曾问斯大林中国的文字改革应该怎么办，斯大林说，中国是一个大国，可以有自己的字母。毛主席回国后，立刻下令中国文字改革研究委员会，要求其研究制订具有民族特征的拼音方案。与此同时，上海新文字研究会则停止对北方话拉丁化新文字的推广，等候新方案出台。

1949年10月，民间团体"中国文字改革协会"建立了。该协会设立了"方案研究委员会"，并讨论了采用什么字母等问题。1952年2月，政务院文化教育委员会成立了"中国文字改革研究委员会"，并设立"研究并提出中国文字拼音化的方案"的"拼音方案组"，几年中拟订了好几种以汉字、草书笔画为字母的民族形式拼音方案。（王均：《再论汉语拼音方案是最佳方案》，《语言文字应用》，2003年第2期）1954年12月，国务院成立"中国文字改革委员会"，于1955年组织建立"拼音方案委员会"，由吴玉章、胡愈之担任正副主任，黎锦熙、罗常培、丁西林、韦悫、王力、陆志韦、林汉达、叶籁士、倪海曙、吕叔湘、周有光为委员，除了民族形式字母的方案之外，继续研究及制订采用拉丁字母的方案，最后确定拼音方案采用拉丁字母。拉丁字母形式的汉语拼音方案第一个草案于1956年正式发表，其中使用了6个新字母，分别是：无点i、带尾z、c、s、长脚n、俄文"基"。经过征求全国和国务院"汉语拼音方案审订委员会"的意见，1957年10月，一个完全采用拉丁字母的修正草案由拼音方案委员会提出，也就是今天的汉语拼音方案。

（四）语言教学的实践

汉语言文字教学工作是一个非常烦琐的过程，倪海曙对于语言的教学十分看重，并且身体力行地进行实践，我们可以看到他在这方面的成绩是硕果累累。

语言教学中辞典文库的使用是比较频繁的，鉴于语言教学有这方面的需求，在20世纪80年代时，倪海曙编著过一套大型语言文字丛书《现代化知识文库》，这套丛书由当时赫赫有名的中国大百科全书出版社出版，并且获得了学术界的广泛赞誉，很多人都表示这套书籍是中国语言文字的一个很好的总结。倪海曙还曾经担任《汉语大词典》的学术顾问，在担任学术顾问期间，他对词典的编撰十分精心，并且做了深入研究与探讨，这本词典的发行后来引起了很多专业学者专家的兴趣，同时成为人们研究中国语言文字的重要参考。

倪海曙主张的"注音识字，提前读写"小学语文教学改革试验，是黑龙江省教育学院在我国全国高等院校文字改革协会的协助下发起和进行的。当时得到中央教育部和中国文字改革委员会的支持，实验期为 3 年，指标是 3 年内学完五年制小学的全部语文课程，达到小学毕业或初中一年级的语文程度。实验于 1982 年秋季开学首先在黑龙江省佳木斯市和嫩江地区的讷河、拜泉两个县的三所小学进行。"注音识字，提前读写"的方法很简单，主要是在小学一年级就学好拼音，力求熟练，见了音节不用现拼也能念出来，然后在这个基础上同时进行识字和读写的教学。在识字少的情况下，先读纯拼音的课文与读物，写纯拼音的短文。随着识字量的增加，再读拼音和汉字并列的课文与读物，写拼音夹汉字的短文。学生通过大量的阅读，在拼音的帮助下，声入心通，自己可以识很多汉字，并通过大量的写话作文，加以巩固。最后读纯汉字的课文和读物，写汉字夹拼音的作文。另外增设一周两节的普通话说话课，用纯拼音的教材进行形式多样的口头表达能力的训练。

黑龙江的实验班学生在两年不到的时间里识字量增加，我国教育部颁布的《小学语文教学大纲》规定五年制小学 10 册语文课本的总识字量为3071 字，第一学年识 700 字，第二学年识 1000 字。可是 6 个实验班第一学年的期末识字测试平均就达 1050 字，多达 2020 字；同时，学生们的阅读量巨大，第一年课内课外平均读了 55 000 字，第二年上学期课内课外平均读了 288 900 字。读纯拼音读物平均每分钟 130 音节，读拼音和汉字对照的读物平均每分钟 150 音节，达到了我国成人说话的速度，快的每分钟 180 音节。此外，写作水平也提高了。第一学年进行了各种类型的写作训练 60 多次，平均写了 6800 字。第二学年上学期进行了 49 次，平均写了 8968 字。之后前黑龙江省省委常委靖伯文去实验点测试二年级实验班的作文，由他亲自出题，限定 40 分钟交卷。测试后把试卷带回哈尔滨，又用同一题目、同一时间测试了哈尔滨重点小学的三、四年级。结果是实验班二年级的平均水平等于重点小学的四年级，而且被评为甲等的作文多十来篇。1983 年秋季开学，在黑龙江省以外的其他省市，如上海、广州、辽宁、湖南、四川等，都进行语文教学试验。1984 年秋季北京也有两所学校开设实验班。

倪海曙对于语言修辞也多有研究，写过论说修辞的书和文章。他对于现当代修辞学的建设和发展也是非常关心的。倪海曙对于一些古代诗文十分关注，并且创作了很多这方面的文艺作品，包括《楼台会》《苏州话诗经》等，这些都是语言教学中可以使用的教材，可以很好地丰富学生学习内容，提高学习兴趣。

（五）参与简化汉字的实践

1949 年以后，面对国家百废待举的局面，在文教工作方面，群众长期要求的汉字改革也是其中的一端。中华人民共和国成立后各个阶段的文字改革机构，不论是 1949 年 10 月成立的"中国文字改革协会"，还是 1952 年 2 月成立的、由文化教育委员会领导的"中国文字改革委员会"，或是 1954 年 12 月成立的、直属国务院的"中国文字改革委员会"，都以很大的力量投入整理汉字的工作。这个工作的中心，就是汉字的简化。

经过几年的收集资料、研究字表，和一再在全国范围征求意见，展开讨论，并且在 1955 年 7 月成立"汉字简化方案审订委员会"，逐字审订所拟订的方案，又在同年 10 月召开的"全国文字改革会议"上予以通过，最后才在 1956 年 1 月由国务院公布了一个《汉字简化方案》，包括 515 个简化汉字和 54 个简化偏旁，如果把简化偏旁，以及可以做偏旁用的简化汉字予以类推，有 2000 多汉字可以得到不同程度的简化。这是中华人民共和国汉字简化工作的第一批成果，但并不是这个工作就到此为止了。（倪海曙：《倪海曙语文论集》，上海：上海教育出版社，1989 年，第 239 页）

此外，这个时期的汉字简化工作与过去的明显不同。简化汉字不仅获得了生存的权利，还获得了正统的地位，它开始代替繁体字成为正字。通过国家对出版印刷的控制，在一般书刊中，已经公布有简化字的繁体字都不用了。而过去的简化汉字仅仅要求和繁体字并存。在进行简化的同时，还进行了汉字的规范化工作，通过异体字的整理使简化汉字不再有异体同时存在。

第十八章

开中国语法研究之先河的
《马氏文通》作者
——镇江人马建忠

- 《马氏文通》的问世，标志着中国汉语语法学的诞生，汉语从此告别了没有中国人自己写的汉语语法学著作的历史。

- 经过马建忠系统的、理性的爬梳，古汉语语法学体系才得以建立。《马氏文通》是汉语语法成为汉语语言学一门分支学科的标志，说明语法研究从经学附庸的地位中摆脱了出来。汉语语法学帮助人们养成科学分析的习惯，大大有益于民族素质的提高。

- 这部书代表了中国语言学的优良传统。它不是谈感想，而是用事实说话。《马氏文通》例句共计达 7 万多条，真是难能可贵。他为了构建汉语语法体系所付出的辛劳，谁人能比！从汉语的实际出发，怎么能说是原封不动地照搬西方语法？

- 马建忠与当时欧洲流行的普遍唯理语法非常合拍，他在创立汉语语法学之初就与国际语言学接了轨。

- 马建忠带动了一批人投身汉语语法研究，《马氏文通》所形成的优良传统——系统性、面向应用、以词为基本单位、务实，得到了发扬，影响到今天，也必将影响到将来。

本文是 1998 年为纪念《马氏文通》诞辰一百周年所作。

马建忠著《马氏文通》即语法学，（清）光绪二十四年（1898）出版上卷，二十五年（1899）出版下卷；二十六年（1900）作者因积劳成疾而英年早逝，享年仅 55 岁。作者这么早地成仙驾鹤西游，主要是因为写作《马氏文通》太过辛劳。现在是《马氏文通》出版暨汉语语法学诞生百年，2000年是作者逝世百年。《马氏文通》百岁诞辰和作者百年忌辰到来之际，缅怀马建忠，讨论和学习《马氏文通》具有特别重要的意义。《马氏文通》的特色与其作者的情况和写作的时代背景密不可分。

《马氏文通》作者马建忠，字眉叔，1845 年出生于江苏镇江府丹徒（今镇江市，马建忠祖籍丹阳，也可以说是丹阳人），是清王朝风雨飘摇时代的先进人物，杰出的爱国者。他生活在中华民族存亡绝续之秋，很有思想，主张改革富民，善于办外交，是韩国太极图国旗的主要设计者。《马氏文通·后序》虽然高估了语法的作用，但其中洋溢的炽热的爱国热忱，感人肺腑。他学贯中西，见多识广，博闻强记，满腹经纶，学过数理化、天文、地理、地质、生物、历史，通过了巴黎考试院文科和理科的学位考试，还通过了律师和外交等科的考试，为开创汉语语法学做好了充分的知识准备。马建忠知识结构合理，达到了超群绝伦、超凡入圣的境界。

这样的作者所写的中国第一部内容充实、发掘很深的汉语语法的系统著作，是中国传统训诂学与西洋语法理论框架相结合的产物，是不可等闲视之的洋为中用的典范，是汉语语言学史上耸入云霄的不朽丰碑。马建忠以《马氏文通》迎来了 20 世纪。《马氏文通》的问世，标志着中国汉语语法学的诞生，汉语从此告别了没有中国人自己写的汉语语法学著作的历史，以汉语为母语的中国人开始自觉地、理性地研究汉语语法结构规律。现在无论学习现代汉语还是学习古代汉语，都要学习语法，这第一部语法书是马建忠写的。吕叔湘《中国文法要略》受《马氏文通》影响尤其明显。可见马建忠及其《马氏文通》影响之深远。

从马建忠遗像上我们看到他面容清癯、目光如炬，看到他对汉语语法学发展的期待。百年以来，汉语语法学取得了长足的进展，已经出现了一大批分量厚重的成果，带动了中国语言学相关分支学科的发展。总结近20年来结合语义表达进行汉语语法分析的理论和方法，不能不追溯到《马氏文通》，有特色的《马氏文通》及其天才作者永远值得纪念和学习。

一、《马氏文通》洋溢着科学精神

《马氏文通》的第一个特色是系统性。语法学是系统地研究有意义的语言单位结构规律的科学。中国古代没有这样的独立学科，缺乏系统的汉语语法研究，而只有附丽于训诂学零碎的汉语语法研究。汉语语法研究的萌芽阶段是漫长的，主要成就是虚词和句读的研究。古代是一个一个地说明汉语虚词的用法，缺乏一类一类的概括分析，因此与其说是语法研究，不如更准确地说是含有语法因素的训诂研究。在服务于读经书的训诂著作中还有零星的和语法有关的一些叙述。经过马建忠系统的、理性的爬梳，古汉语语法学体系才得以建立。《马氏文通》是汉语语法成为汉语语言学一门分支学科的标志，说明语法研究从经学附庸的地位中摆脱了出来。汉语语法学帮助人们养成科学分析的习惯，大大有益于民族素质的提高。

《马氏文通》的第二个特色是面向应用。写作的目的是提高语文教学的效果，实际上是提出了语文教学的现代化问题。马建忠发现西方人语文教学效率高，省出了很多时间学习数理化，因此科学技术先进。有感于此，他把中国语文教学效率低归因于中国没有"葛朗玛"（grammar，语法），所以才下功夫研究了10年的汉语语法。《马氏文通》面向应用的表现之一是重视句、读、顿。文言文传统上不用标点，句读之学就自然地成为有实践意义的学问。句读是选择文中可以断开的地方（切分点）即断句，在此基础上对句子进行切分，找寻可以停顿的地方，从而确定一个个大大小小的片段。正确断句即正确切分，是正确理解文意的前提。句读之学属于语法研究。面向应用的另一个表现是把语法和修辞结合起来，这对当时和后来都有很大影响。时隔6年，来裕恂写作《汉文典》，把语法、修辞和文章学写成一部书，两年后由上海商务印书馆出版。因为要面向应用，而当时应用的是文言文，所以马建忠和来裕恂都以文言文为研究对象。孙中山在《建国方略》中评论《马氏文通》时提出"言文一致"的主张，指出文法应该"演明今日通用之言语，而改良之"。这是更高的要求。

《马氏文通》的第三个特色是以词为基本单位。全书分上下两册，上册六卷，下册四卷，一共十卷：第一卷正名，介绍基本概念；第二卷至第九卷总共八卷讲"字"（词），介绍各个词类，其中第二卷至第六卷讲各类实字，第七卷至第九卷讲各类虚字；第十卷讲句读。由此看来，《马氏文通》的语法系统显然是以词为基本单位的。这一点有很多人不赞同，认定以词为基本单位，就是模仿西洋语法，就是没有抓住汉语的特点。我们觉得这种说法失于偏颇，至少是欠全面、欠公平。马建忠免不了一方面吸收中国传统训诂学的营养，一方面模仿西方语法。这与他学贯中西有关。马建忠不仅饱学古代丰富的典籍因而熟悉训诂之学，而且精通拉丁语、法语、英语、希腊语，运用这四种外国语的能力达到了"与汉文无异"的程度，他曾任驻法公使的翻译，此外还通俄语，翻译过外交文件。在各种意义上他都称得上是一位 linguist（语言学家／精通多种语言的人）。以词为基本单位，不完全是模仿西洋语法，显然他也同时受到中国传统训诂学的深刻影响，至少是部分地在训诂学基础上构建汉语语法。因此他从所掌握的古籍和多种外国语的角度来观察汉语，得出以词为基本单位的结论，这很不简单，绝不应该算缺点。词本位的语法体系至少一点也不比以句子为基本单位的句本位语法体系差。汉藏系少数民族语言和汉语类型一致，中国少数民族语言简志丛书中各种简志和马学良主编《汉藏语概论》（北京：北京大学出版社，1991年）对各语支的介绍，词法所占篇幅一般比句法篇幅大。再如巢宗祺《广东连南油岭八排瑶语言概要》（上海：华东师范大学出版社，1990年）词法126页，而句法只有14页；戴庆厦、徐悉艰《景颇语语法》（北京：中央民族学院出版社，1992年）词法365页，而句法只有75页。总不能说20世纪90年代的少数民族语言学者都仍然在模仿西洋语法吧。这说明毋庸置疑，词是汉藏语的一种基本语法单位。黎锦熙以句子为基本单位，同样是借鉴西方语法，只是模仿的对象改成了英语。我们没有足够的理由认为模仿英语一定比模仿拉丁语、法语语法好。在汉语基本语法单位词和同组中，马建忠无论如何还抓住了一个基本单位，比起句本位语法来，似乎应该说还是要好一些的。以句子为基本单位的学者和接受这种体系的学者一般比较熟悉英语，有的还熟悉法语，他们掌握的语种数一般没有马建忠多。英语和法语又都是形态变化在不同程度上减少了的分析语，模仿英语和法语语法，就可能采用句本位体系。不少人觉得句本位体系还可以，是因为汉语各级语法单位之间在构造上是平行的，句子、词组、复合词的构造规则基本一致。马建忠的字类即词类，是根据意义划分出来的。他认为"字无定义，固无定类"。意义的确是词类划分的最深刻基础，意义的共同点往往可以从搭配上看出来；我们强调形式上的根据，就是把形式和意义紧密地结合起来。研究语义语法范畴，是形式和意义相结合的有效办法。

《马氏文通》的第四个特色是务实。这部书代表了中国语言学的优良传统。它不是谈感想，而是用事实说话。《马氏文通》旁征博引，据统计共用了7326条例句。（张万起：《马氏文通研究资料》，北京：中华书局，1987年）这些例句经过筛选，仅仅是马建忠收集例句的 1 / 10。例句共计达 7 万多条，真是难能可贵。他为了构建汉语语法体系所付出的辛劳，谁人能比！从汉语的实际出发，怎么能说是原封不动地照搬西方语法？他还吸收了前人的成果，如在字类（词类）中增设了西方语法中所没有的助字（助词）。

二、从汉语语法学的世纪回顾看《马氏文通》以来的传统

回顾汉语语法学史，我们深深感到中国汉语语法研究第一人马建忠及其《马氏文通》的巨大影响。马建忠带动了一批人投身汉语语法研究，《马

氏文通》引发了人们更多的思考。100 年来,《马氏文通》所形成的优良传统——系统性、面向应用、以词为基本单位、务实,得到了发扬,影响到今天,也必将影响到将来。在世纪之交,有必要总结《马氏文通》出版到今天的汉语语法研究的得失以利于下个世纪汉语语法学的健康发展。

"五四"新文化运动以后,经过黎锦熙等人的努力,现代汉语语法学才建立起来。然而这还属于汉语语法学的初创阶段——语文学的汉语语法研究阶段。这时人们不自觉地主要着眼于语言共性。因为面对的是大大不同于西方语言的汉语,所以也有值得注意的新发现。

在现代语言学之父(瑞士)费尔迪南·德·索绪尔的影响下,王力发表的《中国文法学初探》(1936)和随后陈望道组织的中国文法革新讨论,标志汉语语法学进入发展阶段,注意力转向自觉地寻找汉语语法的特点,王力、吕叔湘、高名凯等分别建立了自己的语法体系。20 世纪 50 年代李荣把赵元任《国语入门》的《序论》翻译为《北京口语语法》出版以后,经过几次大讨论,结构主义一步步在汉语语法研究中扩大了影响,汉语语法研究逐步走上精细描写的道路,直到 80 年代才明确了词组是汉语语法的基本单位,结构主义在汉语语法研究中逐渐取得了主流派地位,涌现出以朱德熙为杰出代表的一批语法学家,如张斌、胡裕树、胡明扬、陆俭明、邢福义、徐枢、王维贤、王还等人。

20 世纪 80 年代中期以来,在汉语语法研究的新时期,汉语语法学突飞猛进,逐步进入走向成熟的、多角度全方位地研究的新阶段,百家争鸣,百花齐放,万紫千红,出现了蔚为大观的令人欣喜的繁荣局面。汉语语法学成了汉语语言学中最重要的也是成绩最显著的部门之一。结构与语义、表达又联系起来,与方言、近代汉语乃至汉藏语系少数民族语言比较,与外国语对比,形式分析与语义特征分析、描写与解释真正结合起来,功能主义的影响逐渐扩大,虚词、语义语法范畴、空范畴、配价、句型、句类等方面的研究取得了一批重要成果。自觉的理论意识空前增强,视野拓宽,方法多样,开始做到既重视个性、又重视共性。从对待语法单位的态度上看,就是既重视词、又重视词组。这里我们看到了《马氏文通》的深刻影响。

限于篇幅，这里勾勒的线条很粗，要了解得稍微具体一点，可参看我和项开喜合写的《20世纪的中国现代语法学》（刘坚主编：《20世纪的中国语言学》，北京：北京大学出版社，1998年）。世纪末总结百年汉语语法研究时应该遵循的原则是实事求是，既不妄自菲薄，也不妄自尊大。借口语法研究中存在一些分歧而否定《马氏文通》以来的成就是错误的。故步自封，盲目乐观，对国外同行的成就不屑一顾也是错误的。

我们要在继承并发扬中华民族传统文化的同时，积极学习、大胆吸收并利用人类创造的一切优秀文明成果，在这一方面马建忠为我们做出了很好的榜样。

虽说语法研究今非昔比，但现在学习和研究《马氏文通》仍然有很大的现实意义。

《马氏文通》至今对汉语语法的研究，特别是对汉语语法史和语法学史研究仍然具有很大的参考价值，是必读文献。北京大学王力教授把它列为汉语史专业研究生两种需要精读的最重要的参考书之一（另一种是段玉裁的《说文解字注》），北大和南开大学等校都开出了专书《马氏文通》课。商务印书馆（北京）把《马氏文通》列为《汉语语法丛书》的第一种。《马氏文通》洋溢着科学精神，醍醐灌顶，说明汉语有可以言传的语法，无可争辩的事实已经把汉语无语法论和汉语语法"只可意会，不可言传"论即取消论批驳得体无完肤了。作者不回避问题，对于所遇到的语法现象都提出了一种处理办法，因此虽然处理得还不是尽善尽美，没有做到天衣无缝，但仍是功德无量，因为很能启发人们的思考。

马建忠有朴素的共性意识，注意联系语义表达和阅读来研究汉语语法。在现在仍对人们有启发作用。当代世界语言学潮流是重视语言共性和语言类型，马建忠在语法研究中表现出来的朴素的共性意识，尽管与今天的共性意识不可同日而语，但毫无疑问，仍然是有积极意义的。因为既然人类自然语言都是语音和语义相结合的交际工具与思维工具，它就一定是可以分析的。一个言语单位可以分析为若干个单位，在此基础上可以进一步讨论语法单位之间的关系和组织规则。《马氏文通》强调语言共性，与写作该书的目的，与重视语义表达和阅读有关。既然语言表示意义，就可以从意义出发，整理汉语的语法规则，只要不忽视形式方面就是了。

《马氏文通》反映了 19 世纪末的科学发展水平。学习《马氏文通》，就要继承并发扬马建忠开创的汉语语法学优良传统，自觉地开创汉语语法学的新局面。首先要学习和继承《马氏文通》及作者务实精神：追求系统化，重视词类和词的小类的描写，面向应用、注意语义表达；研究者要具备研究所需要的广博的知识，努力建立有利于深入研究的合理的知识结构，力争像马建忠一样博学，学习多种外国语，注意大小学科的交融是当代科学发展的大势。因此要学习和研究汉语方言与汉藏语系少数民族语言，学习和了解汉语语言文字学的其他各分支学科，还要学习数学、逻辑学、计算机科学、哲学、心理学、人工智能、医学、社会学等和语言学密切相关的学科，以适应新世纪汉语语法学科发展的需要。

纪念《马氏文通》百年，要看清《马氏文通》的不足，在研究中避免《马氏文通》的局限性。我们不苛求前人，《马氏文通》未可厚非，《马氏文通》不能差强人意之处在于它认为无论中外古今，语法的大纲都是"概无不同"的，于是基本采用拉丁语语法的框架来写汉语语法；因为认为上古汉语与后世汉语的差别不大，就把从先秦到唐代文言的语法看作一个系统，把历时语法当共时语法来描写。这样就不可避免地在一定程度上妨碍了对汉语语法的深入研究。

马建忠与当时欧洲流行的普遍唯理语法非常合拍，他在创立汉语语法学之初就与国际语言学接了轨。接轨就是承认科学没有国界，不夸大汉语和其他语言之间的差别，不过分强调汉语语法的特点，不另搞一套没法翻译或很难翻译成外语的术语，而要实事求是地看待汉语的特点与汉语和其他语言的共同点，采用和国外术语含义大致相同的术语，以利于国际交流。接轨不仅是国内学者学习西方新的理论方法，同时国内汉语语法研究中使用的有效的新的理论方法也要很好地总结并向海外积极介绍。只有海内外学者相互学习，取长补短，汉语语法学才能更快地进步。

以上主要宏观地谈了《马氏文通》的主要方面。在迎接 21 世纪的时候，中华民族正在复兴，我们高兴地看到马建忠开创的汉语语法学事业后继有人。责有攸归无旁贷，我们要学习马建忠及其《马氏文通》，继承宝贵遗产，推陈出新，更好地为汉语母语教学、为外族人汉语教学、为语言信息的计算机理解和处理、为国内外汉语语法研究提供参考，以新的姿态把汉语语法研究提到新的高度，为丰富普通语法学理论方法作出我们应有的新贡献。

（本文作者为中国语文现代化前会长，南开大学马庆株教授）

第十九章
《现代汉语词典》前期主编
现代语言学大师
——丹阳人吕叔湘

吕叔湘（1904—1998）是现代中国语言学的大师，他对中国语言学的贡献是多方面的。"不惑之年的吕叔湘，在他的教学和著述中显示了一个成熟学者的风范。不仅在专门研究上辛勤笔耕，独步当时，而且热心于社会语文生活的方方面面。这个时期，他很多的笔触是面向大众的，既有文言的助读性专书，又有英语学习的由浅入深的导论，还有大量英美文学译作，以及讨论汉字改革问题的通俗性文章。"（吕叔湘先生百年诞辰纪念文集编辑组：《吕叔湘——纪念吕叔湘先生百年诞辰》，北京：商务印书馆，2004年，第47页）这种精神贯彻了吕先生的一生，他的笔触始终是面向大众的。他对中国语文改革，也就是我们说的中国语文现代化，可以说是情有独钟，倾注了大量心血。为了推动中国的语文改革，他不但参与了大量的实际工作，而且还写出了许多重要著作。我们在继承吕先生留下的学术遗产的时候，不应该忘记这个方面。

一、中国语文改革以人民大众的利益为指归

吕先生作为热爱人民、关心祖国的知识分子，对旧中国语文生活的落

后面貌感受很深，对语文改革取得的成绩十分兴奋。他说："60年前，当我还是个小学生的时候，我国人民使用语言文字的情况跟现在是很不相同的。那时候，一个人从小学会了说本地话，六岁上学读文言书——《论语》《孟子》或者《国文教科书》，看你进的是哪路学堂，——也学着写文言文。说话和读书各管一方，有些联系，但是很不协调。比如你学了许多汉字，可那只能用来写文言，要用它写本地话就有许多字眼写不出。""这种情况，我小时候是这样，我父亲、我祖父的时候也是这样，大概千百年来都是这样。大家习惯了，以为是理所当然，想不到这里边会有什么问题，也想不出会有什么跟这不一样的情况。""可是有人看到了另外一种情况，并且拿来跟上面的情况做比较，引起了种种疑问，提出了种种建议。""到了清朝末年，中国人接触外国事物更多了，于是兴起了一种切音字运动"，"他们的成就是很有限的。这主要是因为受当时政治形势的限制：像这种以人民大众的利益为指归的语文改革，在人民自己取得政权以前是很难完全实现的。""从那时候到现在，半个多世纪过去了。这期间的变化可大了。白话文已经取得全面的胜利，普通话的使用范围已经大大地扩大了，汉语拼音方案的公布也已经给拼音文字打下了可靠的基础，虽然直到目前为止，它的主要任务还是给汉字注音。"（吕叔湘：《语文常谈》，北京：生活·读书·新知三联书店，1980年，第102页）

　　中国的语文改革既然取得了这么大的进步，是不是就到此为止了呢？不是的，中国社会在发展，语文生活也在发展，语文改革也在向新的目标前进。1983年邓小平同志发表了"教育要面向现代化，面向世界，面向未来"的题词后，吕先生用这个思想来思考语文改革问题。他认为，中国语文也要做到三个面向：首先要面向现代化。什么是现代化？简单点说就是高效率。怎样取得高效率？一是要有高速度，二是要有高精密度。其次是面向世界。面向世界的重要内容就是语言文字要有利于中外文化交流。最后是面向未来。面向未来就是要更进一步现代化，更进一步国际化，而绝不是相反。这就是新世纪语文改革所面临的重要任务。（吕叔湘：《汉语文的特点和当前的语文问题》，《语文近著》，上海：上海教育出版社，1987

年，第150页）当前我们国家在中国共产党领导下，正在全面推进小康社会建设，实现中华民族的全面复兴。中国语文改革要自觉地服务于这个伟大的目标。我们要继承并且发扬吕先生说的语文改革要"以人民大众的利益为指归"的思想，积极推进21世纪的语文改革，为中国的和平崛起贡献力量。

二、中国语文改革的内容以及各部分之间的关系

吕先生说：

　　语文改革实际上包含三个内容：用白话文代替文言，用拼音字代替汉字，推行一种普通话。三者互相关联，而彼此倚赖的情况不尽相同。改用白话文，不一定要用拼音字，也不需要拿普通话的普及做前提，因为有流传的白话作品做范本。推行普通话必须有拼音的工具，但是不一定要推翻文言，可以容许言文不一致的情况继续存在。惟有改用拼音字这件事，却非同时推行普通话和采用白话文不可。否则拼写的是地区性的话，一种著作得有多种版本；另一方面，如果不动摇文言的统治地位，则拼音文字始终只能派低级用场，例如让不识汉字的人写写家信，记记零用账。这样，拼音字对于汉字就不能取而代之，而只能给它做注音的工具。（吕叔湘：《语文常谈》，北京：生活·读书·新知三联书店，1980年，第106页）

吕先生又说：

　　汉字、文言、方言是互相配合，相辅相成的一套工具，拼音

字、白话文、普通话也是互相配合，相辅相成的一套工具。前者
在中国人民的历史上有过丰功伟绩，这是不容埋没的，但是事物
有发展，形势有变化，既然后者更能适应当前的需要，让前者功
成身退有什么不好呢？"（同上110页）

吕先生的这些意见对我们很有启发，也有值得认真研讨的地方。他认
为"汉字、文言、方言是互相配合，相辅相成的一套工具，拼音字、白话
文、普通话也是互相配合，相辅相成的一套工具"。这种理论与近50年的
中国语文改革的实践不完全相合。我们知道吕先生的这个意见不是随便说
的，是经过长期考虑。在1946年发表的《汉字和拼音字的比较》这篇文
章里，他已经提出了类似的看法。在那篇文章里，吕先生说："汉字的优点
和文言分不开，语体文的长处也必须用拼音字才能充分发挥。汉字配文言，
拼音字配语体，这是天造地设的形势。""汉字加文言，配合封建社会加官
僚政治，拼音字加语体文配合工业化社会加民主政治——这是现代化的两
个方面。"（吕叔湘：《汉字和拼音字的比较》，《吕叔湘语文论集》，北京：
商务印书馆，1983年，第106页）中华人民共和国建立后，在语文改革方
面继承五四时期提出来的"言文一致""国语统一"的传统，用白话文代替
文言文，用普通话代替方言，但是并没有用拼音字代替汉字。今天我们语
文生活的特点是：汉字、白话文、普通话互相配合，构成相辅相成的工具。
这一套语文工具能够比较好地为我们的交际服务。汉字是记录汉语的工具，
汉语书面语包括文言文和白话文两套系统。汉字用来记录古代汉语，写成
文言文，有两千多年的传统；用来记录近代汉语，写成古代白话文，如果
从北宋算起也有1000年；自清末、五四以来又被用来记录现代汉语，写成
现代白话文，也有100年。在过去的两千多年中，汉字和汉语基本相适应，
没有遇到严重的障碍。汉字作为交际工具，并不需要、事实上也没有随着
社会制度的改变而改变。工业化社会加民主政治需要语体文，但是并不排
斥汉字。从目前语文生活的实际说，汉字的地位十分稳固，看不到把汉字
改为拼音字的前景。

　　新中国的语文改革工作分为两个部分：一部分是着眼于现实的需要，就是 20 世纪 50 年代提出来的文字改革三项任务：简化汉字、推广普通话、制订并且推行汉语拼音方案。这一部分演变为现行语文政策的核心。另一部分是汉语拼音化。1951 年，毛泽东主席指出："文字必须改革，要走世界文字共同的拼音方向。"1958 年，周恩来总理在《当前文字改革的任务》的报告里指出：汉字的前途究属如何，"这个问题我们现在还不忙作出结论。""这不属于当前文字改革任务的范围。"1986 年全国语言文字工作会议重申 1958 年周恩来总理的意见："汉字的前途到底如何，我国能不能实现汉语拼音文字，什么时候实现，怎样实现，那是将来的事情，不属于当前文字改革的任务，现在有不同的意见，可以讨论，并且进行更多的科学研究。但是仍然不宜匆忙作出结论。"要不要实现汉语拼音化，在目前属于学术研究的问题，而不是语文政策的问题。不宜匆忙作出结论，这既指肯定的结论，也指否定的结论。把我们的语文改革工作分为这两个部分完全必要，完全符合语文生活的实际，否则会带来许多困惑，给工作造成损失。

三、推行汉语拼音方案

　　20 世纪 50 年代，中央提出来的当前文字改革三项任务，是简化汉字、推广普通话、制订并且推行汉语拼音方案。吕先生积极参与并且推动这三项任务的贯彻落实，下面只说说吕先生与汉语拼音方案的推行。

　　1954 年 12 月 16 日，国务院任命吕先生为中国文字改革委员会委员。1955 年 2 月文改会成立拼音方案委员会，吕先生是这个委员会的委员，参加了汉语拼音方案的制订。1958 年 2 月全国人大一届五次会议批准汉语拼音方案前后，吕先生发表了《汉语拼音方案浅说》《拼音字母有哪些用处》等文章，向社会积极宣传汉语拼音。

　　吕先生十分重视扩大汉语拼音的应用。1960 年 4 月，他在全国政协三届二次会议上发言，题目是《发挥汉语拼音方案的巨大力量在语文教学上实现多快好省》。他充分肯定山西万荣利用拼音改进语文教学的经验。吕先生特别指出："在阅读教学的初期是'先识字，后读书'，到了后期就是'先读书，后识字'，'以熟带生，越带越熟'，'以多带少，越带越多'。学员由被动转为主动，可以自己逐步提高，不受限制。这是个宝贵的经验，但是如果不利用汉语拼音字母，就无法办到。"（吕叔湘：《发挥汉语拼音方案的巨大力量在语文教学上实现多快好省》，《语文近著》，上海：上海教育出版社，1987年，第157页）万荣的成功实验，成为1982年秋季开始的黑龙江省"注音识字，提前读写"小学语文教学改革的先河。

1983年在汉语拼音方案公布25周年的时候，吕先生发表《汉语拼音方案是最佳方案》的论文，有力地回答了社会上某些人贬低、否定汉语拼音方案的言论。吕先生指出："评论一种拼音方案的优劣，主要应当考虑下面这几个因素：（1）字母数目多还是少？（2）字母是不是容易辨别？（3）是不是国际上比较通行？（4）在一般字母之外，有没有加符号或者改笔形的字母？（5）有没有一个字母在不同场合代表不同的音的情况？（6）有没有两个或三个字母代表一个音的情况？"在文章里吕先生特别强调拉丁字母便于国际文化交流，他说："拉丁字母是世界上通行范围最广的字母。现在国际文化交流越来越频繁，科学技术的国际标准化范围越来越扩大，拉丁字母的作用也越来越重要。《汉语拼音方案》采用拉丁字母是合乎时宜的。如果采用别种字母，在这方面将要忍受极大的不方便。平心而论，注音字母从其他几个方面来衡量，不比《汉语拼音方案》差多少，但是我们不得不放弃它而采用拉丁字母，主要就是考虑到国际交流的需要。"最后，他指出："把各方面的因素综合起来考虑，《汉语拼音方案》的的确确是最佳方案。"（吕叔湘：《语文杂记》，上海：上海教育出版社，1984年，第129页）吕先生的这个论断现在已经为人们普遍接受。

为了使汉语拼音方案进一步完善，便于用来拼写现代汉语，还必须制定较为完善的汉语拼音正词法。吕先生积极支持汉语拼音正词法的研制，发表了《一致 易学 醒目》的论文，提出了重要的意见。他说："我觉得一种正词法要取得群众的欢迎，须要满足三个条件：一是一致，二是易学，三是醒目。"关于正词法制定的约定俗成问题，吕先生说："由一个机构出来拟定几条试行的规则还是需要的。定得不合适的，在实践中必然会被抛弃或者修改；定得合适的将要被接受。这样，正词法就会由不完善逐渐趋向完善。"（吕叔湘：《一致　易学　醒目》，《文字改革》1984 年第 1 期）

重温吕先生关于汉语拼音的论述，可以加深我们对汉语拼音的认识，提高我们贯彻拼音的自觉性，更好地发挥汉语拼音的作用。

四、关于汉语拼音化的研究

汉语拼音化问题十分复杂，争论很多。吕先生对这个问题专门做过研究，提出了自己的看法。1946 年，吕先生发表了长篇论文《汉字和拼音字的比较》，全面地分析了汉语拼音化问题。文章提出了赞成改用拼音字的四个理由：第一，因为要中国文字容易学习；第二，因为要中国文字能胜任现代的高速度的文化工作；第三，因为要中国的语言文字更容易接受国际文化；第四，因为要充实中国口语，解放中国语体文。在文章里，他还批评了赞成汉字、反对拼音字的五个理由：第一，拼音字有时间性，汉字是超时间的。第二，拼音字是地区性的，汉字是超地区的，拼音字会助长方言的分裂。第三，汉字细密，拼音字粗疏。第四，汉字简便，拼音字繁重。第五，汉字美观。吕先生这篇文章的论点十分明确，就是：改革汉字，采用拼音字。1983 年 3 月 6 日吕先生对 30 多年前写的这篇论文写了补记，说："如果现在来写这个题目，论点不会有大改变，但是措词会两样些。"（吕叔湘：《汉字和拼音字的比较》，《吕叔湘语文论集》，北京：商务印书馆，1983 年，第 111 页）1964 年吕先生应《文字改革》杂志的邀请，写了 8 篇讨论语文问题的文章，1980 年编为《语文常谈》一书，其中的最后一篇就是"文字改革"。这篇文章的论点与 1946 年的文章主要的方面是相同的。

在这篇文章里，吕先生指出"拼音文字的优点超过缺点"，主要理由是：第一，汉字难学（难认，难写，容易写错），拼音字好学（好认，好写，比较不容易写错）。第二，汉字不跟实际语言保持固定的语音联系。第三，在使用效率上，汉字不如拼音文字。拼音文字的单位是字母，数目少，有固定次序，容易机械化；汉字的单位是字，数目多，没有固定的次序，难于机械化。第四，现在世界上各种文字都是拼音的，只有汉字是例外，因而在我国和外国的文化交流上是一个不大不小的障碍。结论是："拼音文字的优点（也就是汉字的缺点）大大超过它的缺点（也就是汉字的优点），而这些缺点是有法子补救的。如果由于改用拼音文字而能把中小学的学制缩短一年，或者把学生的水平提高一级，如果由于改用拼音文字而能把文字工作的效率提高一倍到三倍——这些都是很保守的估计——那么，光凭这两项就很值得了。"既然拼音字比汉字优越，为什么不能立即实现拼音化？吕先生说："因为有些条件还没有具备：拼音的习惯还没有普及，普通话通行的范围还不够广大，拼音文字的正字法还有些问题没有解决，如此等等。这些都是要经过一段时间的努力才能够解决的。另一方面，大家的认识还没有完全一致，这也是事实。"因此吕先生提出来"为拼音化积极准备条件"。（《语文常谈》第 111 页）

今天，如何来看待吕先生关于汉语拼音化的这些观点？我认为吕先生对汉字和拼音字的比较是有价值的，可以澄清许多流行的模糊认识。例如，关于汉字的超时空性问题，有人认为这是汉字的最大优点。吕先生对这个问题做了具体分析，他说："咱们这一辈人能够马马虎虎看一点古书，不尽是汉字的功劳，主要还是因为咱们从小就学习文言文的缘故。""近代欧洲的分裂自有种种原因，如民族、宗教、交通等，你要把这个罪名一古脑儿加在拼音文字身上，未免有点冤哉枉也。""助长方言势力的是汉字不是拼音字，拼音字倒能促进国语的普及。"（吕叔湘：《汉字和拼音字的比较》，《吕叔湘语文论集》，北京：商务印书馆，1983 年，第 100 页）可是汉语拼音化涉及的问题很多，有些方面还需要深入探讨。吕先生说："我们现在用的汉字是不是适应现代汉语的情况，能不能满足我们对文字的要求，要不要改革，怎样改革，这是摆在我们面前的问题。"（《语文常谈》第 102 页）这个问题非常重要。从当前的情况说，我认为答案应该是肯定的：汉字基本适应现代汉语的情况，基本满足我们对文字的要求。我只是说"基本适合""基本满足"，事实上完全适合语言情况、完全满足使用者的要求的文字可以说并不存在。这不是说汉字没有缺点，像吕先生指出的汉字那些缺点都是实际存在的，可是还要看到汉字有许多优点，还要看到汉字文化在汉人心目中的深远影响。在应用汉字遇到的困难没有达到非改不可的时候，在汉字应用"基本适合""基本满足"的前提下，人们宁可使用有略多缺点的汉字，也不赞成使用拼音字来代替汉字。这不能简单地说成是保守思想作祟。在中国这样的国家，采用拼音字也有许多实际困难。改换像汉字这样有悠久历史的文字体系绝不像脱掉单衣换上夹衣那么容易。汉字问题一定要慎重，经不起失败带来的后果。

目前汉字在学习和应用上确实比较繁难，在信息处理与国际交往中也确有不便之处。这些对我们的社会主义建设不利，对实现"三个面向"也不利。权衡利弊，当前我们可以在保留汉字体系不变的前提下，设法缓解矛盾。就目前的认识说，主要的办法有两条：一是实现汉字规范化，实现定量、定形、定音、定序的四定，特别是要适当控制汉字的字数，以减轻学习和使用的不便；二是积极发挥汉语拼音的作用，在汉字不便使用或不能使用的地方发挥拼音的作用。情况在发展，我们要密切关注语文生活里的新变化。

五、积极推进汉语规范化

汉语规范化虽然不在严格意义的语文改革范围之内，可它确实是语文生活里十分重要的方面。从 19 世纪下半叶算起直到中华人民共和国建立，不管是清政府还是民国政府，在汉语规范化方面都没有做多少事情，而中华人民共和国一成立，汉语规范化工作就被提到日程上来。这一方面是由于中华人民共和国对文化教育的重视，另一方面也是因为"五四"以来产生了一批典范的现代白话文著作，研究汉语规范化的时机已经成熟。

1951年6月6日，《人民日报》发表了著名的社论《正确地使用祖国的语言，为语言的纯洁和健康而斗争！》。社论指出："语言的使用是社会经济政治文化生活的重要条件，是每人每天所离不了的。""检查目前的报纸、杂志、书籍上的文字以及党和政府机关的文件，就可以发现我们在语言方面存在着许多不能容忍的混乱状况。""每一个人都有责任纠正这种现象，以建立正确地运用语言的严肃的文风。"在社论发表的同时，《人民日报》开始连载吕叔湘与朱德熙合写的《语法修辞讲话》。这部著作把语法修辞研究紧密结合社会语文应用的实践，匡谬正俗，开语法修辞研究的一代新风，在当时和其后都产生了重大的影响。《人民日报》社论和《语法修辞讲话》的发表，掀起了全社会学习语法修辞的高潮。这是吕叔湘先生对汉语规范化作出的重要贡献。

为了推动中华人民共和国的汉语规范化工作，1955年10月中国科学院哲学社会科学学部在北京召开了"现代汉语规范问题学术会议"，会议的主报告是罗常培、吕叔湘所作的《现代汉语规范问题》报告。这篇报告为中华人民共和国的汉语规范化工作奠定了理论基础。半个多世纪过去了，汉语规范化的理论有了很大的发展，但是这篇报告仍旧是我们研究汉语规范化问题的重要文献。这篇报告分为三个部分，谈了三个重要问题：（1）为什么要在这个时候提出现代汉语的规范问题？（2）关于现代汉语的规范化有些什么原则性的问题需要解决？（3）怎样进行规范化的工作？这篇报告"第一次把语言规范问题提到语言学理论的高度加以研究；第一次给汉民族共同语——普通话做出明确的界定，并对普通话形成的历史渊源做出科学的论证；第一次阐述了语言规范化对发展科学、繁荣文学、普及教育等等方面的重大意义；第一次系统地说明了关于语言规范化的理论原则问题。"（吕冀平、戴昭铭，《对汉语规范化的总体认识》，《现代汉语通论参考文献精选》，上海：上海教育出版社，2002年，第25页）在这次会议之后，汉语规范化工作在全国逐步展开。

《现代汉语规范问题学术会议决议》提出："建议中国科学院会同有关部门聘请专家五人至七人，组成词典计划委员会。""拟订《现代汉语词典》的详细编纂计划。"1956年2月6日，国务院发出《关于推广普通话的指示》，指示的第九项是："为了帮助普通话的教学，中国科学院语言研究所应该在1956年编好以确定语音规范为目的的普通话正音词典，在1958年编好以确定词汇规范为目的的中型的现代汉语词典。"根据这个指示，语言研究所成立了词典编辑室，吕叔湘先生担任室主任和《现代汉语词典》的第一任主编，亲自擘划、领导《现代汉语词典》的编写工作。他亲自制定《〈现代汉语词典〉编写细则》，夜以继日地审定词条，在编写《现代汉语词典》的过程中，吕先生牢牢把握住"规范"这个核心。在《〈现代汉语词典〉编写细则》的"总则"里，吕先生写道："本词典的任务是为推广普通话、促进现代汉语规范化服务。这个方针必须贯彻到整个编写工作的各个方面，不容忽视。"接着在下面列举出五点要求：（1）选录语汇应以普通语汇为主体。（2）在字形、词形上，本词典应该起规范作用。（3）注音根据普通话审音委员会的决定。（4）释义要力求明确、周密，力避含混、疏漏。（5）举例要注意思想内容，语言生动活泼，并且多样化。正是他的创造性的工作，为《现代汉语词典》的成功打下了基础。

吕先生不但从事汉语规范化理论建设，而且时刻密切关注社会语文生活的实践，探讨解决汉语规范化的各种实际问题。吕先生撰写的有关汉语规范化的文章，有的选入中学语文课本，如《错字小议》，在社会产生了重要影响。吕先生直到晚年仍在为汉语规范化工作操心。1991年他在《剪不断，理还乱》一文里告诫我们说："汉字里边的乱写混用，汉文里边的食古不化、食洋不化，是当前叫人头痛的两个问题。""听说汉字和汉文将要在21世纪走出华人圈子，到广大世界去闯荡江湖，发挥威力，这真是叫人高兴可庆可贺的事情。不过我总希望在这20世纪剩下的十年之内有人把它们二位的毛病给治治好再领它们出门。这样，我们留在家里的人也放心些。"（吕叔湘：《剪不断，理还乱》，《未晚斋语文漫谈》，北京：语文出版社，1992年，第87页）

学术事业的发展，总是薪尽火传，也总是与时俱进。我们要继承吕叔湘先生关于中国语文现代化的思想，同时要结合社会的发展和语文工作的实际进行创造性的研究，充分发挥理论研究的积极作用。

（本文作者为中国语文现代化学会前会长、

北京大学中文系苏培成教授，

本为纪念吕叔湘先生诞辰一百周年所作，

原题为《吕叔湘先生与中国语文现代化》）

第二十章
《新华字典》第一任主编
语言文字学一代宗师
——南通人魏建功

魏建功 1901 年生于江苏省南通如皋县一个商人之家。他自幼天资聪颖，11 岁考入江苏省立第七中学（今南通中学）。1918 年南通中学毕业。1919 年秋考入国立北京大学预科乙部。1921 年转入北京大学中国语言文学系学习，从钱玄同、沈兼士、马裕藻、鲁迅诸大师修文字、音韵、训诂等，自此眼界益宽，学识大进。1925 年毕业并获文学士学位，留校任北大研究所国学门助教。经钱玄同介绍一度至中法大学任教。1928 年秋，魏建功往朝鲜，任朝鲜京城大学讲师。次年回国，在北京大学历任助教、副教授、教授，并任北京大学《国学季刊》编辑委员会编辑主任。抗日战争胜利后，他担任当时的台湾省国语推行委员会主任委员兼台湾大学中文系特约教授。1948 年 10 月，回到了母校——北京大学任教。1949 年 7 月至 1950 年 7 月任北京大学中文系主任，后调任新华辞书社社长。其后历任北京大学教授、中文系古典文献教研室主任、副系主任、副校长、校学术委员会委员，中国科学院哲学社会科学部委员、语言所学术委员，国务院科学规划委员会委员，中央推广普通话委员会委员，中国科学院语言所审音工作委员会委员，《中国语文》杂志常务编委，第一、二届北京市政协委员，第二届全国政协委员，九三学社中央委员、常委等职，还是第三、四届全国人大代表。1980 年 2 月 18 日因病故去，终年 79 岁。魏建功先生在语言文字的研究、在国语研究和推广、在台湾推广国语、在新华字典的编纂以及民间文学的研究和传播方面都作出了杰出贡献。

一、魏建功关于语言文字学的研究

（一）音韵学

在研究韵书系统方面，魏建功是继王国维后有成就的人之一。他先后发表了一系列研究中古韵书的论文。如根据《切韵》与六朝韵书来研究《切韵》性质的《陆法言切韵以前的几种韵书》，根据唐宋两系韵书的差异说明《广韵》与《切韵》关系的《唐宋两系韵书体制之演变》等，从而使人们搞清了《广韵》和《切韵》的关系，补充、发展了前人的学说。

在音韵学研究上，魏建功深受传统音韵学的影响，同时又接受了现代语音学的理论。他注重考据，提倡"朴学"精神，利用经典中的韵文、汉字谐声偏旁以及其他材料考证古音，讲求材料的翔实和方法上的严谨。柳亚子 1943 年在《新东亚》杂志上撰文评述："自章太炎、钱玄同逝世后，在音韵学方面独树旗帜的，唯建功一人而已。"他在音韵学方面有着很深的造诣，对古音、等韵、切韵和各种韵书都有比较深入的研究，对一些韵书做了悉心的校勘工作，为研究汉语音韵史和解决音韵学上的某些问题，提供了比较可靠的资料。

魏建功 1935 年发表的《古音系研究》这部研究音韵学史的专著是他的代表作。全书约 30 万字，分别就古音系的分期、古音系的内容、研究古音系的材料、方法和条件以及古音系研究的实际问题，阐述了自己的见解。这是他多年来研究音韵学和从事教学工作所积累的成果。它不但汇集了前人研究音韵学的经验，也为后人继续深入研究创造了条件。除了音韵学上的价值之外，这本著作对研究方言学和文字训诂学也是一部不可或缺的参考书。它在汉语语音的研究上占有一定的地位，博得国内外学者的赞赏。著名学者罗常培评价此书时，说它"跳出音韵的圈子来讲音韵，而结果却语不离宗。若非能贯通形、音、义三方面的人，不克担负这个使命"。沈兼士说，这部书"能将前人贵古贱今重文轻语之积习一扫而空"。"此书一出，于音韵训诂之应用方面，必将推陈出新，更多发明，岂徒古音系本身问题得以解决而已哉"。

这一期间，魏建功先后开设了声韵学概论、方言研究、等韵研究、民间文艺讲话、声韵学史、古音乐研究等8门课程。20世纪30年代北大中文系有"三大概要"的说法，就是指胡适的《中国文学史概要》、沈兼士的《文字学概要》和魏建功的《声韵学概要》。

（二）文字学

魏建功在文字音韵训诂方面研究过程中，还密切结合现实的语文工作，为实际需要服务。中华人民共和国成立前，他研究了北平音系的形成和汉字的改造问题，断定北平音系是中国标准语演变最晚的结果。他发表了大量文章，对汉字的改造提出了删繁就简、避难趋易的方针及约定俗成的原则。他既看到汉字最终要走向拼音化的方向，又认识到在不废除汉字的条件下对汉字进行局部改造的途径，提出了"顺先民之常轨，主繁简之两纲；视日用之切要，辩省变之多方"的卓见。

中华人民共和国成立后，魏建功主持制定、修订《汉字简化方案（草案）》并最后完成《简化字总表》。他撰写了《从汉字发展的情况看改革的条件》《汉字简化的历史意义和汉字简化方案的历史基础》《迎接新的文化高潮的前奏——汉语拼音方案（草案）帮助汉字通读正音的重大意义》《我对汉字改革的一些粗浅的看法》等文章阐明汉字改革的历史基础、社会意义，汉字改革的发展方向及对汉字改革应抱有的正确态度。在推广普通话、推行汉语拼音方案和简化汉字三个方面，他不断地从理论上进行探讨，从实践中予以总结。

为了普及文化教育，他领导编纂了《新华字典》（第一版）。该书出版后，深受读者欢迎，现已多次修订再版，是中华人民共和国成立以来影响最为广泛的一部工具书。这部字典对普及教育促进汉语规范化起了很大的作用。他为《汉语成语小词典》作了修订，晚年还抱病参与了《辞源》的审定工作。审定期间，他已年近八旬，且身染沉疴，但他仍然一丝不苟，每遇引文，即便是十分熟悉的，也不肯轻意放过，必查清原文，一一核对，方才心安。

魏建功从事语言文字的教学和研究工作 50 余年，在多所大学教授过多门语言文字学课程，如"声韵学概要""等韵研究""声韵学史""文字学""汉字形体变迁史""说文解字研究""普通话语音史""中国语文概论"和"方言研究"等，为发展祖国的语言文字科学，为祖国的教育事业作出了杰出的贡献。他的学生很多也成为语言教学和学术研究方面的骨干和专家。

二、魏建功追随钱玄同投身早期国语运动

魏建功在学生时代就熟知中国文字发展史，也了解中国语文现代化的历史，他钦佩卢戆章、劳乃宣这些先驱的大胆改革和献身精神，他愿意追随蔡元培、钱玄同、刘半农、赵元任、黎锦熙等为中国语文现代化而努力而献身。他认定语文改革的目的是为大多数人服务，是"将文字交给一切人"，并且以俗话中的"饱汉不知饿汉饥"来形容语文改革的迫切性。

1925 年 7 月，魏建功在北大国文系毕业时，写了《从中国文字改革的趋势上论汉字（方块字）的应该废除》一文，发表在 8 月 26 日出版的《国语周刊》上第 8 期。在本文中，他开宗明义就提出：

这个道理至明且显，本不必"草茅下士"来"掉书袋"，晃着脑袋说长道短。就是——汉字（方块字）应该与"太甲鼎文""散

氏盘文"一样的归到古董里去！

......

中国思想革命的成功便是中国国民得至真自由的道路。达到思想革命的目的只在文字改革的努力！驱逐"方块鬼"建设新文字！这是我们时代的需要，是我们民族解放运动里一件大事！（马嘶《一代宗师魏建功》，文化艺术出版社，2007年）

应该说，这样"废除方块字"的主张在当时是很激进的，而这种主张又是出自热爱中国传统文化特别是"小学"的学人之口，就更为难得。

1928年，魏建功经钱玄同动员，参加了国语统一筹备委员会的工作，并被推选为该会常委，分工做编辑工作，编辑《国语旬刊》，并兼"大辞典编纂处"的资料员。从此，他一生没有离开过中国语文现代化的工作。

1929年，魏建功在《国语旬刊》上发表了多篇重要论文，学术水平得到了极大提高。

1930年，29岁的魏建功任北京大学《国学季刊》编辑委员会主任，主编在国内很有影响的学术期刊。1931年至1935年，魏建功在北大讲授"古音系研究"之余又在《国语周刊》《国学季刊》等刊物上发表多篇学术论文。

1935年，魏建功与罗常培、白涤洲合作的《歙县方音调查表》发表于《国学季刊》四卷七期。同年，魏建功的代表作《古音系研究》一书由北京大学出版部正式出版，从此确立了他在汉语言学研究领域中的重要地位。

1940年，"国语统一筹备会"改名为"国语推行委员会"。魏建功由西南联大转到四川白沙，他在国立西南女子师范学院创办了"国语专修科"。这是国语推行委员会在全国设立的三个"国语专修科"之一。1944年前后，国语推行委员会分别在西北地区和重庆地区设置了两个推行国语的据点，西北地区由黎锦熙负责，重庆地区由魏建功负责。

魏建功从20世纪20年代至40年代都在积极参与国语的推广普及，撰写有利于国语推广和普及的学术论文，为民国时期我国国语的推广普及作出了重要贡献，留下了浓墨重彩的一笔。

三、魏建功在台湾推广国语运动

1945 年抗战胜利后，魏建功被借调到台湾推行国语。1946 年 4 月，台湾省国语推行委员会正式成立，魏建功担任主任委员。

日本帝国主义占领台湾 51 年，台湾光复后，推行国语有其特殊背景、特殊困难。在关键时刻，以魏建功为首的一群语言学家临"难"受命，在台湾进行了艰苦卓绝的努力，取得了十分显著的成效，"民到于今受其赐"，这对国家的统一大业作出了不可磨灭的贡献，可谓功昭史册。

1945 年 10 月，在台湾，语言的主角"换班"，日语的"国语"必须退出，登场的应该是汉语的"国语"。可是光复之初的情况如何呢？方祖燊在《国语运动简史》中说：

> 当台湾光复的时节，台湾的同胞心喜回到祖国的怀抱，但见到从大陆来的同胞，却说不出话来，无法用同一语言沟通感情，表达意见。这是多么不便，多么痛苦的事！一时学校、机关、社会还都没有办法不说日语；虽然如此，那时台胞都急着要恢复祖国的语文，要说国语，要认汉字，于是对国语的学习，就狂热地展开了！于是有一些旧日的私塾恢复了，一些战争期间教日本人中国话的通译，也被请来传授国语。也有一些人就在市场的屋檐墙角，挂一面小黑板，收一些学费，对四面拢来的人，教几句国语。学校中，本省的教师也是边学边教，都非常热心。国语的书籍，也纷纷上市。当日的国语，南腔北调，没有标准。

方师铎在《五十年来中国国语运动史》中说：

> 那时候，出版的国语书籍，真是千奇百怪，什么样儿的都有；有文言的，有白话的，有用"老国音"的，有用日本"假名"

的；有通的，也有不通的；有中国人编的，也有日本人编的……优劣杂陈，漫无标准。

台湾省光复之初台省同胞激于爱国的热情，急起学习国语。但推行国语的机构尚未成立，自然谈不到全盘计划和国音标准，以及一切技术问题；只由各方面的热心人士，各就所知担任传习，以应付这种急切的需要。当时传习的情形、颇为分歧复杂：1. 有把日本人编的华语课本，改头换面，用来教学的。2. 有把国音老调，依旧"五声"，附带"尖音"，用来教学的。3. 有用东北方言，把平舌叶"ㄗㄘㄙ"并入"ㄓㄔㄕ"的。4. 有用南方官话，把"ㄓㄔㄕ"并入"ㄗㄘㄙ"的。5. 有用所谓"蓝青官话"，漫无依据的贸然教学的。

是己非人，先入为主，传讹遗误，障碍尤大。

致使台胞怀疑国语有多种，也不知道究竟有无标准。

1945 年底，魏建功等人到达台湾后，当务之急是筹建机构。1946 年 4 月 2 日台湾省国语推行委员会正式成立。魏建功任"台湾省国语推行委员会"主任委员，立即和副主任委员何容等着手推行国语的工作。

魏建功和大家一起，对台湾同胞学习国语的现状和问题进行了认真的调查研究，并依据 1944 年 3 月在重庆国语运动周制定的《国语运动纲领》，提出了"台湾省国语运动纲领"，即：（1）实行台湾语复原，从方音比较学习国语。（2）注重国字读音，由"孔子曰"引渡到"国音"。（3）刷清日语句法，以国音直接读文达成文章还原。（4）研究词类对照，充实语文内容建设新生国语。（5）利用注音符号，沟通各族意志融贯中华文化。（6）鼓励学习心理，增进教学效能。

魏建功还连续在报刊上发表了《国语运动在台湾的意义申解》《何以要提倡从台湾话学习国语》《怎样从台湾话学习国语》《学国语应该注意的事情》《台湾语音受日本语影响的情形》《日本人传讹了我们的音》等大量文章，从理论上非常直接、适时地指导着台湾国语运动的开展。

魏建功针对台湾人用学日语的方法，把国语当作外语来学的实际情况，提出了以台湾方言（闽南语）与国语的对应规律来掌握国语，收到了很好的效果。他编写了《国音标准汇编》，以帮助台湾同胞学习掌握"国语"。他在《新生报》办了个"国语周刊"，还设立了"国语示范推行所"，又在各地举办各种形式各种规模的国语演讲竞赛，都收到了很好的效果。"国语推行所"和"国语推行员"把台湾同胞学习国语的热情引导上了规范化的轨道。

为了加快国音普及的推进速度，在魏建功的提议下，广播电台开设了国语讲座，由齐铁恨口授。齐铁恨是国语运动的老专家，他用标准的普通话教学，林良用闽南语翻译，帮助台湾省中小学教师备课，受到台湾各界同胞的极大欢迎，收到良好的效果。

在各方面工作有了头绪以后，为了把国语运动在台湾长期健康地发展下去，魏建功与台湾大学联系，在台大中文系里设立了"国语专修科"，以培养从事国语运动的后续力量并着手创办《国语日报》的工作。1948 年 10 月 25 日《国语日报》正式创刊。魏建功在忙完了《国语日报》的创刊，辞去在台湾推行国语的工作后，回到他的母校北京大学。

魏建功和他的同仁，这批由大陆过去的语言学家，在抗战胜利后到台湾，同心同德，艰苦奋战，硬是把日本人殖民统治 50 年强制推行的日文日语的影响从台湾语言中齐根铲除了，实现了中华民族语言的纯洁、规范、统一，为祖国统一大业立下了彪炳青史的功绩。

四、魏建功主持编纂《新华字典》

凡上过学的人，大概都用过《新华字典》——它初版于 1953 年，迄今 12 次修订，百余次重印，发行量创造了世界之最。但鲜有人知道《新华字典》的编纂第一人中国现代语言学家、语文教育家魏建功的故事。

"那时，解放大军已经包围了北京城，父亲找来了周祖谟、吴晓铃、张克强、金克木等几位北大的语言学家，在围城的炮声中商议编字典的事。"魏建功的儿子魏至回忆称，"当时我还在上高中，有时放学回家，就能瞥见先生们在光线很暗的客厅里商议事情。"金克木有一篇回忆短文，也谈到了这件事："我们在魏家的大厅屋中草拟新字典的构想，老式的房屋内光线不强，我们在朦胧中高谈阔论。涉及英文中的《约翰逊博士字典》《牛津字典》《韦伯斯特字典》以及黎锦熙主持多年未能成书的《中国大辞典》等。城外传来的炮声仿佛给我们打节拍，我们当时想不到所拟字典的前途，但有一个信念，中国的未来系于儿童，危险在于文盲和无知，语言文字是普及教育的工具，字典是语言文字的工具。我们不会别的，只能咬文嚼字。谈论字典等于谈论中国的前途，炮声使我们的信心增长。"

1949年4月，魏建功参照大家的意见，写成了《编辑字典计划》，并至今保留着这份计划书的原件。在8张大的、淡黄色的竹纸上，魏建功以正楷书写了一部新型工具书应当具有的十大特色：一、就实际语言现象编定；二、以音统形；三、以义排词；四、以语分字；五、以用决义；六、广收活语言；七、由音求字；八、由义选词；九、适合大众；十、精选附录。后来，魏建功将原设想的"十大特色"进一步归纳为"以音统字、以字统义、以义统词"的总体例。这12字的总体例体现了魏建功"音为基础"的一贯主传，正是"革除以往重文轻语，不重视活语言"新型字典的。

有了《编辑字典计划》，接下来便是联系出版社。魏建功找到了开明书店，商议编辑出版字典的事情，表示不要任何报酬，只要求书店能够提供一个聚会的场所和一顿便饭。但这件事最终没有谈成。正当魏建功犯愁时，1950年3月的一个晚上，他到时任出版总署副署长的叶圣陶家里串门。聊天中，叶圣陶告诉魏建功他上级有关领导想让出版总署把当时设在北京师范大学的大辞典编纂处接收过来，并问他能不能来主持工作，魏建功一听要他来编字典，立即表示乐意干，只是困于自己正担任北大中文系主任一职，必须摆脱，才能有时间和精力从事编辑字典的工作。叶圣陶给当时主持北大校务的汤用彤写了一封信，请他撤掉魏建功中文系主任的职务，以便有时间来出版总署主持辞书机构。6月，北大免去了魏建功的行政职务，只保留教学任务，魏建功即开始积极筹备组建辞书机构。8月1日，辞书机构正式成立，魏建功任社长，他给机构起名为"新华辞书社"，未来的小字典也被定名为《新华字典》。在叶圣陶直接指导、全社同人的共同努力下，历时3年的苦战，《新华字典》终于于1953年10月面世。全书70万言，收字6840个。魏建功主持编纂的《新华字典》，是中华人民共和国成立以后影响最为广泛和深远的一部纯正的现代汉语字典。

1959年，魏建功受国家委托在北京大学创办古典文献专业，为培养古籍整理的专业人才付出了心血，他所教过的学生很多已成为中国语文及古典文献教学和学术研究方面的骨干与专家。魏建功被苏联学术界誉为中国三大语言家之一（王力、黎锦熙），与王力、游国恩、杨晦并称北大中文系四大一级教授。语文大家周有光在魏建功百年诞辰之际，讲过"小国送大书，大国送小书"的故事："文化大革命"后期，欧洲最小国家摩纳哥的国王来到中国，赠送中国一部《摩纳哥百科全书》；中国回赠摩纳哥国王一本《新华字典》。足见《新华字典》的历史地位和非凡价值，是代表了当时中国字典的先进水平。

《新华字典》是1949年以后的中国第一部以音序排列的字典，体现出"规范、科学、实用、便捷"的特色，但也并非尽善尽美。这本下大工夫编出的《新华字典》，第一遍出来时，却被编纂者们自己打上了一个"不及格"。因为当时编字典的人知识水平和思想水平参差不齐，编出来的字典风格也不统一。在《新华字典》编纂后期，中国著名语言学家吕叔湘看到字典的样本，认为编辑质量不佳。魏建功认为《新华字典》是一部完全创新的字典，经过几年的努力总算脱出了旧字典的窠臼。"好歹算是一个好东西"，要想做到精纯正确，只有等将来有机会再进一步修订。《新华字典》出版问世后，南方一些方言地区读者反映他们对注音符号不太熟悉，字典按注音符号音序排列，查起来感到不方便。于是魏建功参考《康熙字典》的部首稍作调整，编辑出版了部首检字的部首本《新华字典》，1954年8月出版发行。《新华字典》第一次印刷10万册，它的出版发行，深受广大群众喜欢，成为人们学习文化必不可少的好帮手。魏建功生前从来没提到过《新华字典》的署名和版次问题，使得后来使用这部世界上发行量最大的字典的人们，很少有人知道这本字典和魏建功的关系。

此外，中华人民共和国成立初期，魏建功被聘为文字改革协会常务理事。1952年他被聘为政务院文教委下设的中国文字改革研究会12名委员之一，兼文字整理组副主任。他全身心地投入到《汉字简化方案》的制订工作中，因为自己的多年夙愿将要在新中国实现了。1954年，魏建功被推为经文改研究会第四次全体会议决定组成的"七人小组"成员，具体主持《常用字简化表草案》第五稿的修订。可以说，魏建功为我国的语言教育、文字改革作出了重要的贡献。

魏建功，他以自己一生对民族和国家的忠诚，为当代学人树立了一代宗师的风范。他在自己的研究领域内不懈努力与奋斗，为国为民、不计名利的纯真之情深深感染着一代又一代的中国人。

第二十一章
清末《统一国语办法案》的
主持制定者
教育家实业家
——南通籍状元张謇

一、张謇生平

张謇（1853—1926），字季直，号啬庵，祖籍江苏常熟，1853 年 7 月 1 日生于江苏省海门市长乐镇（今海门市常乐镇）。他排行第四，后被称"四先生"。为了走科举之路，张謇 4 岁时就由父教识《千字文》，后延请饱学之士为师。1885 年，张謇在乡试中考中了第二名举人。此后开始参加礼部会试，向科举的最高阶段进发。1894 年，慈禧 60 寿辰特设了恩科会试。张謇因父命难违，第五次进京应试，在翁同龢的提携帮助下，得中一甲一名状元，循例授六品翰林院修撰。

1895 年，张謇受两江总督张之洞的委派，开始从事经商办厂活动。1909 年被推为江苏咨议局议长。1911 年任中央教育会长、江苏议会临时议会长、江苏两淮盐政总理。1912 年起草退位诏书，在南京政府成立后，任实业总长，1912 年任北洋政府农商总长兼全国水利总长，1914 年兼任全国水利局总裁。他所创办的大生纱厂，成为近代早期的民族资本企业之一。在发展纺织业的同时，张謇还在南通创办其他工厂，进行城市建设，发展交通、贸易、金融等事业。又集资组成垦殖公司，开垦江苏北部沿海滩地，推广植棉。发展民族工业需要科学技术，这又促使张謇去努力兴办学堂，并首先致力于师范教育。他一生创办了 20 多个企业、370 多所学校，为中国近代民族工业的兴起和教育事业的发展作出了宝贵贡献，被称为"状元实业家"。

1926 年 7 月 17 日病逝，享年 73 岁。

二、张謇与中央教育会

1911 年，张謇担任中央教育会长。清朝末年，为了研究解决制约宪政进程中的重大教育事宜，清廷学部召开了全国教育会议并成立中央教育会。根据清廷的立宪日程，原定于 1916 年使全国识字率达到总人口的 5%，以此为实行宪政的国民文化基础；但现实却是大相径庭。"据 1909 年学部的第三次教育统计，当年全国在校学生数不过 100 多万，加上各省简易识字学塾和私塾的学生，以及原科举制下受过旧学教育的人口，粗通文墨者总数仅约 300 万左右。以清末全国 4 亿人口为基数，5% 的识字率应为 2000 万人，与实际数相较，还有近 1700 万人需要在短期内突击扫盲，才能达到清政府规定的指标。"（关晓红：《清末中央教育会述论》，《近代史研究》，2000 年第 4 期）后来，清廷又将实行宪政的期限提前至 1912 年，迅速普及教育更加迫在眉睫。

然而，采取何种措施普及教育，学部没有统一的措施，主要原因有两个：一是当时的民众生活困顿，对普及教育缺乏迫切性。二是经济缺乏，政府没有统一划分全国教育经费并确保地方学务财源。因此，学部成立 6 年以来，强迫教育计划一直议而未决，或决而未行。到了 1911 年，时间已迫近预定的立宪期限，研究解决困扰宪政的普及教育事宜迫在眉捷。于是学部召集全国教育界官绅，研究措施，造成声势，促使朝廷决策，这成为学部奏设中央教育会的主要动机。

　　1911 年 6 月学部向清廷奏准设立中央教育会。由学部参议戴展诚起草章程，戴展诚认为，教育理法极为博深，教育业务十分繁重，必须汇集名家，集思广益，才能解决宪政所需的教育规划与发展的难题。学部建议依照日本高等教育会章程变通办理，在京师设立会所，规定学部为教育会的领导与监督，会长与副会长由学务大臣选派。因此，中央教育会基本是学部决策的咨询机构和教育行政辅助机关。

　　中央教育会筹备召开的消息传出后，京师各界议论，有人赞成，有人嘲笑。清廷摄政王爱新觉罗·载沣对此事十分重视，认为教育会之设，关系教育前途甚大。因此，中央教育会得以顺利成立。关于中央教育会正副会长人选，原打算以本部官员为正职，以地方士绅任副职，以明确学部的领导地位。后改由江苏教育总会会长张謇出任会长，商务印书馆馆长张元济和直隶提学使傅增湘为副会长。

　　其时的张謇，已经对清廷渐感失望。"作为国内立宪派领袖，张謇一直被认为是辛亥革命的反对派。的确，他曾热衷于君主立宪，并多年为此奔走呼号，祈望在中国实行君主立宪，在保全皇位的前提下，将皇权分离一部分出来，仿效日本及西方国家，设立国会，大力发展民族工商业，以达到富国强兵的目的。"（王敦琴：《稳健立宪派张謇为何与清政府决裂转而拥护革命？》，《党史文苑》，2011 年第 19 期）但清廷的"皇族内阁""铁路国有"等事让张謇深感失望。因此，虽被唐景崇敦属为中央教育会会长，但张謇已无心再为清廷效力。会议进程才过半，张謇即离京他去。

　　1911 年 7 月 5 日，中央教育会召开预备会。参加会议的有学部各司厅官员和来自全国各地的教育界代表共 150 多人。会上，学部大臣唐景崇发言："本会诸君殚精教育历有年所，又皆熟悉地方利弊，其于进行之秩序，社会之情形，必能平心商榷，务推本所学及一己之经验，殚竭义蕴，折衷至当，备本部之咨询采纳，上以助国家宪政之治，下以开教育普及之盛。"（《学部大臣致开会词》，中国第一历史档案馆藏学部档案全宗、职官类第 140 号《关于设立中央教育会拟派会长副会长以及开会闭会礼节等文件》）这充分表明学部召开中央教育会的主要目的，在于催促清廷及政府各部门，设法解决普及教育遇到的种种问题，以扫清配合宪政进程的障碍。

会长张謇的观点与学部大臣不同，他认为普及教育的目的主要是增强国民素质以拯救民族危亡。他说："今日我国处列强竞争之时代，无论何种政策，皆须有观察世界之眼光、旗鼓相当之手段，然后得与竞争之会，而教育尤为各种政策之根本……今日最亟之教育，即救亡图强之教育也。"（《中央教育会会长张謇开会词》，《盛京时报》，1911 年 7 月 21、22 日）在张謇看来，普及教育，去私心、去惰力以挽救民族危亡，才是当务之急，也是兴办教育最迫切和最根本的任务。

由此可见，学部普及教育的目的是推行宪政，张謇的目的是提高国民素质，救亡图强。

由于官绅对会议的期望不一，关注点不同，整个过程始终贯穿着尖锐冲突与交锋。学部掌握着制定章程和会议规则的大权，与会代表构成比例的决定权掌握于学部，所定名单中，教育界势力明显偏弱。学部还事先设定会员的座位次序，以进一步体现官绅差别。这样的安排有助于官威的发挥，而不利于民意的表达。学部关于会议提案及议决程序的安排也有利于自身。例如，议程虽由会长掌握，但不得涉及教育范围以外之事，如逾越范围，学务大臣得即行禁止。此外，会议事件须照日程表规定次序进行，不得更动，唯学务大臣交议事件应先付会议。这样的安排，使学部在会议期间处于优势地位，能够贯彻自己的意图，体现学部优先的"官本位"思想。这激起地方代表的不满，形成学部与地方对立之势。尤其当学部与地方代表意见分歧较大时，矛盾更加尖锐。会长张謇和副会长张元济利用其主持的权力，尽量使会议安排有利于己方。"如军国民教育议案指定审查员，学部特派员竟未得一人参与，而学部人员之不平意气，竟发见于会场中，益惹起会长之反动力，卒致此案完全通过。是皆学部之所极端反对而各行省会员所极端主张者也。此议案表决之结果，学部人员无不大失所望，而对于会长遂起非常之恶感。"（《论中央教育会之前途》，《申报》，1911 年 8 月 23 日）

由于官坤站在不同的立场，致使会议争吵不止，议案表决时冲突更加激烈，有拍桌者、顿足者，个别代表大骂"学部司员把持会议"，鼓动地方代表"群起而和之"，会场秩序极为混乱。

中央教育会的安排和会议状况，令外省代表不满。会议还未闭幕，张謇就直言不讳地发表批评意见。他指责道：

> 学部诸公既不知世界之大势，对于教育国民又无一定方针。此次所派该部会员虽不乏一二有卓识之士，然于教育原理、现今时局茫然不解者实繁有徒。

对各省代表也深表失望，认为其中：

> 虽多教育家，然每遇一事，往往沾沾于字句之末，未能就全体立言。彼此因无谓之故，驳击费时，有致数小时者，且会场秩序之纷乱，语言之庞杂，几与剧场无异，甚者彼此谩骂。初不料聚无数之教育家演出此种恶剧，真令人气闷欲死。吾事尤忙甚，现在惟有求赶紧脱身之一法，早离此间一日，吾心早觉清净一日。至某之此来，对于政府诸公应尽之责已尽，应言之事已详言无余，将来能否见采，则非吾敢与闻。（《张会长之愤言》,《盛京时报》,1911 年 8 月 9 日）

这个会议，虽然充满了争吵，但在封建统治的年代也体现了一定的进步性。其主要特点为以下两点。

1. 体现民意

中央教育会的组织，按照选派代表、拟定收集并提出议案、报告或说明议案内容、研究讨论、质询和答疑、逐项表决等程序进行，议程由会长掌握，凡为代表，无论官绅，均有参加讨论和一票表决权。这种沟通中央与地方、行政与教育、官府与民间的新颖形式，一定程度上增加了决策的民意性。这在专制统治下不能不说是一种进步。

2. 体现教育公意

会议讨论的议案，均为关系中国普通教育发展的重大事件。尽管会议过程中争论激烈，一些会员态度偏颇，言辞过激，毕竟起到集思广益的作用。会议安排记者列席旁听，对会议全过程现场观察，并及时加以报道，将各项议案内容及辩论情况公之于众，使社会上更多的人关注和了解教育的发展变革，形成公众舆论压力，起到监督作用。

三、主持制定通过《统一国语办法案》

中央教育会虽然吵吵闹闹，但最后通过了十二项提案，其中第九项为《统一国语办法案》。《统一国语办法案》全称为《学部中央教育会议议决统一国语办法案》，这个办法案虽然未能实施，但"这是二十年来切音字运动的重大成果之一，也是中国近代史上政府通过的第一个语言规划的文件。由于历史原因，清政府并不能实施这份文件；但也不能把它仅仅看作清末留下的一纸空文，而是一份具有学术价值和历史影响力的重要文化遗产"。（李宇明：《纪念〈统一国语办法案〉颁布一百周年》，《澳门语言学刊》2012年第1期）办法案共有五个部分，即调查、选择与编撰、审定音声话之标准、定音标、传习。

《统一国语办法案》的价值主要体现在如下方面。

1. 国音标准的确立

"统一国语办法案"第三条明确规定了国音的标准："审定音声话之标准，各方发音至歧，宜以京音为主。京语四声中之入声，未能明确，亟应订正，宜以不废入声为主。话须正当雅驯，合乎名学，宜以官话为主。"

确立以京音为国音的标准，是国语运动史上一件具有划时代意义的事。因为在明清时期，南京话一直具有较高的地位。明代建都南京，南京话成为确立当时官话的基础音系，金陵雅言以古中原雅言正统嫡传的身份被确立为中国汉语的官方标准语。明永乐年间迁都北京后，南京话又成为当时北京语音的基础，有明一朝，始终以南京官话为国语正音。

清王朝建都北京，作为政治中心的北京话，其地位在明朝的基础上进一步得到提高。到了清末，北京话逐渐有取代南京话的趋势。因此，将北京语音作为汉民族共同语的标准音，是符合语音发展方向的，是明智之举，至少说明，与会者具有语音发展的远见。事实证明，以京音为国语的标准音，也是切实可行的。

2. 确立了拼音制定的原则与方法

《统一国语办法案》第四条规定："音标之要则有五，（一）音韵须准须备，（二）拼音法须合公例，（三）字画须简，（四）形式须美，（五）书写须便。无论造新征旧，必以兼合此要则者，方能使用，又须兼备行楷两种。该音标订定后，先在各省府厅州县酌定期限，试行传授。遇有滞碍，随时具报总会修正，修正确当后，再行颁布，作为定本。"这段话，虽然语言不多，但阐述相当科学。

首先，《统一国语办法案》提出了"音标"的概念来代替"切音字"，说明这些符号的作用是标音，而不是代替文字。

其次，《统一国语办法案》对音标的规划是相当科学的。第一，在语音上，要求记音准确（须准）；第二，在数量上，要求能够完备记录国音（须备）；第三，在拼音方式上，要求合乎国际公例；第四，在符号形体上，要求简单、美观、便于书写；第五，在体式上，要有大写、有小写（兼备行楷）；第六，在符号米源上，可以新造，也可以选用已有的（造新征旧）；第七，在推行上，要先试行，修订完善后再颁布定本。

3. 提出了国语标准的确立和国语所包含的内容

《统一国语办法案》第一条是调查，"先由学部在京师设立国语调查总会，次由各省提学使设立调查分会，办理调查一切事宜。该会调查之件，分语词语法音韵三项，其余关涉语言之事项，亦一律调查。惟须由总会订定语词语法程序及假定音标，令各分会按照调查。"（《清末文字改革文集》，北京：文字改革出版社，1958年，第143页）

这说明中央教育会对国语标准的确立，态度是认真的。国语并不是由几个官员或专家说了算，而是要经过广泛的调查才能确立，调查的内容包括语音、词汇、语法三方面。这也表明，国语必须包括上述三方面的内容，这也符合现代语言学的观点。

4. 明确了推广国语的措施

《统一国语办法案》提出了国语推广的主要措施。

第一，编纂国语课本、国语辞典（语典）、国语与方言对照表等，为国语推广准备材料。

第二，设计音标，先在各省府厅州县酌定期限，试行传授。

第三，设立国语传习所。《统一国语办法案》第五条说明了"传习"，即传播国语的措施，"先由学部设立国语传习所，令各省选派博通本省方言者到京传习。毕业后遣回原省，再由各省会设立国语传习所。即以前项毕业生充当教员，以次推及府厅州县。凡各学堂之职教员不能官话者，应一律轮替入所学习，以毕业为限。"（《清末文字改革文集》，第144页）国语传习所的设立，为国语推广进行了机构、师资、"轮替入所学习"制度等方面的准备。

第四，设立国语课程，授课采用国语。

清末的中央教育会《统一国语办法案》中明确提出了统一和推广国语的各项措施和办法，这是中国近代史上第一个官方语言规划文件。文件涉及的内容具有科学性、可行性。方案所规定的以京音为国语的标准，比1913年读音统一会用各省代表投票的方式来确定字音的做法，更为科学合理。

四、《统一国语办法案》的对后世的影响

《统一国语办法案》议决在清朝最后一年的 1911 年，清政府已经没有时间来实施它。但它对后世产生了不可忽视的影响。因为，就在 1912 年，"中央临时教育会议"就召开了；在议决的 23 件提案中，就有《采用注音字母案》。倪海曙认为："这决议案可说是清末的'中央教育会议'所决议的《统一国语办法案》的移花接木。"

1912 年 12 月，教育部根据"中央临时教育会议"的《采用注音字母案》，制定《读音统一会章程》。《章程》第五条规定："一、审定一切字音和法定国音，二、将所有国音均析为至单至纯之音素，核定所有音素总数，三、采定字母，每一字母均以一字母表之。"这些规定，显然是"落实"《统一国语办法案》的审定国音和确定音标两项任务。

1913 年 2 月 25 日，"读音统一会"在北京召开，审定了 7100 多字的国语读音，产生了注音字母方案，议决了《国音推行办法》。《国音推行办法》共有七条：

一、请教育部通咨各省行政长官饬教育局从速设立"国音字母传习所"，令各县派人学习。毕业回县，再由县立传习所，招人学习，以期推广。

二、请教育部将公定字母从速核定公布。

三、请教育部速备"国音留声机"，以便传播于各省而免错误。

四、请教育部将初等小学"国文"一科改为"国语"，或另添"国语"一门。

五、中学师范国文教员，必以国音教授。

六、《国音汇编》颁布后，小学课本应一律于汉字旁添注国音。

七、《国音汇编》颁布后，凡公布通告等件，一律于汉字旁添注国音。

这七条，可以看作对《统一国语办法案》有关"传习"内容的细化。（李宇明：《纪念〈统一国语办法案〉颁布一百周年》，《中国语言规划三论》，北京：商务印书馆，2015年，第208页）

《统一国语办法案》的作用不仅仅局限于民国初年对注音字母的影响，对后世的影响也是非常深刻的。如对国语内容的确立，北京话在国语中地位的认定，对音标重要性的认识，教育在国语推广中的作用，重视词典编纂工作，重视专门的语言机构在国语标准制定和推行中的作用，主张通过语言实际的调查研究来确定国语标准等，都对民国以后国语运动产生深刻的影响。

当然，《统一国语办法案》由于其历史局限，也存在着若干不足，《统一国语办法案》提出"宜以不废入声为主"，影响了它的科学价值。

《统一国语办法案》充分吸收了清末切音字运动的成果，开启了政府规划语言文字的首例，并形成了百年传统。百年来中国语言规划，有很多内容都是在完成它提出的任务，有很多举措都受到它的启发，而它提出的全国语言调查、将国语作为教学语言等任务，时至今日尚未完成。在某种意义上讲，它开启了我国在现代化进程中语言规划的大门。

附录一

常州籍语言学家主持制订的
四套汉语拼音方案及其历史意义

　　摘要：百年来中国语文现代化历程中四套重要拼音方案都是常州人主持制订的，他们分别是吴稚晖主持制订的《注音字母》、赵元任主持制定的《国语罗马字拼音法式》、瞿秋白主持制订的《北方话拉丁化新文字》和周有光主持制订的《汉语拼音方案》。其中《汉语拼音方案》吸收和借鉴了前三套拼音方案的精华，是前三套拼音方案的集大成者，是中国历史上最好的拼音方案，也是中国文化走向世界的津梁。

　　关键词：吴稚晖；赵元任；瞿秋白；周有光；《汉语拼音方案》

　　2018 年是《汉语拼音方案》颁布 60 周年，60 年来，《汉语拼音方案》在人们日常生活的方方面面都发挥了重要作用。提到《汉语拼音方案》，人们不禁会想到其前出现的几套拼音方案，进而会发现一个有趣的事情：百年来中国大地上先后出现四套有重要影响的拼音方案，且都是常州人主持制定的。它们分别是吴稚晖主持制订的《注音字母》、赵元任主持制订的《国语罗马字拼音法式》、瞿秋白主持制订的《北方话拉丁化新文字》以及周有光主持制订的《汉语拼音方案》。《汉语拼音方案》吸收了前三套拼音方案的优长，是前三套方案智慧的结晶。更有意思的是赵元任、瞿秋白和周有光都是从常州青果巷走出去的大家，可谓"一巷三杰"。

一、吴稚晖主持制订的《注音字母》

《注音字母》是由辛亥革命元老、中央研究院院士、常州籍语言学家吴稚晖主持召开读音统一会并组织制订的一套注音方案。该方案于 1913 年制订，1918 年公布，这是我国政府颁布的第一套法定的民族字母形式（汉字笔画式）的注音方案。吴稚晖组织领导制订的这套拼音方案通过初期字母采定、字母分合、字母顺序变化、声调存废等有效而具体的措施，克服了重重困难，最终得以施行，为民国时期国语统一和文化普及作出了重要贡献。注音字母在大陆一直使用到《汉语拼音方案》颁布为止。台湾的小学生至今仍在使用。

吴稚晖在国语运动中的作用可谓功不可没。他除了最初组织领导研制和积极推广之外，更重要的是当教育部将读音统一会最初决议通过的《国音汇编草》方案束之高阁（一直搁到 1918 年）的时候，吴稚晖忍无可忍，"发愤起草于上海，将审定之字，改依《康熙字典》之部首排列，始定名为《国音字典》，一面交商务印书馆从速印行（其时《注音字母》已经公布），一面促部组成国语统一筹备会从事校订。"[①]《国音字典》是将《注音字母》应用的具体化，《国音字典》因此成为民国时期重要的正音字典。

《注音字母》的研制与推广得以成功的主要原因在于：

其一，从清末舆论影响来看，切音字运动已经深入人心。

清末 20 年的切音字运动，一批有识之士不仅在理论上对切音字进行了广泛的宣传，而且还制定出切实可行的切音字方案。卢戆章、蔡锡勇、沈学、梁启超……劳乃宣、朱文熊、刘孟扬、章炳麟、吴稚晖等先进的知识分子，或上书皇帝，或上书大臣，或亲自拟订各种切音字方案，并进行传习。这些知识分子开展的切音字运动影响很大，甚至连慈禧都注意到了。因此，这些上书和切音字方案的宣传影响程度很深，为后来的《注音字母》

---

① 黎锦熙．国语运动史纲［M］．北京：商务印书馆，2011：151–152.

的研制和推广做了舆论上、理论上和思想上的准备。

其二，从《注音字母》本身来看，其方案是相对科学的。

黎锦熙说："这个《注音字母表》，实是荟萃众说，煞费斟酌而成。"① "在中国文字改革运动中，注音字母基本上是合法的、合理的、合用的。"② 由于有了前期切音字运动的影响，有了较深厚的群众基础，又有了民国初期的语言文字学家的精心策划研制，相对来说，注音字母在后来的推广过程中遭遇到的阻力就小得多了。

其三，从字母形式的采定来看，民族形式符合群众的心理预期。

当初在字母形式的采定上，出现了多种意见，但吴稚晖最终支持使用汉字元素。采用这种形式在民族认同上具有极大的优势，符合广大群众的心理预期，也满足了国粹派对汉字的诉求。注音字母采用民族形式也与章炳麟的人格魅力是分不开的。章炳麟的一批高足，如马裕藻、朱希祖、鲁迅等都具有深厚的国学功底，都致力于保护民族文化，在客观上也推进了注音字母民族形式的认同。

其四，从注音字母定位来看，满足了语言文化继承的需要。

注音字母的定位是辅助汉字，而不是代替汉字。因此不会导致学界产生很大的分歧，更不会给广大人民群众造成思想的混乱和行为的恐慌。仅仅是给汉字注音，有利于保存和传承数千年中华民族的语言文化。黎锦熙说："注音字母对于汉字注音是最好的，对于代替汉字作为拼音新文字虽然不是最好的但也是合用的。"③

注音字母可以准确给汉字注音，在国语统一事业中发挥了至关重要的作用。

其五，从推广的方式来看，政府学校社会多管齐下。

---

① 黎锦熙.国语运动史纲［M］.北京：商务印书馆，2011：143.
② 黎锦熙.四十多年来的"注音字母"和今后的"拼音字母"［J］.北京师范大学学报（社会科学版），1956（1）.
③ 黎锦熙.国语运动史纲［M］.北京：商务印书馆，2011：151–152.

　　《注音字母》的法定地位确定以后，政府给予高度重视。尤其是在具有官方背景的国民党元老吴稚晖的领导下，读音统一会、国语研究会、国语统一筹备会等机构（注意：读音统一会和国语统一筹备会是国家机构，国语研究会算是一个有官方背景的社会团体。）对语言文字政策进行全面规划，编纂《国音字典》以及相关的辞书采用《注音字母》；培养《注音字母》的师资，小学开始学习《注音字母》；编制注音字母歌，灌制国语留声机片。在国音推广方面，同为常州人的赵元任功不可没，他灌制国语留声机片、在电台开展国语讲座、培训师资力量等。加之前期有切音字运动广泛深入持久的影响，营造了广泛的社会舆论，所以《注音字母》的推行来自社会的阻力较小。

　　当然，《注音字母》本身也有先天的不足，比如，汉字笔画形式不便于汉语汉字走向世界，不利于国际文化交流；很多场合使用不便，不便于连写，也不便于文本阅读；掺杂着入声和浊音，北方人不容易接受；掺杂着闰音字母，字母数量达到 37 个；不能成为创制国内少数民族文字的基础等。但是这些都没有从整体上影响《注音字母》辅助传承中华文化及统一读音的重要作用。

　　总之，《注音字母》是中国历史上政府颁布的第一套法定的注音方案，是在多家方案比较的基础上进行的优化选择，这套方案是对传统文字功能的发展与创新，是给汉字注音的外来思想理念在中国的成功实践。它有效地解决了数千年来中国人对汉字注音问题的困惑，是中国文化史上尤其是语言文字发展史上的一个重要里程碑。

二、赵元任主持制订的《国语罗马字拼音法式》

　　《注音字母》推行一段时间后，学者们发现汉字笔画式的注音字母在使用过程中有诸多不便。1923 年教育部国语统一筹备会召开第五次大会，钱玄同提交了《请组织"国语罗马字委员会"案》，得到教育部批准。1925年刘半农组织在京的委员成立"数人会"，开始研制国语罗马字（全称是《国语罗马字拼音法式》，以下简称《国罗》)，《国罗》是当时国内顶级的语言学家赵元任、钱玄同、黎锦熙、刘半农、林语堂、汪怡等在赵元任方案的基础上经过多次修改完善，并分别于1926年由国语统一筹备会公布、1928年由大学院（教育部）颁布的拼音方案，这是中国政府颁布的第一套法定的罗马字母形式的拼音方案，是在充分借鉴切音字和注音字母的经验教训的基础上研制出来的。所以他们采用世界通用的现成的26个字母，彻底摆脱了汉字笔画式的束缚。国际化的拼音字母，比起切音字方案和注音字母，具有更为科学灵活的拼法。国语罗马字把我国的语言文字改革推向一个新的高度，大大促进了中国汉字注音拉丁化的进程，是汉字改革史上的一次质变，是完全由中国人自己制定的采用国际上通用的26个字母的罗马字母拼音方案。

　　钱玄同在《请组织"国语罗马字委员会"案》中认为，国语罗马字制成以后，至少有以下几个方面的用处：（1）可以适用"罗马字母打字机"和"罗马字母铅字"印国语的文章。（2）对于向来用罗马字母拼合的中国人名、地名，拼音不对的可以更正，拼法分歧的可以划一。将来中国的外交部、邮务局、电报局、铁路等处可以不再用外国人所拼的声音不准确的中国人名、地名等。（3）国语文中遇到不能"意译"的外国词可以直接将原字写入，不必再用不准确的"音译"。（4）便于书写。[①]

　　1926年国语统一筹备会公布《国语罗马字拼音法式》时指出："诚得国定之国语罗马字之对照而为其别体，则藉所素习之工具进而研习国音，可以不学而能，有无师自通之乐，于是国语统一前途，尤多裨益。"[②]

　　1928年大学院公布《国罗》时又指出："该项国语罗马字拼音法式，足

---

①　钱玄同.请组织"国语罗马字"案［M］.钱玄同文集：第三卷，北京：中国人民大学出版社，1999：126.

②　黎锦熙.国语运动史纲［M］.北京：商务印书馆，2011：202.

以唤起研究全国语音学者之注意，并发表意见，互相参证，且可作为国音字母第二式，以便一切注音之用，实于统一国语，有甚大之助力。"①

赵元任在 1936 年 2 月 7 日中央人民广播电台作了关于《国语罗马字》的专题演讲。在演讲中，赵元任对国语罗马字（简称 GR）的用途作了很详细的分析。②

尽管《国罗》的方案比较科学，从学术上看是比较精密的，但是其推广应用效果并不如意。主要原因如下：

其一，学理性太强，方案过于复杂。

《国罗》就其设计的精密性和科学性来说，在当时或其后很长一段时间来说，都是为人称道的。罗常培说："若以美观、便用、合理三点衡论中西各式之得失，则国语罗马字迥非其他所能及矣。"③

但是从实际推行的情况来看，效果并不理想。归根到底是学理性太强，广大群众难以接受。尤其是声调的标注方式，更是让人难以学习和记忆。这也给后来者进行语言文字改革提供了一个教训。学理固然重要，但是群众追求简单化工具的心理也丝毫不能轻视。

其二，方案目标定位前卫，群众心理上难以承受。

国语罗马字制订者的初衷大约是想使其成为独立的文字体系，迟早代替汉字。这一目标定位比较超前。虽然最终方案没有明确说明要取代汉字，而且赵元任在演讲中专门为此解答疑问，说"绝没有代替汉字的用意的"④。但不少群众心里还是产生了罗马字将代替汉字的疑惑和不安。方案精密完善，从学理上也许是行得通的，但实际上在群众中很难执行。所以，1928年大学院（教育部）公布时，将此方案确定为"注音符号第二式"。

① 黎锦熙.国语运动史纲［M］.北京：商务印书馆，2011：205.

② 赵元任.国语罗马字［M］.赵元任语言学论文集，北京：商务印书馆，2007：455–461.

③ 罗常培.国音字母演进史［M］.上海：商务印书馆，1948：36。

④ 赵元任.国语罗马字［M］.赵元任语言学论文集，北京：商务印书馆，2007：458.

其三，政府推行不给力，教育部虚与委蛇。

虽然大学院（教育部）以政令形式颁布了《国罗》，赋予其正规的法律地位，但是在社会上推行则很不给力，没能积极配合。最典型的例子就是"北平大学"校名中的"北平"按照《国罗》的规则，应该拼作"Beei pyng"，但北平大学却坚持拼为"Peiping"，钱玄同、黎锦熙为此提出抗议，并且上书教育部领导，但是教育部基本不予理睬。虽然当初颁布《国罗》时表示"自公布以后，凡汉字音译，都应该以此为准，尤其是国家机关，更应该遵守无畔，以资表率"[①]。但是由于教育部主要领导的更换，现任领导对前任领导的承诺敷衍塞责。

由于教育部不热心支持，《国罗》就很难进入学校、进入教材、进入课堂，自然不能入脑入心。甚至到了 1943 年，教育部将《国罗》更名为"译音符号"，使其注音和拼写功能及新文字的地位丧失，功能仅限于音译。

其四，民间读物不多，师资力量薄弱。

由于政府不给力，教育部不配合，造成民间出版读物不多。除了政府出版的将《国罗》作为"第二式"附录在《国音常用字汇》之外，仅有黎锦熙国语罗马字（童话）《国语模范读本》手册，以及末附汉字对照的《词汇》《国音声调简表》《国罗》全文，有赵元任国语罗马字对话戏戏谱《最后五分钟》。另有商务印书馆出版的赵元任《走到镜子里》，该书是国语罗马字和国音以及英语三体对照的。定期刊物似乎也只有一种《国语罗马字周刊》，共出 52 期。

另外，师资培训规模和影响也远远不如《注音字母》那样大。虽然赵元任曾经在电台进行过多次国语罗马字的讲座，也对来自全国各地的师资进行过培训，但是毕竟没有形成规模效应，影响了国语罗马字的推广。

总之，国语罗马字命运多舛原因是多方面的。作为国语罗马字的重要参与者黎锦熙也无可奈何地说："国语罗马字的身世是坎坷的。不但出生就像'私生子'（自行发布），勉强公布充当偏室（国音字母第二式），而且始

---

①　黎锦熙.国语运动史纲［M］.北京：商务印书馆，2011：211.

终没有进入小学，在社会发展也艰难。"①

虽然跟《注音字母》比较起来，无论是推广的力度还是影响、效果等，都不如《注音字母》，但是《国罗》的研制和颁行还是产生了深远的影响。《国罗》的原则、方法以及较为完善的正字法，为20世纪50年代《汉语拼音方案》的制定积累了大量的理论和实践的经验，奠定了前期的基础。

三、瞿秋白主持制订的《北方话拉丁化新文字》

提起《北方话拉丁化新文字》（以下简称《北拉》），不能不提到瞿秋白。提到瞿秋白，一般人首先想到他是一个革命者，是中共早期领导人。其实，瞿秋白在汉字改革史上也留下了非凡的一笔。汉字改革史上出现的影响最大、旨在替代汉字而成为一种书写汉语的新文字——《北拉》的主要奠基者、制订者，就是瞿秋白。胡愈之于1949年写的《一个革命知识分子的模范》一文中曾谈道："秋白是北方话拉丁化方案的最早创造者，他是拉丁化新文字运动的开山老祖。单就这一件事，就教中国人永远不能忘记他。"②

1931年在海参崴召开的"中国文字拉丁化第一次代表大会"上通过的《北拉》方案就是在瞿秋白《中国拉丁化字母方案》《中国拉丁化字母》基础上稍加修改而成的。从多年的实践经验来看，《北拉》的推行基本上是成功的，主要原因如下：

其一，具有其他方案不可比拟的简易性。

首先，方案简便，容易学习记忆。

《北拉》制订的指导思想是要根本废除象形文字，用纯粹的拼音文字

---

① 周有光.汉字改革概论［M］.北京：文字改革出版社，1979：43.

② 秦凯基.瞿秋白和拉丁化新文字与世界语［J］.世界杂志，2001（9）.

代替它。在这种思想指导下,《北拉》的研制一直遵循拼音文字的方向和标准,完全采用拉丁字母,力求简单明了,并且不用更多符号,即使使用符号,也只限于必需的。最重要的一点是拉丁化新文字不标声调,倘用显微镜看,也许要被认为是缺点,但用望远镜看,则是"正是使得中国话从汉字压缩(原文即如此)性的影响下解放出来而向前发展的一种推动力"[①]。相比《国罗》的复杂,《北拉》要简单得多,所以,更易被民众接受。

其次,方案灵活,可以直拼方言。

《北拉》的创制者反对"国语运动",认为不能用某一个地方的口音作为全国的标准音。拉丁化新文字倡导者主张暂时不把国音作为标准音,而是拼写活的语言——方言,以大大减少学习障碍。在当时全国没有统一的语言基础的条件下,拉丁化新文字主张拼写活的语言是有积极作用的。因为这种方式可以极大地调动最广大老百姓学习新文字的积极性。

再次,方案设计相对科学,开了"一语双文"的先河。

《北拉》是作为一种文字而进行设计的,因此作为中国历史上第一种被广泛推行的拼音文字,《北拉》在中国拼音化的历史上占据了重要的地位。拉丁化新文字最成功之处在于它是我国历史上第一个真正作为一种文字进行推行的拼音文字,它的诞生,使"一语双文"成为可能,变成现实,其推广时间之长、范围之广、影响之大,是我国历史上"一语双文"制度的成功实验。

其二,方案的推广善于结合社会运动。

首先,方案推广善于抓住机遇与大众语运动结合。

拉丁化新文字传入中国时,中国正在进行大众语问题的讨论。拉丁化新文字运动和大众语运动相结合,使拉丁化运动得到更进一步发展。鲁迅在大众语运动中一直提倡、推广拉丁化新文字,他说:"汉语和大众是势不两立的。要推行大众语文必须用罗马字拼音(拉丁化)。"[②]

---

① 倪海曙.中国拼音文字运动史[M].郑州:河南人民出版社,2016:173.

② 倪海曙.中国拼音文字运动史[M].郑州:河南人民出版社,2016:127-128.

其次，方案推广结合抗战，新文字宣传运动蓬勃发展。

《北拉》推行正值抗日战争爆发期间。"它所遭遇是一个空前的历史环境……它和群众的联系紧密，不是研究室或书斋里的清玩，是街头巷尾的东西……倘要大家发表自己的意见，收获切要的知识，除它以外，的确没有更简易的文字了。"[①]

拉丁化新文字运动和抗日战争相结合，成了宣传群众、教育群众的利器，故拉丁化新文字运动出现了蓬勃发展的兴旺景象。

其三，方案的推广重视出版工作，载体丰富。

《北拉》从刚开始制订的时候就很注重出版工作。在这方面，拉丁化新文字远远胜过国语罗马字。使用拉丁化新文字的报刊有几十种，书籍有几万册，课本无法计数，所以推行工作有声有色，推行以后便于巩固，影响深远。1946年，倪海曙在谈到出版问题时说："没有出版，就没有运动，没有实践，一切理论都是空谈"，"它可以使中国的拼音文字在实践中发现缺点和获得进步"。[②]

其四，推广者注重组织工作，善于发展和利用民间团体。

中国共产党在拉丁化新文字运动中起了组织和领导作用。中国共产党善于组织和领导民间团体，抓好新文字的宣传和推广工作。党比较重视组织队伍建设，新文字传到哪里，哪里就成立文字团体。这样，工作有人抓，群众有人管，基地有人开辟。根据统计，在运动初期，全国成立的新文字团体有80多个，到抗日战争结束时，拉丁化新文字团体几乎遍布全国。中华人民共和国建立后，从1949年到1950年，全国有20多个市县成立了新文字团体。1934年到1955年间新文字团体总共300多个。

方案公布后获得了普遍的赞扬。

吴玉章指出："拉丁化新文字一出现，就得到许多先进人士的赞扬。特

---

① 倪海曙.中国拼音文字运动史［M］.郑州：河南人民出版社，2016：133.

② 张育泉.语文现代化概论［M］.北京：首都师范大学出版社，1995：174.

别是中国新时代第一个伟大的空前的文学家鲁迅，极力推崇新文字。"①

1936 年 5 月，以蔡元培、鲁迅、郭沫若、陶行知为代表的 688 位各界人士签名发表了《我们对于推行新文字的意见》。基于对新文字的认同，他们把汉字比作独轮车，把国语罗马字比作火轮船，把北方话拉丁化新文字比作飞机。这可以说是对《北拉》的最高评价，一个汉语拼音方案能够得到这么多的社会名流支持，这也是之前的任何方案所不及的。

1958 年 1 月，周恩来在政协全国委员会上所作的报告《当前文字改革的任务》中指出："拉丁化新文字和国语罗马字是中国人自己创制的拉丁字母式的汉语拼音方案中比较完善的两个方案。在谈到现在的拼音方案的时候，不能不承认它们的功劳。"②

徐进文指出："北方话拉丁化新文字的六个元音字母表示汉语当中的六个最主要的单元音，这就体现了汉语语音的特点，同时还跟国际音标接近了。"③

当然，拉丁化新文字也有其不足之处。

其一，在设计的原则上，以废除汉字为目的。"废除汉字论"是"中国拉丁化新文字的原则"及其理论基础系统的、全面的体现，它明确地提出要以纯粹的拼音文字代替汉字，要从根本上废除汉字。这样的出发点自然要遭到热爱汉字的学者的批评和反对。

其二，不以某一地方口音作为全国的标准音。《中国拉丁化新文字的原则》明确指出："反对资做法遭到了后来诸多学者的批评。"甚至方案的主要制订者之一吴玉章也说："如果说国语罗马字的缺点是标示声调的办法过繁，那么拉丁化新文字的缺点就是过简：完全不标声调。"④ 这样，语音统一

① 吴玉章.新文字与新文化运动［M］.吴玉章文集，北京：中国人民大学出版社，1978：76.

② 周恩来.文字改革的任务［J］.文字改革，1958（2）.

③ 徐进文."译音"方案和"文字"方案［J］.文字改革，1957（2）.

④ 吴玉章，黎锦熙.六十年来中国人民创造汉语拼音字母的总结［J］.文字改革，1983（2）.

就没有一个明确的标准，很难执行。不能统一国语国音，是其一个明显的不足。

其三，不标声调。拉丁化新文字不标声调的的独特特点，作为文字，不能表示汉语独有的声调，自然不够完美。

四、周有光主持制订的《汉语拼音方案》

1955 年至 1957 年，花费 3 年的时间，以常州籍语言学家周有光为主要代表人物创制的《汉语拼音方案》过五关（汉语拼音方案委员会、中国文字改革委员会、国务院审定委员会、国务院会议、全国人民代表大会）之后，经 1958 年 2 月 11 日由中国国家最高权力机构即第一届全国人民代表大会第五次会议批准（大会通过《全国人民代表大会关于〈汉语拼音方案〉的决议》),《汉语拼音方案》以法定形式诞生了。从此以后，我国的文字改革工作开始进入一个崭新的阶段。

《汉语拼音方案》颁布后好评如潮。

《汉语拼音方案》颁布后的数十年以来，来自社会方方面面的好评如潮。

吴玉章、黎锦熙说："草案以 b，d，g 表示清辅音'玻、得、哥'，正是接受了国语罗马字和拉丁化新文字共同的优良传统。草案也继承了拉丁化新文字的另一个显著优点，即舌尖后音 zh，ch，sh（知、蚩、诗）和舌尖前音 z，c，s（资、雌、思）两两相对，系统整齐，同时又规定了它们的韵母。在标调方法上，草案避免了国语罗马字的条例过繁的缺点，而接受了注音字母的标调符号。总起来说，这个草案确实比 60 年来的任何一个方案都要更加完美。[1]

---

[1] 吴玉章，黎锦熙.六十年来中国人民创造汉语拼音字母的总结［J］.文字改革，1983（2）.

罗常培说："从 1605 年到现在，352 年间虽然经过一段低潮（1723—1892），其余的时间都在逐步演进着。现在公布的《汉语拼音方案草案》正是近 300 多年来拉丁字母拼音运动的结晶。"①

王力指出："这个方案的最大优点，即根本性的优点，就是采用了拉丁字母。"②

周有光指出："《汉语拼音方案》的声母和韵母一半相同于国语罗马字、一半相同于拉丁化新文字，标调符号取之于注音字母。"③ 这段话道出了《汉语拼音方案》是《注音字母》《国罗》及《北拉》结晶体，集大成者，是对前三者的优点长处予以吸收的最好成果。

王理嘉指出："《汉语拼音方案》从最初研制拟定修改到最后正式公布，都曾经过全国范围的热烈讨论，广泛征求各方面意见，收到过上千个'文字'方案，《方案》最后制订确实可以称之为'历史集成，千案聚粹'。"④

王均曾说：45 年的经验告诉我们，汉语拼音有利于汉语与汉字的教学，有利于信息社会的各项事业，其优越性是无可比拟的。⑤

中国语文现代化学会名誉会长、原会长北京大学苏培成教授说："《汉语拼音方案》的制定是国家语文建设取得的重大成果"，"对汉语语文生活的发展作出了重大贡献"，"在中华民族伟大复兴的进程中将发挥更为重要的作用。"⑥

中国语文现代化学会前会长南开大学教授马庆株说："汉语拼音方案是

---

①　罗常培.汉语拼音方案的历史渊源［M］.罗常培语言学论文集，北京：商务印书馆，2004：405-410.

②　王力.汉语拼音方案草案的优点［J］.文字改革，1958（1）.

③　周有光.周有光语文论集：第二卷［M］.上海：上海文化出版社，2001：226.

④　王理嘉.汉语拼音 60 年的见证与前瞻［J］.语言文字应用，2009（4）.

⑤　李平.悼念王均先生［J］.现代语文，2006（7）.

⑥　苏培成.汉语拼音：中国语文生活发展的助推器［J］.北华大学学报（社会科学版），2018（2）.

中外十几代人智慧的结晶，是集大成的最佳方案。"①

　　《汉语拼音方案》的主要起草人周有光说："50 年来，汉语拼音的应用快速扩大的情况惊人，原来主要是用在教育领域，现在显著地应用在工商业领域；原来主要是小学识字工具，现在广泛地发展成为信息传输的媒介；原来是国内的文化钥匙，现在延伸成为国际的文化桥梁。"②

　　冯志伟指出："《汉语拼音方案》是我国 300 年来拼音字母运动的结晶，是 60 年来中国人民创造拼音方案经验的总结，比历史上任何一个拉丁字母式的拼音方案都更加完善和成熟。"③

　　从后来的应用情况来看，《汉语拼音方案》应用范围和领域越来越广，在国内国际的地位和功能日益提升和扩大。"ISO 7098（1991）实现了《汉语拼音方案》国家规范到国际标准的地位提升，使汉语拼音走向了世界，ISO 7098：2015 进一步解决了拼写命名实体按词连写的规则，自动译音的方法，汉语声调符号、标点符号及带调字母的 16 进制代码欠缺等问题，大大扩容了罗马字母的字符集，使汉语拼音在走向世界的征程中实现了新的跨越。"④

　　《汉语拼音方案》是否诚如专家们所评？我们可以将其和中国历史上几套主要拼音方案做一下比较。详见下表。

四种主要拼音方案与《汉语拼音方案》的比较

威妥玛式字母	注音字母	国语罗马字	拉丁化新文字	汉语拼音方案
p	ㄅ	b	b	b
p'	ㄆ	P	P	P

①　马庆株.汉语拼音方案的来源和进一步完善［J］.语言文字应用，2008（3）.

②　周有光.《汉语拼音·文化津梁》序言——纪念《汉语拼音方案》公布 50 周年［J］.北华大学学报（社会科学版），2008（2）.

③　冯志伟.汉语拼音运动的历史功绩——纪念《汉语拼音方案》公布 50 周年［J］.北华大学学报（社会科学版），2008（2）.

④　冯志伟.汉语拼音走向世界：成绩与缺憾［J］.北华大学学报（社会科学版），2018（2）.

续表

威妥玛式字母	注音字母	国语罗马字	拉丁化新文字	汉语拼音方案
m	ㄇ	m	m	m
F	ㄈ	f	f	f
t	ㄉ	d	d	d
t'	ㄊ	t	t	t
n	ㄋ	n	n	n
l	ㄌ	l	l	l
k	ㄍ	g	g	g
k'	ㄎ	k	k	k
h	ㄏ	h	x	h
ch	ㄐ	j	g	j
ch'	ㄑ	ch	k	q
hs	ㄒ	sh	h	x
ch	ㄓ	j	zh	zh
ch'	ㄔ	ch	ch	ch
sh	ㄕ	sh	sh	sh
j	ㄖ	r	rh	r
ts, tz	ㄗ	tz	z	z
ts', tz'	ㄘ	ts	c	c
S, ss, sz	ㄙ	s	s	s
a	ㄚ	a	a	a
o	ㄛ	o	o	o
ê	ㄜ	e	e	e
eh	ㄝ	è	—	ê
êrh	ㄦ	el	r	er
ih, ǔ	(帀)	y	—	-i
i (y)	ㄧ	i (y)	i (y)	I (y)
u (w)	ㄨ	u (w)	u (w)	U (w)
ü (yü)	ㄩ	iu (yu)	y (jy)	ü (yu)
ai	ㄞ	ai	ai	ai
ei	ㄟㄢ	ei	ei	ei

续表

威妥玛式字母	注音字母	国语罗马字	拉丁化新文字	汉语拼音方案
ao	ㄠ	ao	ao	ao
ou	ㄡ	ou	ou	ou
an	ㄢ	an	an	an
ên	ㄣ	en	en	en
ang	ㄤ	ang	ang	ang
êng	ㄥ	eng	eng	eng
ung	ㄨㄩ	ong	ung	ong

从这个表就可以看出当初《汉语拼音方案》对之前的几套拼音方案的借鉴。

《汉语拼音方案》具有很强的科学性，具体表现如下：

其一，从注音方法角度看，《汉语拼音方案》具有科学性。和《注音字母》比较起来，《汉语拼音方案》没有采取民族形式而是采用了拉丁字母。拉丁字母笔画简单，便于书写，更重要的是全球通行。《汉语拼音方案》采取了比《注音字母》更为精密的音素分析法，因而拼读起来更加符合语音实际，能够更加准确地为汉字注音，读音也比较精密。

其二，从文化学角度来看，《汉语拼音方案》也是科学的。《汉语拼音方案》采用拉丁字母，意味着《汉语拼音方案》是中华文化和印欧文化相结合的产物，同时也是几百年来拉丁字母汉语化运动的自然而又必然的结果。周有光说："40年来的经验表明，《汉语拼音方案》是一座现代化的文化桥梁。它一方面方便人民大众走向文化，另一方面方便中国文化走向世界。"[1]

其三，从《汉语拼音方案》的设计角度看，方案也是非常科学的。吕叔湘曾经提出了鉴定一种拼音方案优劣的标准，并逐条对照《汉语拼音方案》的设计，进而得出《汉语拼音方案》是最佳方案。[2]

---

① 周有光.汉语拼音方案制订过程［J］.语文建设，1998（4）.
② 吕叔湘.《汉语拼音方案》是最佳方案［J］.文字改革，1983（2）.

当然，随着时代的发展、社会的进步，《汉语拼音方案》在使用的过程中，人们逐渐发现也有个别需要完善的地方。但是与《汉语拼音方案》整个优势和长处比较起来，也只能算是白璧微瑕，甚至可以忽略不计的。这些细微的问题有望今后得到进一步完善。今天人们的生活是一天也离不开汉语拼音了，《汉语拼音方案》功莫大焉！《汉语拼音方案》主要创制人常州人周有光先生功莫大焉！①

《注音字母》《国罗》《北拉》及其主要创制者，同属常州人的三位语言学家吴稚晖、赵元任、瞿秋白，功莫大焉！

上述常州籍四大语言学家当时正值青壮年，他们具有强烈的文化担当、社会责任、使命意识和家国情怀，他们为中国语文现代化事业作出了杰出的贡献，他们这种精神值得我们学习。②

（本文发表于《北华大学学报》2018 年第 2 期）

---

① 赵贤德.常州籍四大语言学家与中国语文现代化［M］.南京：凤凰出版社，2016：461.

② 赵贤德.常州籍现代语言学家的文化担当与社会贡献［N］.中国社会科学报，2018-1-19（4）.

附录二

中国语言文字的巨人
——常州金坛人段玉裁

今人读古籍，常见注释里有"段注"，这个段就是"大清字圣"段玉裁。段玉裁最大的"圣迹"是那本代表了中国古代文字学研究最高峰的《说文解字注》。其所著《说文解字注》是研究文字学训诂学的重要参考书；《六书韵表》是古韵学上一部划时代著作；《古文尚书撰异》《毛诗古训传定本》《经韵楼集》等著作，对我国音韵学、文字学、训诂学、校勘学诸学科的发展作出了重大贡献。

段玉裁（1735—1815），常州金坛人，被誉为中国经学史、文献学史、语言文字学史上的杰出人物。他一生著述 37 部 700 余卷，段玉裁 6 岁开始读书认字，13 岁参加童子试时就被录为秀才。段氏家族以举业为尚，有着良好的读书传统，为耕读之家，祖父及曾祖父都为秀才。26 岁时段玉裁到南京参加乡试中榜，被录为举人，随后进京考进士。29 岁他师承戴震，戴震的治学观点和方法对段玉裁有长远的影响。46 岁归老家常州金坛专事学术，终年 80 岁。本文无意过多论述段玉裁的学术贡献，而简要论述段玉裁的 80 年跌宕起伏人生的幸与不幸。

一、段玉裁的出身是幸运的

段玉裁出身书香门第，段玉裁的祖父、父亲都是金坛当地的秀才。在当时的金坛，段家属于书香门第的一族。段家不是那种家产万贯的富裕大户人家，而仅仅是普通的耕读人家。《段玉裁先生年谱》中有用"食贫""赤贫"来形容段玉裁祖父、父亲时代的生活，由此可见段家当时生活的拮据。科举时代，年轻人最好的出路就是读书、参加科举考试。段家也不落俗套，段家长辈同样希望自己的长孙段玉裁认真读书，走科举之路，中举人，考进士，光宗耀祖光耀门楣。因为段玉裁的祖父、父亲都仅仅是一个秀才。中国古代有一句话"穷秀才，富举人"，所以段家长辈希望段玉裁能够青出于蓝而胜于蓝。所以说，段玉裁出身虽然不是大户人家，但好歹也是秀才人家，比起一般的赤贫家庭还算是幸运多了。

更幸运的是，段玉裁出生第二年，雍正王朝突然结束，历史的车轮进入乾隆元年，这一重大的变故是段玉裁有机会成为一代大师的社会条件。乾隆在位期间，清朝达到了康乾盛世以来的最高峰，汉学在此期间得到了很大的发展。乾隆是中国封建社会后期一位赫赫有名的皇帝。他在康熙、雍正两朝文治武功的基础上，进一步完成了多民族国家的统一，社会经济文化有了进一步发展。乾隆重视社会的稳定，关心受灾百姓，在位期间五次普免天下钱粮，三免八省漕粮，减轻了农民的负担，并且重视水利建设，起到了保护农业生产的作用，使得清朝的国库日渐充实。乾隆武功繁盛，在平定边疆地区叛乱方面做出了巨大成绩，维护了国家的统一，并拓广了领土，并且完善了对西藏的统治，正式将新疆纳入中国版图，清朝的版图由此达到了最大化。乾隆在位期间，民间艺术有很大发展，如京剧就形成于乾隆年间。所谓盛世以修文，段玉裁适逢乾隆时代，为他成为一代宗师创造了较好的外部条件。试想如果段玉裁出生在一个烽火连天颠沛流离的时代，生命上不可保，还谈何学术成就！

二、段玉裁的求学是幸运的

乾隆五年（1740），即段玉裁6岁的时候，作为祖父长孙的他开始接受祖父的启蒙教育。祖父教他背诵熟读《论语》，《论语》是"四书五经"中最重要的一部书，是必考的，因为八股试题主要是从这本书拈出的。祖父自然是希望他学着走天下读书人的路子。可惜，在同一年，段玉裁的祖父母因病相继去世。在这种情况下，段玉裁家里生活陷入困顿。

但是，毕竟段家是书香门第，父母亲还是坚持让幼小的段玉裁继续读书。段玉裁8岁时，父亲将段玉裁托付给四叔祖父读胡安国的《春秋传》，这本书也是科举考试必需的书。段玉裁跟着叔祖父学习《春秋传》不到一年后，开始拜自己的父亲为师。段玉裁的父亲一辈子的目标就是读经、科举，所以自然会按照自己的目标训导自己的儿子。父亲严苛的教育为其打下了牢固的国学经学基础。

跟随父亲学习多年以后，段玉裁又跟着金坛同乡人蔡一帆先生学习。大约在21岁的时候，段玉裁和弟弟段玉成前往扬州安定书院深造。安定书院是当时国内有名的书院，四方青年来此深造的甚多，段玉裁在此求学时结识了不少优秀的学友，如扬州的汪中，常州的赵翼、孙星衍、洪亮吉等，这些人后来都在乾嘉学坛上执牛耳于一方，成为一代大师。段玉裁青年时期系统学习，博采众长，为后来进一步深造奠定了深厚的基础，同时也为参加科举考试积累了雄厚的学术资本。

三、段玉裁从师是幸运的

乾隆二十五年（1760），段玉裁26岁，参加了江苏庚辰恩科考试，从此跻身举人行列。段玉裁从6岁开始，20年的拼搏，终于修成正果。这一喜事给段家带来的风光自不待言。段玉裁第二年参加会试考试，结果落第。虽然没有考上进士，但机遇也不坏，他在京城景山万寿宫官学中以举人的身份谋了个教书的饭碗。

段玉裁在景山万寿宫官学这段时期，中国的学界经历了"康乾盛世"的长久滋润，清王朝已出现空前繁荣的局面。这期间，学术界也进入鼎盛时期，学术名人也如过江之鲫，牛人戴震的声名更是空前响亮。戴震20岁时，拜到了自己心目中的真正老师江永。戴震经过江永的指导，本来根底就比较深厚的他，其学问更是有了长足的进步，逐渐完全成熟。戴震22岁拿出了自己的第一部著作《筹算》，这是一本属于自然科学的成果，代表了那个时代的最高水平。23岁写出《六书论》，24岁写出《考工记图注》，25岁写成《转语》20章，27岁写成《尔雅文字考》10卷，30岁写成《屈原赋注》，31岁写成《诗补传》。这些著作一时传为佳话，众多学子都引以为忘年交而荣幸。这说明戴震30岁以前的成就已经显示其是声震学界的大儒了。

段玉裁因此总想拜戴震为师，最初戴震是婉拒，而且总是婉拒。但是，精诚所至，金石为开。段玉裁的诚心诚信诚意终于打动了戴震，戴震实在难以拒绝段玉裁持之以恒的毅力，最终决定答应他的请求。那么为什么段玉裁一定要拜师呢？主要原因是这样的：

段玉裁在遇见戴震之前虽然是饱学之士，却无研究性成果问世，应该说，段玉裁这段时间还是基本上在举人圈子活动，一切活动都是读经、授经等，眼光还是受到一定局限。而做纯粹的学问需要一种没有功利的研究和追求。要达到这个目的，在当时条件下需要依傍一个大师。人们总是认为名师出高徒，强将手下无弱兵。段玉裁除了钟情举人事业，还想进一步做点研究性的学问，因此产生接近大师的愿望就很正常了，而且这种愿望越来越强烈。这种心理和我们当今学术界比较类似，也就是说要进入一个学术的核心圈子。

段玉裁经过艰苦的努力，拜戴震为师终于如愿以偿。段玉裁从师之后，犹如当年颜回跟随孔子，朝于斯夕于斯，努力提高自我，不断砥砺前行，因此，学问长进很大。段玉裁对老师的感念整整持续了一生。

四、段玉裁的学术成就是巨大的。

段玉裁在老师的指引下，并以自己的刻苦勤奋努力，终于取得了宏大的学术成就，其主要表现在如下几个方面。

（一）哲学思想

实事求是是乾嘉学派学人的共同旗帜和人生信仰。段玉裁是戴震的大弟子，他虽未能像他的老师那样写出系列哲学著作，但在学术理想、路线方面基本遵循了戴震所开创的学术风格，并有其独特贡献，特别是他在古典语文学研究中所贯彻的追求真知的精神，与戴震是相通的。在哲学立场上，段玉裁也继承了戴震反宋儒的观点，坚持"阴阳气化即道""必于物上求理"，反对"执意见以为理"。段玉裁在"求真"学术理念的支撑下，批评王应麟著《困学纪闻》和顾炎武著《日知录》的著书方法，认为这种著书方法有两种弊端：一是好为异说，二是剿说雷同，中无所得，仅邀名而已。王应麟与顾炎武都以博学著称，而顾炎武的《音学五书》还曾接引段玉裁进入古典语言学。但段玉裁受戴震影响，领悟为学真谛，不再博学以夸能，而是以追求真知为人生信仰。不仅如此，段玉裁还认为，通过追求真知的活动，上可以神交古人，下可以神交后人，使人的生命存在超越时间限制，进入永恒的境界。

（二）经学研究

在"经学"研究方面，段玉裁没有写出系统的哲学著作，但他通过对《春秋》《左传》《大学》等经典文本中的具体字义、句子的辨析，尤其是对明世宗继统问题的系统研究，阐发了其政治伦理思想，也提出过一些突破传统经学思想的主张。晚年的段玉裁在写《十经斋记》一文时，对于训诂、名物、制度、民情物理四者三致其意，而且自称"不敢以老自懈"。段玉裁对于名物、训诂、制度的研究，主要表现出"求是"精神，而对于"民情物理"的关心，则表达了"求道"的理想。段玉裁博大精深的小学是他经学的方法论支撑。清初顾炎武在回答什么是经学问题时曾说："理学，经学也。"就是"舍经学即无理学"，同样，我们也可以说，舍小学即无经学。段氏小学为解经服务，小学是治经的工具。段氏小学伟岸，经学成就亦因此富厚。经学史在段玉裁那里，实在是围绕群经的语学工具逻辑应用史，经学史是经书传注史。

（三）语言文字学

段玉裁主要继承、深化并细化了戴震的语言学研究，在声音与意义的关系、经典中"本字"的考订、汉人注经原则的发明等古典语文学方面，成就突出。段玉裁一生最重要的学术成就在语言文字学，主要成果集中在《说文解字注》一书中。"注释"是古人著书立说的重要体裁，如果说东汉许慎《说文解字》重在经汉字字形揭示汉字的本义，清代段玉裁则重在用传世文献揭示汉语词的引申义。我们今天讲段注在词义学、词汇学上的贡献，主要是以段注引申义为基础的。段注把古今的字形、字音、字义都贯通起来，因而更显得体大思精。段注的另一个重要贡献，就是把9000多个汉字安置于新的古音韵系统，一一标明各字的韵部。附于段注书后的《六书音韵表》就是9000多字的位置系统，即上古韵部系统。段玉裁古韵学成就可以归纳成两个方面：一是提出了一系列古音学的原理，成为古音理论的集大成者，特别是开辟了从谐声偏旁入手来研究古韵分部的新途径和新的方法系统。二是分上古韵六类17部，超迈前人，启导后来。段玉裁、戴震论韵15年成为学术史上的佳话。段注的再一个重要贡献是，除了指出《说文》各部首内相关汉字之间的意义联系，使许慎《说文》变得井井有序，"如一篇文字"以外，还就全书范围内意义相关字不断勾稽指示，使之组合类化。

（四）文献整理

段玉裁在整理文献的实践中也做出了不朽的业绩，同时他总结实践经验，又提出很多卓越的见解，诸如"改字"问题、误校问题、分别作者之是非与本子之是非等，卓识宏议，发人之所未发，至今为学者所称道。关于"改字"问题，总的说来，他是主张"勇改"的，认为当改则改，知错不改反而会留下后果。但是他同时又反对妄改、擅改，因为妄改、擅改会造成更恶劣甚至难以挽回的后果。甘苦有得之言，发人深省！段玉裁校书不迷信古本，而是主张依靠自己的学识，善加判断。他分析经书的"疏"与"经注"本来都是各自单行的，各家所守的"经注"以及单行的"疏"受授不同，其字其说龃龉者多，自《十三经》合刊注疏音释，学者能够识别其源流同异的并不多。在这样复杂的情况下，仅仅依靠古本来校勘经书的文字，已不能够解决问题，最后只有凭借自己的学识作出抉择。段玉裁在校勘方面的绝诣，有很多校例已为当代发现的敦煌写本、阜阳汉简所证实，不能不令人叹服。

五、段玉裁去世后的 200 年来是幸运的

盘点历史上许多高山仰止的大师级人物，发现段玉裁是很幸运的。他活着的时候是有影响的，死了之后依旧影响中国的语言文字学界，没有出现那种"生荣死哀"的局面。

段玉裁是金坛人，金坛政府和人民一直把段玉裁作为自己家乡的骄傲，把学习宣传段玉裁作为自己的责任和义务。各种学术活动不仅不间断，而且影响较大。

例如 1985 年在金坛举行的纪念段玉裁诞辰 250 周年大型学术活动，就充分说明了金坛地方政府和人民对学术名人的高度重视。据训诂学专家赵航先生回忆说，那次会议规模之大、影响之广，在训诂学会的历史上是空

前绝后的。参加会议的有200多人，全国训诂学界、语言学界的知名学者几乎都参加了，大会收到全国著名书画家的字画100多幅，同时还编辑出版了《金坛段玉裁研究论文集》。为了开好这次盛会，金坛县长周尚德亲自挂帅，组成领导班子，集资50万元，用时一年有余，筹备会议以及建立段玉裁纪念馆，并修建段玉裁及其父母之墓。训诂学大师、南京师大著名教授徐复先生亲自撰写墓碑记，表彰先贤业绩，以昭示后人。地方政府和人民如此重视一个语言文字学家是少见的。

大会之后，各种纪念活动也进入更加扎实的阶段。

1986年，江苏古籍出版社计划出版《段玉裁全集》，如今已经陆续出版。

20世纪末，江苏教育出版社出版了马锦仑先生的《段注训诂研究》。

2005年，江苏省语言学会在金坛召开纪念段玉裁先生诞辰270周年大会，金坛市原宣传部长王双林出版了《一代朴学宗师段玉裁》献给大会。

2006—2007年，段玉裁纪念馆邀请段玉裁研究专家鲁国尧等多名专家学者到现场视察，分别撰写解说词，提高了纪念馆的学术品位和宣传效果。

近年来，又出版了董莲池的《段玉裁评传》（南京大学出版社，2006年），许惟贤整理《说文解字注》（凤凰出版社，2007年），赵航著《段玉裁评传》（江苏人民出版社），赵航、薛正兴整理《经韵楼集》（凤凰出版社，2010年），薛正兴先生整理的《周礼汉读考》和《礼仪汉读考》也出版了，这些研究成果在社会上都有一定影响。

2010年金坛又举办了"段玉裁与清代学术国际研讨会"，并集结出版了学术论文集，同样产生了很大影响。

2015年南京举办了"段玉裁诞辰280周年纪念会暨段学清代国学学术研讨会"，中国训诂学大师、经学大师和段学大师们云集金陵，共襄盛举，纪念这位伟大的学者。此次会议最大的献礼就是影印出版了《段玉裁全书》，这是段玉裁研究人员和中国训诂学会的多年企盼，也是珍稀的宝贵文献。全书本着"求全""存真""便用"的学术定位，一次性推出《段玉裁全书》影印本，奉献给2015年纪念大会。所有这一切，如果段玉裁老夫子地下有知，一定会捋着胡须露出欣慰的笑容。

六、段玉裁的不幸

段玉裁生逢盛世，一生成就斐然，是辉煌灿烂的中国文化史上一座难以企及的丰碑。段玉裁的为人为学，深深根植于中华民族传统文化的土壤之中，段玉裁一心向学、矢志不渝、人格高尚、道德美好、终身奋斗的精神，后人往往望其项背，段玉裁的"一箪食，一瓢饮，居陋巷，人不堪其忧，回也不改其乐"的创作创新精神为人类留下了数十种著述，但是段玉裁去世后学者对他的研究，以及当代学者的研究注意力主要集中在"段注"和《六书音韵表》。现代人研究段注，虽然也有从宏观上探索其著述的动因、哲学思想、理论价值、语言理论等方面，但总的来说还是主要从事的微观研究。围绕着《六书音韵表》的研究也是如此。更多其他的著作我们今人很少涉猎或者基本不涉猎。这不能不说是一个遗憾。虽然段玉裁也曾经历过家庭民事纠纷、经济的窘迫以及老病折磨的不幸。但是，当代学人的学术功底、学术旨趣、学术修养、学术精神、学术环境以及机械僵化短视浮躁的学术管理体制，深刻地制约了学者对段著的进一步研究，这也可以说是段玉裁的更大不幸。

要言之，段玉裁的人生是幸运的，但是幸运之中也有不幸，他的不幸也是后人的不幸。

七、同行对段玉裁贡献的评论

200年来，语言文字研究的同行给予了段玉裁高度的评价。中国当代语言学家周祖谟认为，"《说文解字注》在古韵学上是一部划时代的著作"。清代小学家王念孙认为，"千七百年来无此作矣"。王念孙认为，"若膺死，天下无读书人矣！"章太炎认为，"其言闳达，为雅儒所不能论"。殷孟伦

（《段玉裁和他的〈说文解字注〉》）认为，段注"说文"的问世，标志着中国语言的研究已进入近代语言的革命阶段，是一个划时代的里程碑。香港中文大学教授黄耀堃认为，段玉裁是一位超时代、具有现代语言学视野的清代学者，他的《说文解字注》不单是为古书作注，而是通过疏解，直接分析当时行用的语言，他的成果更对现代语文工作有指导意义。中国训诂学研究会会长李建国认为，段玉裁秉承孔子所开创的儒学传统，信而好古，守道不渝，终身学习。他以经学为体，小学为用，数十年致力于音韵、文字、训诂之学，著作《说文解字注》，述而不作，使《说文注》一举而为研治经史之学的训诂要典和研究古文字学的必备参考书。光明网（《段玉裁的学术成就及其现代转换》）认为，段玉裁是我国清代著名学者，他在文字学、训诂学、音韵学等方面有着十分深厚的研究功底和学术素养，为继承和发展汉语言文字学作出了重要贡献。尤其是段玉裁为之倾注大量心血浇灌而成的《说文解字注》，可以说代表了中国古代文字学研究的最高峰，被后辈学人推崇为著名的"段注"。

附录三

《辞源》的第一任主编"《辞源》之父"
——常州武进人陆尔奎

　　《辞源》是中国第一部现代意义上的辞书，被誉为"中国现代辞书之母"。2015 年年末，即《辞源》问世的 100 年之际，商务印书馆推出了《辞源》第三版。此后不久，一个几乎被人们淡忘了的大出版家、《辞源》编纂的首倡者和第一版主编——常州武进人陆尔奎，又重新被一些媒体提及。

　　2016 年 1 月 3 日《光明日报》刊发了文章《搭建通往传统文化的桥梁——记《辞源》第三版修订》，2016 年 1 月 12 日《人民日报》刊发了文章《百年辞源：几辈人的接力》，两篇文章在谈及陆尔奎编纂《辞源》时，都写到了一句特别让人震撼的话："陆尔奎也因此积劳成疾，目力受损而至双目失明。"为了编纂《辞源》而积劳成疾、双目失明，这是多么伟大的奉献精神！

一、陆尔奎是一个品行高洁的教育家

　　《清代毗陵名人小传稿》卷九"陆尔奎"条记载，陆尔奎"历充北洋学堂南洋公学教习。与吴稚晖友善，讲维新之学。最早龚心湛任广东广州府知府，延主中学堂校务。融汇新旧，管教有方，诸生翕服。大府两次派赴东瀛考察，归办两广游学预备科于广州，挑选高材生入学，岭南人士宗仰备至。旋与当事不合，两广总督岑春煊延至幕中，代陈培养民德，一疏海内称诵"。由此可以看出，陆尔奎有教学经历，有海外留学经历，有管理能力，做了很多教育界的开拓性工作。正因为如此，各界人士对这位在教育事业上作出突出贡献的人物极给予了极高的评价。

由于陆尔奎和同时期的朱世畴、刘士骥、杨玉衔等四人办学"卓著成效"，光绪三十一年（1905）九月，当时的两广总督岑春煊特意为这四人上书光绪帝，奏请给予他们官衔。其中为陆尔奎和朱世畴上报的是"光禄寺署正衔"。岑春煊在奏折中对陆尔奎大为赞赏，称其"品质端粹""于教育素所研究""视办学为性命，视学生如家人""勤勤恳恳，罕有其伦"，还说"此次开办游学预备科臣复派陆尔奎为教务长以尽其能"。皇上阅后同意，批复"著照所请"。此事可参看《光绪朝朱批奏折》第一〇五辑。

同为常州人武进人的吴稚晖在陆尔奎主编的《新字典·书后》也对陆尔奎的教育办学能力予以认可："然先生留心于教育者，日益笃。且旋弃所谓大学者。专从事于中小学之普及教育，远赴粤桂间。彼中大吏兴建学校，莫不延先生创立规程。"至此，陆尔奎的教育家形象已十分明晰。

二、陆尔奎是一个有担任意识的出版家

陆尔奎从教育界转到出版界，是他事业的重要转折，这也为他的人生书写了最为浓墨重彩的一笔。陆尔奎做出版也是为了教育和文化，至于他为什么离开广东到上海做出版，有一种说法是，1908年商务印书馆编纂教科书的高凤谦（高梦旦）到广州找到了陆尔奎，二人谈到了编辞书的事，谈得很愉快，继而高凤谦把陆尔奎推荐给张元济，然后陆尔奎受邀到了商务印书馆。这一记载见于高凤谦撰写的《新字典·缘起》："戊申游广州，与陆君炜士谈辞书之关系，所论大洽，归以语张君，乃要陆君主其事，

又得傅君伟平蔡君松如方君叔远辈相赞助，至今年而脱稿，命之曰辞源，又刺取其单辞，先付手民，命之曰新字典。"这一说法也与陆尔奎撰写的《〈辞源〉说略》（第一版《辞源》的前言，同时发表于《东方杂志》1915年12卷第4期）中的"戊申之春，遂决意编纂此书"相吻合。

关于《辞源》的编纂缘由，陆尔奎在《〈辞源〉说略》中写得很清楚。主要是说，在那样一个新旧文化交替、中西文化碰撞的时代，社会语言发生了极大变化，对民众的阅读造成了障碍，还严重影响了学术研究。很多海外归来的学子认为当时国内的语言文献"新旧扞格"，他们宁肯生活在外国，因为"其国之政教礼俗，可以展卷即得"。陆尔奎的一个朋友"久居欧美，周知四国"，当谈及辞书时，说出了"一国之文化，常与其辞书相比例"的话语，陆尔奎深以为然，觉得应该有一部适应时代的新辞书出现，于是发出了"国无辞书，无文化之可言也"的慨叹，"遂决意编纂此书"。《辞源》的编纂过程是辛苦复杂的，《〈辞源〉说略》记载，"其初，同志五六人，旋增至数十人。罗书十余万卷，历八年而始竣事。当始事之际，固未知其劳费一至于此也"。陆尔奎在编纂程序、方法、体例、字词考订方面都做了大量建设性的、细致而有益的工作。

除了主持编纂《辞源》和《新字典》之外，陆尔奎还主持编纂了《学生字典》《实用学生字典》等诸多工具书，并"创《中国地名辞典》之议"（见臧励和所撰写的《中国古今地名大辞典·缘起》），担任《中国古今地名大辞典》的校订者，为现代出版事业和文化发展作出了巨大的贡献。

陆尔奎是一位学者型的出版家。他的学问和社会影响力在当时是相当高的。吴稚晖在《新字典·书后》中称其："道德学问，自少见重于乡里，彼之审查时变，善治名物之学，超于其侪辈。"陈西滢在《蔡先生的回忆》一文中写道："武昌起义之后，吴先生（吴稚晖）与蔡先生（蔡元培）都是先后回国。在他们未到以前，他们的一位朋友，商务印书馆主编《辞源》的陆炜士，常常对先父等说，将来修清史，只有'稚晖与鹤卿'（吴稚晖与蔡元培）。那时候已经十五六岁了，知道鹤卿就是以翰林公而提倡革命的蔡子民。听了陆先生的谈话又知道蔡先生是文章家。"

三、陆尔奎是一个主张统一国音的语言学家

陆尔奎曾出席 1913 年中华民国教育部组织召开的读音统一会。这次大会是近代中国语文改革史上一次非常重要的学术会议，对后来汉语的发展产生了深刻的影响。据黎锦熙的《国语运动史纲》记载，出席大会的会员共计 80 人，多为学界名家，如许寿裳，杜亚泉等。以陆尔奎编纂《辞源》的能力水平来看，他参加此次大会可谓人尽其才。这次会议是吴稚晖担任议长，会议结束后，基本上确定了国音标准，这个标准史称"老国音"。

四、陆尔奎也是影响较大的《新字典》主编

清廷覆灭，字典出版解禁，商务将《辞源》稿子的字头先行出版，名《新字典》。因为《辞源》稿中发现的问题，集中在词汇，而不涉及字头。字头仅有字的分项释义，不涉及词汇不平衡问题；字头释义有引书证的，但不多。随意以《新字典》第 350 页为例，该页共有 16 个书证。全书 528 页，七八千条而已，而且大都引用常用书。如第 350 页 16 个书证，见之于《诗经》4，《书》1，《礼》2，《尔雅》2，《通鉴》1，《班固赋》2，《黄庭坚诗》1，《杜甫诗》1。可见除《通鉴》外，都是极熟易查的书。这些引文在编纂中与原书进行了核对，保证了质量。

这本字典名为《新字典》。它是《辞源》字头的先期抽印本。但它和《辞源》出版后的字头略微不同，可以看成一个独立成果。

《新字典》于 1912 年 9 月出版，出版后 10 天就销了 40043 部，并一直发行多年。

《新字典》收字 9458 字，已足够一般人应用。但为了照顾读者查生僻字的需要，还收录了 3.5 万生僻字作为附录，加注简单读音。

《新字典》是《辞源》字头的汇集，所以《辞源》的开创性优点也全部集中在其中，自然《辞源》有些开创性的成果也可以挂在《新字典》账上，如对字的解释不是罗列训诂内容，而是注重实用，按近代科学解释字，等等。

《新字典》的出版得到蔡元培、吴稚晖的高度评价，他们分别为之写序，表示高度认可和赞扬。

五、陆尔奎为了辞典事业鞠躬尽瘁

《清代毗陵名人小传稿》记载，陆尔奎"积劳之后，两目遂盲，不复论学。夙有胃病，旋亦获愈，淡泊明志，自奉极俭，生平嗜饮，虽至老神明不衰，民国二十四年（1935）无疾而终，年 74"。可以说，陆尔奎为了祖国的文化事业鞠躬尽瘁死而后已了。

六、陆尔奎代表作《〈辞源〉说略》鉴赏

陆尔奎虽然是"《辞源》之父"，编写了很多有影响的辞书，但是属于自己的遗作并不多。《〈辞源〉说略》是他的代表作，我们从 1915 年版《辞源》中摘录于此，以飨读者。从中我们可以看出陆尔奎的殷殷之情。

辞书之与字书

积点画以成形体，有音有义者，谓之字。用以标识事物，可名可言者，谓之辞。古谓一字曰一言，辞书与字书体用虽异，非二物也。此书与《新字典》同时编纂，其旨一以应用为主。故未

有此书，则姑目《新字典》为字书。既有此书，则以《新字典》并入而目为辞书。凡读书而有疑问，其所指者，字也。其所问者，皆辞也。如一之为一，既识其字矣，而其义则因辞而变。一名一物之一，不可通于一朝一夕之一；一德一心之一，不可通于一手一足之一。非胪举而尽列之，无以见其义，亦无以尽其用。故有字书不可无辞书，有单辞不可无复辞。此书仍以《新字典》之单字，提纲下列复辞，虽与《新字典》同一意向，而于应用上，或为校备，至与字书之性质，则迥乎不侔也。

辞书之与类书

凡翻检参考之书，率皆分类，以字为类者。如《骈字类编》，如《佩文韵府》，皆与辞书相似者也。然决不能谓之辞书。类编取便对偶，韵府取便押韵，供作者之用，非以供读者之用。故所重在出处，不重在诠释，且以辞章为范围，选辞必求雅驯，知古而不知今，尤非类书任其责矣。辞书以补助知识为职志，凡成一名辞为知识所应有、文字所能达者，皆辞书所当载也。举其出处，释其意义，辨其异同，订其讹谬，凡为检查者所欲知，皆辞书所当详也。供一般社会之用，非徒为文人学士之用，故其性质适与类书相反。吾国旧籍，如《方言》《释名》小学训诂之书；如《白虎通》《古今注》，杂家考订之书。皆辞书也。然以供记诵而不便检查，欲为适用之辞书，固不得不分别部居。此书以字为类，而字隶于部，部分仍依字汇字典之旧，从社会之所习，亦辞书之通例也。

普通辞书之与专门辞书

辞书种类綦繁，而大别为普通、专门两类。吾国编纂辞书，普通必急于专门，且分为数种，亦不如合为一种。社会所需之常识，纷错繁赜非可以学术门类为之区分。如阅一报纸，俄而国家政闻，俄而里巷琐语，俄而为矜严之论，俄而为戏谑之辞，文之体裁不同而遣辞斯异。且人所与为周旋交际者，必不止一种社会。故此为恒言，彼为术语，此则尽人可解，彼则毕世罕闻。所业不同，言辞又异，因一辞不得其解，而求之专门辞书，虽罗书数十种，有未足备。其应用者，此书编辑之时，皆分类选辞，至脱稿以后，始分字排比，就学术一方面而论，谓之百科辞书亦无不可。惟其程度，皆以普通为限，《枫窗小牍》讥《册府元龟》谓开卷皆目所常见，无罕覯异闻，此则普通辞书所不免，可引为此书解嘲者也。

辞书之注释

普通辞书，注释必以简明为主。然辞有引申假借，有沿革变迁，举甲不能遗乙，有委不能无源，往往一辞而有数义，一义而有数说。且法律名辞、科学名辞各家著书率自标定。义因范围之广狭，遂生术语之异同，欲调停众说，即难免辞费。至形容实物，并及其性质、功用，叙述故事，并及其因革源流，窃谓辞书既以解释疑义，必使阅者疑义尽释，方为尽职。人之怀疑而来者，原因不同，若所疑在此，所释在彼，则复阅者之意。无异有问不答，或答非所问。故与其失之漏略，无宁病其繁冗，至羌无故实、望文生义之辞，非有疑问即无待诠释。如此者，概从芟薙（shān tì），不以充篇幅。其音读则悉从《音韵阐微》改用合声，以其取音较易，而又为最近之韵书，不至如天读为汀，明读为茫，古音今音之相枘凿也。

辞书之图表

图表以助诠释，辞书中自不能少。然吾国名物，大率于公名之上，缀以专名。

图其专名，则不可枚举；图其公名，则同名而异物。博古诸图，一名数十器。方圆奁（yǎn）侈，器各异形。觚之不觚，遂不知所谓觚者何若。礼图，因经师之说，由想像而成。人异其说，谱异其图，纠纷牴牾（dǐ wǔ），更可勿论。至虫鱼草木，若本草图，尔雅图等，往往取验实物而不类。以此书与彼书相校，或原图与原书相校，又均之不类。画工粗略，传刻湮讹，率尔摹绘，反滋疑义。慎择约取，其可助辞书之诠释者，盖百不逮一也。他国辞书，莫不有图，且分体、合体、平面、剖面，图因说立，图愈详说愈明显。吾国有骤难仿效者，百工技艺所执之器，不能称以雅言，记以文字，虽摹绘为图，何裨学术。若正名辨物，则又别为一事，非辞书所能任其责矣。外国图谱所可规仿者，惟理化、博物、科学器具，其名见于译籍，其理详于教科，图与说相济以成美，则为辞书所能载。若工业、美术于彼虽极精详，于我宁从阙略。盖其事跟于一国之文化、学术，虽欲矫饰为工，固有所不能耳。故此书所载仅六百余图，关于礼器者皆经学家所论定，或摹吉金古器，以证明之。夸多斗靡，固非绘图之本意也。至表之为用，约繁者而使简，综散者而使聚。横直相参，易资比较，尤便检查。此书凡遇有纲有目，数列多项者，皆为列表。其尤繁者，则载于附录。固辞书所同，然亦诠释之一助也。编纂此书之缘起癸卯、甲辰之际海上译籍初行，社会口语骤变，报纸鼓吹文明，法学、哲理名辞稠叠盈幅。然行之内地，则积极消极、内籀外籀，皆不知为何语。由是搢绅先生摒绝勿观，率以新学相诟病。及游学少年，续续返国，欲知国家之掌故、乡土之旧闻，则典籍志乘，浩如烟海，徵文考献，极感困难。因与同人论及编辑辞书，实为急不能缓之要图。且人之智力，因蓄疑而不得其解，则必疲钝萎缩，甚至穿凿附会，养成似是而非之学术。古以好问为美德，安得好学之士有疑必问，又安得宏雅之儒有问必答。国无辞书，无文化之可言也。其语至为明切。戊申之春，遂决意编纂此书。其初，同志五六人，旋增至数十人。罗书十余万卷，历八年而始竣事。当始事之际，固未知其劳费一至于此也。

编纂此书之经历

吾国辞书方当草创，编者任事素乏经验。著手之际，意在速成，最初之豫算，本期以两年蒇（chǎn）事。及任事稍久，困难渐见。始知欲速不达，进行之程序、编制之方法皆当改弦更张。盖一书包举万类，非特愧其学识之不足，即汇集众长，欲其精神贯澈，亦殆难言之。举此而遗彼，顾后而忘前。偶一整理，瑕眚迭见。于是分别部类，重加校订，迨后三数年，全稿略具。然一辞见于此类，又见于彼类；或各为系统，两不相蒙；或数义并呈，而同出一母。至此欲别其同异，观其会通，遂涉考订蹊径。往往因一字之疑滞而旁皇终日，经数人之参酌而解决无从。甚至驰书万里，博访通人，其或得或失，亦难预料。穷搜冥索所用以自劳者，惟流分派别，忽逢其源，则騞（huō）然尽解，理得而心安。始知沿流以溯源，不如由源以竟委。虽吾国古籍半多散佚，唐宋以来所发生之名辞，不能尽知其依据，然知识浅短，失之目前，亦所在皆是。同人以此自励"源"之一字，遂日在心目。当此书刊布预告之际，方考订日有所获，因遂以名其书。譬知咳名其子，贤不肖不可知，而祝之以义方，则人情之常也。

此书之希望

世界演进，凡事之后胜于前者，非独改良之易，而创始之难也。苟为社会所需，则经众人之监督，即得众人之辅助。任其事者以寸心之得失，更参以局外之毁誉，朝斯夕斯，所以补苴（jū）润饰者，亦较易为力。故逸而功倍者，惟是耳。目所未周，心思所未及，则不得不藉他山之助。海内外宏达，苟有以裨益此书，又岂独此书之幸欤！（原载《词源》1915年版，又载《东方杂志》1915 年 12 卷 4 号。收录本书时标点符号做了适当调整）

通过陆尔奎的这篇文章，我们可以看出陆尔奎的良苦用心。由于当时许多外来语正在逐渐传入我国，社会迫切需要了解这些新的知识。所以陆尔奎就以"中学为体，西学为用"作为编纂指导原则。除了成语、掌故、典章制度、天文、地理、人名、物名、音乐、技术等外，还反映了许多如科学、民主、政治等外来科学用语，这在当时是一种成功的尝试。《辞源》的问世，堪称我国百科辞书史上的一大盛事，受到了社会知识界的普遍欢迎。后来中华书局为了避免与商务印书馆重复，所以才出版《辞海》。但它们的侧重点是不同的。

附录四

"一代儒宗 百年师表"现代语言学家
——南京六合人殷焕先

一、殷焕先早期教育背景深厚

殷焕先（1913—1994），字孟非，笔名齐中、徐兹，别署迫生主人、居养室客、蜀友室客。江苏省六合县长芦镇殷家集人。

1913 年 11 年 13 日，殷焕先出生于六合县一诗书礼仪之家，兄妹五人，家贫，5 岁丧父。叔父德仁公、伯父德廉公皆为举子业，对殷焕先教育极其严格。后来，他回忆说："及至家道稍立，德仁公益自刻苦，督策小焕先兄弟益严，平日不得出大门一步。"正是在德仁公近乎苛刻的教育影响下，殷焕先埋头苦读四书五经、诗古文辞，《经史百家杂钞》《古文观止》《古文释义》诸书令其终生难忘。

那是一个"彷徨""呐喊"的时代。1925 年，殷焕先由私塾转入六合县代用小学（后改六合县立实验小学）读书。1929 年，殷焕先考入南京金陵中学，高中毕业考入国立中央大学。1936 年入重庆中央大学中文系，受业于马宗霍、赵少咸、汪东、汪辟疆、胡小石、吴梅、缪凤林、东方美诸先生，学习文学、经学、史学，尤于语言声韵之学深得著名语言学大师赵少咸的培养，对其语言文字、音韵学奠定了基础。

1940 年，殷焕先从重庆考入昆明北京大学文科研究所语言学部研究生（第二批），直接在罗常培、唐兰、袁家骅等大师精心培育下，专习语言文字之学，获硕士学位。考进昆明北京大学历史语言研究所时，天上常有日本飞机来轰炸，令人大有"山河破碎风飘絮，身世沉浮雨打萍"之叹。殷焕先常说："国家兴亡，匹夫有责"，声犹震耳，痛犹切肤，没有过颠沛流离经历的人，是不会真正理解国泰民安的幸福含义的。在昆明时，殷焕先与冯友兰、罗常培、唐兰、游国恩、徐嘉瑞、熊庆来、蒋维崧（常州人）等著名学人有书信、诗词、文稿墨迹往来。学术上，罗常培力主治音韵务祛"四妄"，即"玄虚、含混、附会、武断"，成为殷焕先日后治音韵的"家法"，也是殷焕先努力变音韵这门"绝学"为"通学"的指导思想。

二、殷焕先教书育人甘为人梯

1942 年研究生毕业，殷焕先的毕业论文是《诗骚联绵字研究》，指导教师是罗常培和唐兰，因罗去哈佛，论文答辩遂由校外导师王力主持。毕业时，因罗常培向梅贻琦举荐，殷焕先曾任西南联大北京大学研究助教一年。后因云南大学校长熊庆来函商北大文科研究所所长汤用彤，任云南大学文史系讲师，1945 年改任四川大学中文系讲师。抗战胜利后，1946 年应聘至山东大学任教，从那时起，殷焕先长期为中文系本科生及研究生讲授古代汉语、现代汉语、音韵学、古文字学、训诂学、广韵研究、文字与文字改革、方言与方言调查等十余门课程，几十年如一日，兢兢业业为国家培养了大批杰出的语言文字学家和语言文字工作者。可谓桃李满天下，誉满海内外。殷焕先执教半个世纪，对自己学而不厌，对学生诲人不倦，尊师重道，谆谆善诱，无私奉献，奖掖后进，从未有疾言厉色之严，而其忠于学术、一丝不苟、以身作则、甘为人梯的精神无一不深深影响着后学。

三、殷焕先不懈追求中国语文现代化

殷焕先博学敏思，勇于探索，既坐而言，更起而行，毕生积极从事科学研究及学术活动，谦恭勤勉，德高望重，深受学界拥护。自1951年起，历任中国语言学会理事，中国音韵学会理事、学术委员、顾问，中国语文现代化学会顾问，全国高校文字改革委员会顾问，山东省语言学会理事长，山东省方言研究会理事长、古文字研究会理事长，《中国语文》杂志编委，《学术月刊》杂志特约编委，《文史哲》编委、创办人之一，《语言研究》编委，中国科学院语言研究所研究员（当时唯一外聘研究员）。1978年以后，为筹备建立山东省语言学会及语言文字工作委员会做了大量工作，历任山东省方言普查委员会副主任、山东省方言志主编、《经籍纂音》执行主编、山东大学中文系副主任、语言教研室主任、现代汉语教研室主任等职。

殷焕先博古通今，学贯中西，兼采众长，视野开阔，严谨求实，眼光敏锐，博大精深，学术大公，不存门户之见，主张打破成见和学派藩篱，兼容图新，与时代俱进，不懈追求中国语言文字的现代化，走出语言学研究方面的新路，充分表现了老一辈知识分子以国家民族利益为重、以天下为己任的高风亮节。他既受过传统语言学的熏陶，早年即有传统文化的教养和底蕴，后来又接受了现代语言学的培养，在半个多世纪的学术生涯中，无论是在古代汉语的文字、音韵、训诂诸领域，还是在现代汉语的理论与实践方面，其中包括文字改革、方言调查、推广普通话、制订和推行汉语拼音方案、对内外汉语教学与实践、教学语法系统的建议以及语言规范化等方面，均作出了卓越的贡献。出版专著十余部，发表论文上百篇，手稿数百万言。20世纪五六十年代，在音韵学研究方面，撰有《新旧文字与声调》《字调和语调》《反切释例》《反切续释》《破读的语言性质及其审音》《释"古今通塞"》《上古去声质疑》《方言与音韵》《方言释例》《汉字评议》《动观文学字》《古音韵讲义》《实用音韵学》等相关论文或专著，积极探索了我国音韵发展的一些规律，并长期坚持为音韵学的通俗化而努力。他密切关注社会，以现实需要为依归，致力于化繁难为简易、化"绝学"为"通学"的学术研究，常谓"前贤每集文史哲于一身，万不可固步自封，要不惜五十而改四十九之非"。坚持文字改革和方言调查工作，对汉字的字形简化、整理和教学，提出了不少建设性意见，先后发表《汉字三论》《热烈欢迎〈汉字简化方案草案〉》《汉字简化中的"系统"和"类推"问题》《汉字改革和汉语规范化》《汉字的形体结构和形声原则》《汉字的组形和汉字的简化》《汉字简化工作需要继续进行》《气壮山河——纪念〈汉语拼音方案〉公布 30 周年》等相关论文或重要讲话，为中国语文现代化进行鼓与呼。

四、殷焕先伟人坦荡品质高洁

殷焕先早年经历了中国半殖民地半封建社会的苦难，痛切体验过流离失所的生活，因此树立了强烈的"开民智""强国精神、振兴民族"的使命感。西南联大期间，殷焕先成立了进步社团"天风社"，主编进步刊物《风雨谈》。1945 年著名的"一二·一"爱国民主运动中，昆明市各界大中学师生举行联合罢课罢教等抗议活动，并在《罢课宣言》上签字。1949 年以后，殷焕先以主人翁的姿态满腔热情热忱地投入到文化教育事业中，热心参与组织进步团体，曾任"九三学社"中央学习委员，是"九三学社"山东地区最早成员之一。殷焕先为人坦荡，安贫敬业，淡泊名利。在人生道路上，殷焕先追求光明、追求进步，热爱祖国，忠于人民，矢志不渝。即使在 1957 年被错打成"右派"深处逆境、受到不公正对待情况下，也从未动摇过自己的信仰，终于在晚年加入中国共产党，实现了多年的夙愿。

1994 年 11 月 19 日，殷焕先因病与世长辞，葬于山东济南英雄山公墓。殷焕先去世后，海内外知名学者尹井健一郎、山田留里子、中国社会科学院语言研究所名誉所长吕叔湘、所长刘坚、哲学家、北京大学图书馆馆长任继愈、中国语文现代化学会会长张志公、国家语言工作委员会副主任、语用所副所长王均以及全国各地高等院校、科研院所等，或以个人名义，或以集体名义，纷纷发来唁函、唁电，表示沉痛哀悼。在多次疾病缠身和各种困难面前，殷焕先始终乐观、坚韧，表现了高尚的人格和顽强奋进的精神，去世前一年还叮嘱学生整理复印《联绵字简论》，以备出版，表现了一位党员知识分子为祖国为人民鞠躬尽瘁、死而后已的忠诚。

殷焕先一生主要从事汉语音韵学、文字学研究，尤以音韵、文字研究成就最为突出，造诣很深，颇多独到见解，为新中国的语言学术建设作出了开创性的贡献。1992 年起享受政府特殊津贴。周有光曾评其为"一代儒宗，百年师表"，张岱年称赞他为"邦国之光"。（周有光、张岱年对殷焕先先生的评价，来源于殷焕先庆祝文集编委会：《庆祝殷焕先先生执教五十周年论文集》，山东大学出版社，1994 年 7 月第一版扉页）

（本文作者骆远荣先生，南京市六合区历史文化研究所所长）

参考文献

安华林.汉语语法研究与"赵元任传统".南京师大学报（社会科学版），2004（1）.

安华林.再谈《汉语拼音方案》的优化.北华大学学报，2008（3）.

蔡元培.蔡元培全集.北京：中华书局，1984.

曹文.赵元任先生对汉语语调研究的贡献.世界汉语教学，2007（4）.

曹述敬.钱玄同年谱.济南：齐鲁书社，1986.

陈洪，陈凌海.吴稚晖先生大传.台湾：颖庆印刷文具有限公司，1964.

陈光中.走读周有光.北京：中国文史出版社，2011.

陈光磊.普及修辞学和拓展文体研究.当代修辞学，1988（4）.

陈永舜.汉字改革史纲（修订版）.长春：吉林大学出版社，1996.

陈大白.全面阐释《汉语拼音方案》的优点.语文建设，1988（2）.

陈立中.近代国语运动的急先锋卢戆章.文史知识，1994（9）.

陈升祥.国语罗马字探源.河北师范大学学报，1981（2）.

陈铁健.胡适与瞿秋白.新文学史料，1991（4）.

陈原.叶籁士——中国世界语运动的一块"磁铁".世界，1994（8）.

陈允豪.赤心奉献语与文——追思叶籁十同志.出版史料，2011（2）.

陈章太.《汉语拼音方案》的功绩、发展及问题.语言文字应用，2008（3）.

陈遵平.钱玄同的文字改革观与国语罗马字.遵义师范学院学报，2009（4）.

戴维·克里斯特尔.剑桥语言百科全书.北京：中国社会科学出版社，1995.

董纯才.《汉语拼音方案》的制订与推行.文字改革，1982（1）.

董孝感.重读《语言问题》——纪念赵元任先生诞辰一百周年.外语研究，1992（4）.

段生农.汉字拉丁化必要性的初探.文字改革，1982（2）.

费锦昌.我所认识的叶籁士先生.语文建设，1995（9）.

费锦昌.中国语文现代化百年记事.北京：语文出版社，1997.

傅斯年.怎样做白话文.新潮，一卷二号，民国七年十二月二十六日，1919年1月.

傅斯年.汉语改用拼音文字的初步谈.新潮，1919，1（3）.

傅永和.二十世纪的汉语言文字规范工作.刘坚主编：二十世纪的中国语言学.北京：北京大学出版社，1998.

冯雪红.浅议赵元任语言研究的态度与方法.常州工学院学报（社会科学版），2009（6）.

冯志伟.汉语拼音运动的历史功绩.北华大学学报，2008（2）.

高燕.《汉语拼音方案》修改意见综述.语言文字应用，2003（2）.

高艳利.留学生与国语罗马字运动.徐州师范大学学报，2009（2）.

高时良.中国近代教育史资料汇编·洋务运动时期教育.上海：上海教育出版社，1992.

高天如.中国现代语言计划的理论和实践.上海：复旦大学出版社，1993.

高成鸢.叶籁士孪生两事业.读书，1996（5）.

高景成.缅怀叶籁士同志.语文建设，1994（5）.

葛娴.名人心影录.北京：中国广播电视出版社，1994.

耿云志，欧阳哲生.胡适书信集（上）.北京：北京大学出版社，1996.

顾祖年.新发现的瞿秋白语言文字手稿四篇.上海师范大学学报,1987（4）.

关晓红.清末中央教育会述论.近代史研究,2000（4）.

何九盈.中国现代语言学史.广州:广东教育出版社,2000.

何九盈.汉语三论.北京:语文出版社,2007.

胡适.藏晖室札记分卷十二.上海:上海亚东图书馆刊印,1939.

胡适.民国语文:八十堂大师国文课.北京:中国长安出版社,2011.

胡适.胡适文集.北京:北京大学出版社,1998.

黄晓蕾.民国时期语言政策研究.北京:中国社会科学出版社,2013.

洪峻峰.瞿秋白与五四新文化运动.东南学术,1999（2）.

侯精一.推广普通话（国语）的回顾与前瞻.语言文字应用,1994（4）.

胡波,张璘.儿童文学翻译中的创造性叛逆——赵译《阿丽思漫游奇境记》研究.内蒙古农业大学学报（社会科学版）,2008（6）.

胡蕾,王兴华.洋务运动对中国报刊的影响.时代报告（学术版）,2011（10）.

胡明.从文学革命、文腔革命到文字革命——瞿秋白文化革命路线图诠解.中国文化研究,2008（3）.

胡荣.白话的实验与趣味的变异——论赵元任译《阿丽思漫游奇境记》的文学史意义.清华大学学报（哲学社会科学版）,2007（6）.

胡瑞昌.继续推动文字改革工作——纪念语文现代化运动100周年.河北师院学报,1992（4）.

胡惠贞.我心目中的叶籁士同志.语文建设,1994（5）.

胡双宝.有关汉语拼音文字的几个问题.语文研究,1980（2）.

胡乔木.关于文字改革的通信.南京师范大学文学院学报,2002（1）.

胡愈之.关于大众语文.申报·自由谈,1934-6-23.

黄培云,赵新那.杂忆赵家.书屋,2011（5）.

黄小燕.民国时期语文课程标准演变之管窥.中学语文教学参考,1998（8）.

季传峰.从赵元任译《阿丽思漫游奇境记》看翻译审美再现中的译者主体性.常州工学院学报（社会科学版），2010（1）.

季传峰.论赵元任译《一个女人的自传》之翻译规范.常州工学院学报（社会科学版），2011（5）.

纪信.叶籁士先生访问记.语文建设，1992（7）.

纪念六十年来推行国语的吴稚晖先生.台湾《"中央"日报》，1960-5-13.

江南.赵元任对外汉语词汇和语法教学思想研究.现代语文（语言研究版），2012（12）.

课程教材研究所.20世纪中国中小学课程标准·教学大纲汇编语文卷.北京：人民教育出版社，2001.

黎锦熙.国语运动史纲.北京：商务印书馆，2011.

李蓝.《汉语拼音方案》的社会性、实践性及相关问题的讨论.语言文字应用，2008（3）.

李建国.汉语规范史略.北京：语文出版社，2000.

李建国.章黄学派的一面旗帜——纪念徐复先生百年诞辰.南京师范大学文学院学报，2012（2）.

李香枝.赵元任与杨步伟的情爱世界.北京：东方出版社，2011.

李宇明.中国语言规划论.北京：商务印书馆，2010.

李宇明.中国语言规划续论.北京：商务印书馆，2010.

李宇明.中国语言规划三论.北京：商务印书馆，2015.

李宇明.中国现代的语言规划——附论汉字的未来.汉语学习，2001（3）.

李宇明.清末文字改革家论语言统一.语言教学与研究，2003（2）.

李宇明.清末文字改革家的方言观.方言，2002（3）.

李宇明.纪念《统一国语办法案》颁布一百周年.澳门语言学刊，2012（1）.

李志江.关于完善《汉语拼音方案》的几点建议.语言文字应用，2008（3）.

利玛窦．明末罗马字注音文章．北京：文字改革出版社，1957.

梁启超．饮冰室合集．北京：中华书局，1989.

梁容若．吴稚晖先生与国语运动．台湾《"中央"日报》，1951-11-3.

凌远征．新语文建设史话．开封：河南大学出版社，1995.

刘坚．二十世纪的中国语言学．北京：北京大学出版社，1998.

刘玉全．大清幼童留洋记．珠海：珠海出版社，2008.

刘丹丹．拉丁化新文字及其运动研究．湖南师范大学硕士学位论文，2008.

刘华．论京师同文馆的高等教育性质．浙江大学学报，2004（1）.

刘佳梅．周有光语文改革思想研究．山东师范大学硕士学位论文，2005.

刘进才．汉字，文化霸权抑或符号暴力？——以鲁迅和瞿秋白关于大众语和拉丁化新文字的倡导为例．鲁迅研究月刊，2007（7）.

刘小中．瞿秋白与"文腔革命"．学术交流，2002（6）.

刘涌泉．汉语拼音是我国语言学界的最大成就．语文建设，1998（4）.

刘振平．汉语拼音经典方案选评．北京：北京语言大学出版社，2013.

柳花，松盛，林李开．论徐复教授的训诂学说．南通师范学院学报，2000（2）.

卢戆章．一目了然初阶．北京：文字改革出版社，1956.

卢毅．钱玄同与近代文字改革．重庆社会科学，2007（5）.

鲁迅．鲁迅全集．北京：人民文学出版社，1980.

陆俭明，苏培成．语文现代化和汉语拼音方案．北京：语文出版社，2004.

陆俭明．新中国语言学50年．当代语言学，1999（4）.

陆克寒．"文人"：启蒙与革命——瞿秋白的思想个案．北京：中央文献出版社，2010.

陆炳文．化泽深远的吴稚晖先生——为纪念推行国语七十周年而作．台湾《"中央"日报》，1983-2-11.

路小可．民国大佬吴稚晖．兰州：兰州大学出版社，1997.

吕冀平.当前我国语言文字的规范化问题.上海:上海教育出版社,2000.

吕叔湘先生百年诞辰纪念文集编辑组.吕叔湘——纪念吕叔湘先生百年诞辰.北京:商务印书馆,2004.

吕叔湘.吕叔湘语文论集.北京:商务印书馆,1983.

吕叔湘.语文常谈.北京:生活·读书·新知三联书店,1980.

吕叔湘.汉语语法论文集.北京:商务印书馆,1984.

吕叔湘,朱德熙.语法修辞讲话.沈阳:辽宁教育出版社,2005.

吕叔湘.《汉语拼音方案》是最佳方案.文字改革,1983(2).

吕叔湘.汉语文的特点和当前的语文问题.语文近著.上海:上海教育出版社,1987.

吕叔湘.发挥汉语拼音方案的巨大力量在语文教学上实现多快好省.语文近著.上海:上海教育出版社,1987.

吕叔湘.一致 易学 醒目.文字改革,1984(1).

吕叔湘.剪不断,理还乱.未晚斋语文漫谈.北京:语文出版社,1992.

吕叔湘.汉字和拼音字的比较.吕叔湘语文论集.北京:商务印书馆,1983.

吕思勉.吕思勉遗文集.上海:华东师范大学出版社,1997.

吕思勉.白话本国史.上海:商务印书馆,1934.

吕思勉.史学四种.上海:上海人民出版社,1981.

罗常培.国音字母演进史.上海:商务印书馆,1934.

罗常培.汉语拼音字母演进史.北京:文字改革出版社,1959.

罗常培.《汉语拼音方案》的历史贡献.文字改革,1958(1).

罗平汉.民国大佬吴稚晖.北京:团结出版社,2010.

罗平汉.风尘遗士——吴稚晖别传.北京:人民文学出版社,2002.

林玉山.试论赵元任的语法思想.福州师大福清分校学报,2011(3).

马庆株.汉语拼音与汉字一起走向新世纪——纪念汉语拼音方案发表40年.北京:中华读书报,1998-07-22.

马庆株.抓住机遇，扎实推进语文改革规范汉字及其拼写工具的完善.语言文字应用，2003（2）.

马庆株.《汉语拼音方案》的来源和进一步完善.语言文字应用，2008（3）.

马庆株.中国的语文现代化事业.北华大学学报，2008（5）.

马庆株.坚持中国语文现代化的方向.北华大学学报，2011（1）.

马庆株.整合创新，促进中国语文现代化——汉语拼写方案的必要性、科学性和可行性.中国语文，2014（6）.

马庆株.纪念中国语文现代化120周年.北华大学学报，2012（4）.

马永春."二简字"的难产和废止.文史精华，2014（12）.

麻玉霞.吕著中国通史研究.河南师范大学硕士研究生论文，2011.

倪海曙.推广普通话的历史发展.语文现代化，1980（1）.

倪海曙.中国语文的新生——拉丁化中国字运动二十年论文集.北京：时代出版社，1949.

倪海曙.中国拼音文字运动史简编.北京：时代出版社，1950.

倪海曙.清末文字改革文集.北京：文字改革出版社，1958.

倪海曙.清末汉语拼音运动编年史.上海：上海人民出版社，1959.

倪海曙.拉丁化新文字运动的始末和编年记事.北京：知识出版社，1987.

倪海曙.倪海曙语文论集.上海：上海教育出版社，1991.

倪海曙.语文杂谈.上海：新知识出版社，1957.

彭泽润，吴珍.影响世界历史的汉语拼音.北华大学学报，2008（4）.

钱玄同.汉字革命.国语月刊，1923（1）.

钱玄同.钱玄同文集.北京：中国人民大学出版社，1999.

钱钟书主编，朱维铮执行主编.万国公报文选.北京：生活·读书·新知三联书店，1988.

瞿秋白.瞿秋白文集.北京：人民文学出版社，1986.

容闳.西学东渐.郑州：中州古籍出版社，1984.

戎林海．翻译问题探微．南京：东南大学出版社，2010.

戎林海．赵元任翻译研究．南京：东南大学出版社，2011.

戎林海．赵元任研究．南京：东南大学出版社，2014.

戎林海．浅谈赵元任的语言观——纪念赵元任《语言问题》出版五十周年．常州工学院学报（社会科学版），2009（6）.

戎林海，戎佩珏．从"翻译适应选择论"视阈看赵元任译《阿丽思漫游奇境记》．湖州师范学院学报，2011（3）.

单汝鹏．语言文字学家徐复先生．文教资料，1995（6）.

沈士英．汉字注音的历史发展．汉语学习，1982（2）.

盛炎．赵元任传略．晋阳学刊，1989（3）.

史有为．《汉语拼音方案》的文化学价值．语文建设，1988（1）.

苏桂宁．"汉字革命"与钱玄同的文化选择．江汉论坛，2006（1）.

苏金智．赵元任学术思想评传．北京：北京图书馆出版社，1999.

苏金智．赵元任传．南京：江苏文艺出版社，2012.

苏培成．语文现代化论丛（第四辑）．北京：北京大学出版社，2000.

苏培成．二十世纪的现代汉字研究．太原：书海出版社，2001.

苏培成．现代汉字学纲要（增订本）．北京：北京大学出版社，2001.

苏培成．语文现代化论文集．北京：商务印书馆，2002.

苏培成．《汉语拼音方案》公布45周年纪念论文集．北京：语文出版社，2003.

苏培成．语言文字应用探索．北京：商务印书馆，2004.

苏培成．语文现代化论文集．北京：商务印书馆，2007.

苏培成．中国语文现代化的回顾与展望．北京：语文出版社，2007.

苏培成．当代中国的语文改革与语文规范．北京：商务印书馆，2010.

苏新春．汉字文化引论．南宁：广西教育出版社，1996.

孙晨．论瞿秋白的文腔革命．徐州师范大学学报（哲学社会科学版），1989（4）.

谭汝为．中国语文现代化事业的积极倡导者和杰出实践家：赵元任——

纪念赵元任先生逝世 120 周年.北华大学学报，2012（4）.

汤志钧.章太炎年谱长编.北京：中华书局，1979.

田雨泽.我国语言生活史上的一座丰碑.十堰大学学报，1998（2）.

屠聪艳.赵元任：活跃在语言学领域的科学先驱.科学，2007（7）.

王华宝.通学术之变　成专精之业——徐复先生主要著作评述，朴学之光——语言文字学家徐复卷.南京：南京大学出版社，2003.

王均.当代中国的文字改革.北京：当代中国出版社，1995.

王珺，杜永道.周有光：105 岁的"语文工作者".中国教育报，2010-4-23.

王力.中国语言学史.太原：山西人民出版社，1981.

王力.哭元任师.语言学论丛（第九辑），1982.

王定芳.百年来汉语言文字的现代化运动.鹭江职业大学学报，2000（4）.

王东志.略其状貌以求神骨——论归化策略在童书翻译中的应用.山东外语教学，2007（6）.

王均.什么是语文现代化.中国语文现代化学会通讯，1997（12）.

王均.再论《汉语拼音方案》是最佳方案.语言文字应用，2003（2）.

王开扬.《汉语拼音方案》的文化意义.北华大学学报，2008（4）.

王理嘉.重读《音位标音法的多能性》有感——纪念赵元任先生逝世十五周年.汉语学习，1997（2）.

王理嘉.汉语拼音运动的回顾及通用拼音的问题.中国语文，2002（2）.

王理嘉.汉语拼音方案与汉语拼音运动.汉语学习，2002（5）.

王茂林，林茂灿.赵元任语调思想、汉语语调研究及其教学问题.暨南大学华文学院学报，2007（1）.

王志方.瞿秋白汉字改革的思想与实践.上海师范大学学报，1987（2）.

王敦琴.稳健立宪派张謇为何与清政府决裂转而拥护革命.党史文苑.2011（19）.

魏继洲.丰富的偏激——论五四新文学运动中的钱玄同.北京：中国社会科学出版社，2013.

文字改革出版社.清末文字改革文集.北京：文字改革出版社，1958.

文字改革出版社.汉语拼音方案的制订和应用.北京：文字改革出版社，1983.

《文字改革》编辑部.建国以来文字改革工作编年记事.北京：语文出版社，1985.

吴玉章.文字改革文集.北京：中国人民大学出版社，1978.

吴玉章.关于《汉语拼音方案（草案）》——在政协全国委员会常务委员会第十八次会议（扩大）上的报告.人民日报，1956-2-17.

吴玉章.关于当前文字改革工作和《汉语拼音方案》的报告.人民日报，1958-2-14.

吴稚晖.吴稚晖先生全集.台北：中国国民党中央委员会党史史料编纂委员会，1969.

吴稚晖.吴稚晖全集.北京：九州出版社，2013.

吴宗济.赵元任先生在汉语声调研究上的贡献.清华大学学报（哲学社会科学版），1996（3）.

吴宗济，赵新那.赵元任语言学论文集.北京：商务印书馆，2007.

吴研因.小学教材研究.上海：商务印书馆，1933.

吴研因.批评小学教科书的标准.上海：正中书局，1936.

吴研因.新学制建设中小学儿童用书的编辑问题.新教育杂志第五卷第一期，1992（8）.

武占坤、马国凡主编，王勤校订.汉字·汉字改革史.长沙：湖南人民出版社，1988.

汪禄应.瞿秋白的文化观.淮阴工学院学报，2005（4）.

汪荣祖.走向世界的挫折——郭嵩焘与道咸同光时代.长沙：岳麓书社，2000.

谢同，黄成洲.论赵元任的学术思想及其对现代汉语的贡献.常州大学学报（社会科学版），2011（1）.

解植雍，李开拓.《汉语拼音方案》存在的问题及改进策略.北华大学学报，2008（2）.

熊月之.西学东渐与晚清社会.上海：上海人民出版社，1994.

熊一民.对《汉语拼音方案》的思考.武汉教育学院学报，2000（5）.

许嘉璐.《徐复语言文字晚稿》序.南京师范大学文学院学报，2007（3）.

徐进文."译音"方案和"文字方案".文字改革，1957（2）.

徐时仪.百年汉语拼音化和汉字改革的探索与反思.南阳师范学院学报，2003（11）.

徐通锵，叶蜚声."五四"以来汉语语法研究述评.中国语文，1979（3）.

徐复.徐复语言文字学丛稿.南京：江苏古籍出版社，1990.

徐霞梅.吴稚晖先生编年事辑.南京：江苏人民出版社，2013.

徐龙年.论叶圣陶先生的语文教材观.丽水学院学报，2006（12）.

许长安.语文现代化先驱卢戆章.厦门：厦门大学出版社，2000.

许纪霖.中国知识分子十论.上海：复旦大学出版社，2003.

许纪霖.20世纪中国知识分子史论.北京：新星出版社，2005.

薛荣.瞿秋白的语言文字学思想初探.常州大学学报（哲学社会版），2010（4）.

闫苹，张雯.民国时期小学语文教科书评价.北京：语文出版社，2009.

杨慧."普通"的微言大义——"文化革命"视域下的瞿秋白"普通话"思想.社会科学集刊，2009（3）.

杨斌.什么是我们的母语.上海：华东师范大学出版社，2014.

杨旸.新学制课程标准制定的回顾与反思.湖北大学学报（哲学社会科学版），2011（11）.

姚律人.瞿秋白同志对语言理论的重大贡献.云南师范大学学报（哲学社会版），1980（4）.

叶籁士治丧委员会.叶籁士同志生平.科技文萃，1994（6）.

叶籁士.简化汉字一夕谈.北京：语文出版社，1995.

叶籁士.叶籁士文集.北京：中国世界与出版社，1995.

叶兴艺.现代汉语研究奠基人——记学术大师赵元任.21世纪，2002

（12）.

叶圣陶.叶圣陶集.南京：江苏教育出版社，2004.

叶圣陶.叶圣陶教育文集.北京：人民教育出版社，1994.

尹斌庸.汉语拼音正词法的历史回顾.语文建设，1988（4）.

于根元.二十世纪的中国语文应用研究.北京：书海出版社，1996.

于锦恩.简论吴稚晖在国语运动中的地位和作用.语文研究，2005（3）.

尉迟治平.悼念赵元任博士.语言研究，1982（1）.

袁玉立.中国现代思想界第二次分裂——瞿秋白对胡适文化思想的扬弃.社会科学战线，2001（5）.

袁毓林.中国现代语言学的开拓与发展——赵元任语言学论文选.北京：清华大学出版社，1992.

袁毓林.赵元任早年的语言学研究及其影响.清华大学学报（哲学社会科学版），1995（4）.

袁毓林.融会古今中西对流——赵元任早年的语言学研究及其影响.汉语学习，1995（6）.

袁钟瑞.卢戆章·赵元任·中国语文现代化.北华大学学报，1995（4）.

袁晓园.中国语言学发展方向.北京：光明日报出版社，1989.

语文出版社.语言文字规范手册.北京：语文出版社，1997.

曾天山.二十世纪的中国·教育事业卷.兰州：甘肃人民出版社，2000.

詹郑鑫.汉字改革的反思.南阳师范学院学报，2002（3）.

詹玮.吴稚晖与国语运动.台北：文史哲出版社，1992.

章炳麟.驳中国用万国新语说.北京：文字改革出版社，1957.

章太炎.章太炎全集.上海：上海人民出版社，1985.

张传荣.徐复先生的人生轨迹.朴学之光——语言文字学家徐复卷.南京：南京大学出版社，2003.

张静.郭嵩焘思想文化研究.天津：南开大学出版社，2001.

张文伯.吴敬恒先生传记.中国国民党中央委员会党史史料编辑委员会，1964.

张惠卿.记叶籁士.出版史料,2002(2).

张謇.中央教育会会长张謇开会词.盛京时报,1911年7月21、22日.

张謇.张会长之愤言.盛京时报,1911年8月9日.

张勇.章太炎学术文化随笔.北京:中国青年出版社,1999.

张育泉.语文现代化概论.北京:首都师范大学出版社,1995.

张清常.比比看——《汉语拼音方案》跟罗马字母、斯拉夫字母几种主要汉语拼音方案的比较.世界汉语教学,1990(1).

张席珍.吴稚晖先生"统一读音"的高明卓越.台湾:国语日报,1983-10-6.

张振兴.从《汉语拼音方案》说到台湾的"通用拼音".语言文字应用,2008(3).

张莉.吴研因小学语文教育思想研究.上海师范大学学报,2014(5).

张奚若.大力推广以北京语音为标准音的普通话.江苏教育,1955(24).

赵慧峰,李园.吴稚晖与教育救国.烟台师范学院学报,2001(12).

赵贤德.试论汉语语音发展演变中的单音化趋势.中国海洋大学学报,2010(2).

赵贤德.周有光先生关于中文信息处理的思想研究.常州工学院学报(社会科学版),2014(2).

赵贤德.赵元任先生对汉语国际教育的重要贡献.阜阳师范学院学报,2014(3).

赵贤德.赵元任先生在中国现代白话文运动中的贡献.淮海工学院学报,2014(5).

赵贤德.周有光的语文现代化的理论与实践.现代语文,2014(6).

赵贤德.洋务运动是中国语文现代化的发端.北华大学学报,2013(1).

赵贤德.论周有光先生作品语言的艺术.湖北文理学院学报,2013(9).

赵贤德,储丽莎.论赵元任先生对汉语语法研究的开创性贡献.现代语文,2012(36).

赵贤德.汉语研究与教学探索.北京:中国文史出版社,2014.

赵贤德.言语表达个案研究.北京：中国文联出版社，2014.

赵贤德.常州籍四大语言学家与中国语文现代化.南京：凤凰出版社，2016.

赵贤德，徐霞梅，张尚全.吴稚晖学术研究文集.南京：南京大学出版社，2017.

赵贤德.赵元任对早期语言科学理论与实践探索的贡献.澳门语言学刊，2013（1）.

赵贤德.民国时期苏南语言学家对国家语文政策影响的研究.北京：中国国际广播出版社，2017.

赵争.赵元任年谱简编.常州文史资料，1984（5）.

赵新那，黄培云.赵元任年谱.北京：商务印书馆，2001.

赵元任.北京口语语法.李荣，译.北京：中国青年出版社，1952.

赵元任.汉语口语语法.北京：商务印书馆，1979.

赵元任.语言问题.北京：商务印书馆，1980.

赵元任.阿丽思漫游奇境记（英汉对照）.北京：商务印书馆，1988.

赵元任.中国话的文法.北京：商务印书馆，2002.

赵元任.汉语口语语法.北京：商务印书馆，2010.

赵志伟.重读吕思勉的《论文字之改革》.语文建设，2014（1）.

郑静.论吕思勉的语文教育思想.上海：华东师范大学研究生论文，2010.

中国大百科全书·语言文字卷.北京：中国大百科全书出版社，1988.

中国大百科全书·新闻出版卷.北京：中国大百科全书出版社，1992.

钟菲.语言文字与文化的视野的融合——论瞿秋白对方言和普通话的关系的探索.常州工学院学报（社会科学版），2007（4）.

钟嘉陵.瞿秋白在语言文字方面的基本观点.首都师范大学学报，1982（3）.

钟嘉陵.瞿秋白在汉字改革方面的实践活动.上海师范大学学报，1982（4）.

钟灿权.徐复先生的汉语音韵学研究.语文教学与研究，2010（2）.

周恩来.当前文字改革的任务.北京：文字改革出版社，1958.

周有光.中国拼音文字研究.上海：东方书店，1952.

周有光.字母的故事.上海：东方书店，1954.

周有光.拼音化问题.北京：文字改革出版社，1980.

周有光.汉字声旁读音便查.长春：吉林人民出版社，1980.

周有光.语文风云.北京：文字改革出版社，1981.

周有光.中国语文的现代化.上海：上海教育出版社，1986.

周有光.汉语拼音词汇.北京：语文出版社，1989.

周有光.世界字母简史.上海：上海教育出版社，1990.

周有光.中国语文纵横谈.北京：人民教育出版社，1992.

周有光.新语文的建设.北京：语文出版社，1992.

周有光.汉语拼音方案基础知识.北京：语文出版社，1995.

周有光.世界文字发展史.上海：上海教育出版社，1997.

周有光.中国语文的时代演进.北京：清华大学出版社，1997.

周有光.比较文字学初探.北京：语文出版社，1998.

周有光.汉字改革概论.北京：文字改革出版社，1979.

周有光.新时代的新语文.北京：生活·读书·新知三联书店，1999.

周有光.汉字和文化问题.沈阳：辽宁人民出版社，1999.

周有光.人类文字浅说.北京：语文出版社，2000.

周有光.现代文化的冲击波.北京：生活·读书·新知三联书店，2000.

周有光.周有光语文论集（1—4卷）.上海：上海文化出版社，2002.

周有光.21世纪的华语和华文（周有光耄耋文存）.北京：生活·读书·新知三联书店，2002.

周有光.周有光语言学论文集.北京：商务印书馆，2004.

周有光.白岁新稿.北京：生活·读书·新知三联书店，2005.

周有光.语言文字学新探索.北京：语文出版社，2006.

周有光.学思集（周有光文化论稿）.上海：上海教育出版社，2006.

周有光.见闻随笔.北京：新世纪出版社，2006.

周有光.汉语拼音·文化津梁.北京：生活·读书·新知三联书店，2007.

周有光口述，李怀宇撰写.周有光百岁口述.桂林：广西师范大学出版社，2008.

周有光.孔子教拼音.香港：天地图书有限公司，2010.

周有光.朝闻道集.北京：世界图书出版公司，2010.

周有光.拾贝集.北京：世界图书出版公司，2011.

周有光.静思录.北京：人民文学出版社，2012.

周有光.周有光文集.北京：中央编译局出版社，2013.

周有光.《汉语拼音方案》的应用发展.语文建设，1986（Z1）.

周有光.倪海曙同志和拉丁化运动.语文建设，1988（3）.

周有光.《汉语拼音方案》的制定过程.语文建设，1998（4）.

周有光.拼音正词法与国际互联网.群言，2000（11）.

周有光.文字改革的新阶段.文字改革，1985（5）.

周有光.《汉语拼音文化津梁》序言.修辞学习，2007（6）.

周有光.《汉语拼音·文化津梁》序言——纪念《汉语拼音方案》公布50周年.北华大学学报，2008（2）.

周质平.光焰不熄——胡适思想与现代中国.北京：九州出版社，2012.

邹德文，孙淑琴.谈汉字改革的缘起——对百年文字改革运动的反思.长春师范学院报，2001（6）.

朱洪.两种文化观的分野——瞿秋白对胡适文化思想的扬弃.安庆师范学院学报（社会科学版），2002（6）.

朱江.东西方文化的"合流"与"互惠"——赵元任译学文化观研究.常州工学院学报（社会科学版），2011（4）.

朱林清，刘松汉.试论赵元任对汉语语法研究的贡献.南京师大学报（社会科学版），1992（4）.

朱德熙.语法讲义.北京：商务印书馆，1982.

朱德熙 . 语法答问 . 北京：商务印书馆，1985.

朱钧侃 . 高山仰止——瞿秋白的崇高精神和高贵品质 . 南京：南京大学出版社，2001.

朱文熊 . 江苏新字母 . 北京：文字改革出版社，1957.

后 记

　　我的硕士学位和博士学位攻读的都是语言学及应用语言学专业，而且都是在华中师范大学文学院语言研究所攻读的。华中师范大学是百年老校，树大根深，枝繁叶茂，学术氛围极其浓厚。尤其是语言研究所的老师们，在语言学家邢福义先生的带领下更是形成了阵容庞大而且强大的学术梯队。"抬头是山，路在脚下"的语言所所训总是激励着莘莘学子攀登一座又一座高山。我有幸成为语言所的一员，也跟着熏陶了好几年，但是由于天资愚钝，至今不显山也不露水。总觉得对不起曾经给我耳提面命教诲的邢福义先生、李宇明先生、汪国胜先生、萧国政先生、吴振国先生、冯广艺先生、李向农先生、储泽祥先生、徐杰先生、周有光先生、吴永德先生、刘兴策先生等，因为他们的成就和影响那么大，而且基本上从事的语言学本体研究，我总觉得语言学本体研究非常高大上，我的能力、精力、实力都很难达到。博士研究生毕业后我主要从事一些自己觉得好玩的语言学的外围研究。不过，对我来说，研究这些外围的东西，却给我带来了很多快乐。

　　本书算是国家语委科研项目（YB125-94）的衍生成果，其内容主要是对影响国家语文政策的20多个苏南现代语言学家进行了一些概述，带有人物志的性质。有的篇幅稍微长一点，有的篇幅稍微短一点，有的文章学术性强一点，有的文章可读性强一点，但是这些都不影响他们在中国文字改革史上的地位，他们要么就是直接参与制定并执行国家的语文政策，要么就是在有意无意认真实践着国家语文政策，他们都是中国现代语言学家，都是值得我们晚生后辈尊敬的学术大师。书稿的后面加上了几个附录，这几个附录我觉得对推广宣传苏南语言学家还是有一点意义的。

本成果的出版得益于国家语委科研项目（YB125-94）的支持，得益于江苏理工学院领导、江苏理工学院社科处和人文学院对教师教学科研的重视，没有项目经费的支持和领导的督促，也很难有这个成果的诞生。

在写作该书的过程中，北京大学苏培成教授、南开大学马庆株教授、南京信息工程大学于锦恩教授、江苏师范大学杜文霞教授、湖州师范学院俞允海教授和余连祥教授、常州开放大学钟敏教授、常州工学院莫彭龄教授和汪禄应副教授、常州市吴稚晖研究会会长张尚金先生都给予了关心和帮助，这里我也要对他们表示衷心的感谢！另外，朱倩闻老师、赵清雅老师、单馨芸老师，也帮助做了大量的资料收集整理甚至撰写工作。我对这些老师也表示感谢！

在苏南语言学家研究取得了一定阶段性成果之后，我后来又成功申报获批了国家社科基金"民国时期江南语言学家对中国语言政策和语言规划影响的研究"项目，国家社科基金项目的获得让我兴奋了一段时间。感谢国家语委科研项目评委，感谢国家社科基金评委对我申报的项目认可！

路漫漫其修远兮，吾将上下而求索！

做了过河卒子，只能拼命向前！

2018 年 7 月于江苏常州